ПРЕПОДОБНЫЙ ИУСТИН ЧЕЛИЙСКИЙ
(ПОПОВИЧ)

ФИЛОСОФСКИЕ ПРОПАСТИ

ORTHODOX LOGOS PUBLISHING

ФИЛОСОФСКИЕ ПРОПАСТИ
преподобный Иустин Челийский (Попович)

Икона на обложке книги:
«преподобный Иустин Челийский (Попович)»,
Неизвестный автор

© 2024, Orthodox Logos Publishing, The Netherlands

www.orthodoxlogos.com

ISBN: 978-1-80484-173-0

This book is in copyright. No part of this publication may
be reproduced, stored in a retrieval system or transmitted in any form or
by any means without the prior permission in writing of
the publisher, nor be otherwise circulated in any form of binding
or cover other than that in which it is published without a similar
condition, including this condition, being imposed
on the subsequent purchaser.

ПРЕПОДОБНЫЙ ИУСТИН ЧЕЛИЙСКИЙ
(ПОПОВИЧ)

ФИЛОСОФСКИЕ ПРОПАСТИ

ORTHODOX LOGOS PUBLISHING

СОДЕРЖАНИЕ

Предисловие 7

ФИЛОСОФСКИЕ ПРОПАСТИ

I. АГОНИЯ ГУМАНИЗМА
Средоточие трагизма 12
Европейский человек на раскаленном перепутье 21
Прогресс в мельнице смерти 30
Высшая ценность и непогрешимый критерий 61
Меж двух философий 90
Невидимое в видимом (тайна добра и зла) 105
Страшный суд над Богом 128

II. РАДОСТИ И ГОРЕСТИ, МЫСЛИ И ОЩУЩЕНИЯ
Рай и мой ад (смысл жизни и мира) 153
Скорбно и для херувимских сердец 161
Осужденные на бессмертие 168
Вопль о Христе 174

III. ВОДОРАЗДЕЛ
Метерлинк перед великой тишиной 193
Достоевский как пророк
и апостол православного реализма 207

О рае русской души 222

На водоразделе культур 233

Пасха и сербские бессмертные 254

О неприкосновенном величии человека 262

IV. СКОРБИ И ЖЕЛАНИЯ

Роение бесконечностей 280

На террасе атома 289

Бунт клещей 296

Вниз по шумному водопаду времени 306

Она – неодолимая обольстительница 316

Серна в потерянном рае. Исповедь 321

Примечания 331

Биография:
Преподобный Иустин Челийский (Попович) 335

ПРЕДИСЛОВИЕ

«Философские пропасти» преподобного Иустина Челийского – это глубокое философско-богословское произведение, в котором великий сербский святой архимандрит Иустин (Попович) размышляет о самых насущных вопросах бытия, смысле жизни, природы человека и его пути к Богочеловеку. В этой книге Иустин Челийский соединяет философские учения с христианской верой, проводя читателя через тернистый путь человеческой мысли, которая, стремясь к истине, часто оказывается на грани духовной пропасти.

Архимандрит Иустин (1894–1979) был не только богословом, но и глубоким философом, литератором и учителем, оставившим богатое наследие духовных и научных трудов. «Философские пропасти» – одно из его наиболее философски насыщенных произведений, где ярко отражена его вера и его любовь к Богочеловеку Иисусу Христу. Здесь пересекаются и сталкиваются две парадигмы: гуманистическая философия, сосредоточенная на человеке и его разуме, и православная философия, восходящая к идее Богочеловека, единственного Спасителя и ответа на все философские и экзистенциальные вопросы.

Книга насыщена не только богословскими размышлениями, но и лирическими образами. В каждом очерке преподобный Иустин сопоставляет глубины человеческой мысли с бесконечностью божественной мудрости.

Он выводит читателя на новый уровень понимания, предлагая уникальную перспективу, где земное и небесное встречаются в духовной борьбе за душу человека.

По словам самого автора, этот цикл философских очерков был написан «в некоторые дни и ночи» между двумя мировыми войнами, когда мир находился в хаосе и разрушении. В этих очерках святитель Иустин открывает не только трагизм человеческой истории, но и свет надежды, который заключен в Православии и его учении о Христе.

Основная тема книги – это противопоставление западной гуманистической философии и православного понимания жизни, смерти, времени и вечности. Архимандрит Иустин показывает, как человеческая мысль, лишенная Бога, стремится к саморазрушению, в то время как только Богочеловек может дать ответ на все вопросы и разрешить все противоречия, к которым приводит человеческая гордыня.

Важнейшая задача этого произведения – провести читателя через философские пропасти, через которые когда-то проходил сам Иустин, и показать, как через веру в Богочеловека можно найти путь к свету и истине. Автор приглашает каждого из нас задуматься о наших собственных поисках истины, предлагая богатый духовный и философский опыт.

Особенность книги в том, что она является синтезом философских идей и христианского откровения, но при этом остается доступной для широкой аудитории. Это произведение обращено к тем, кто ищет ответы на вопросы о смысле жизни, о том, как соединить разум и веру, как найти духовную опору в мире, где так много тьмы и страданий.

В переводе на русский язык, подготовленном и тщательно отредактированном, книга сохраняет все нюансы стиля и языка оригинала. Цитаты из Священного Писания даны на русском языке, что делает текст более понятным для современного читателя, сохраняя при этом его философскую и духовную глубину.

Архимандрит Иустин (Попович) – это одна из тех фигур, чьи работы невозможно просто прочитать и забыть. Его «Философские пропасти» – это вызов современному человеку, приглашение заглянуть в глубины собственной души и пересмотреть свои жизненные ориентиры. В мире, где доминирует философия гуманизма и материализма, эта книга предлагает альтернативу – путь к духовной жизни, основанной на истине, вечной и неизменной.

Читая эту книгу, каждый сможет испытать духовное возрождение, задать себе важные вопросы и найти ответы, основанные на православной вере и учении о Богочеловеке. «Философские пропасти» – это не просто философское произведение, это духовное руководство для тех, кто ищет истину в современном мире, полном сомнений и противоречий.

ФИЛОСОФСКИЕ ПРОПАСТИ

I. АГОНИЯ ГУМАНИЗМА

СРЕДОТОЧИЕ ТРАГИЗМА

Всякий человек – пленник тайн, ибо всякий осажден тайнами. Со всех сторон они собираются вокруг него и наваливаются на него. Каждое явление излучает тайну, а каждая тайна – бесчисленное множество тайн. Нет ни одного создания, которое бы не носило в себе тайну. Тайна рядом с тайной, тайна на тайне – так и образовался мир. Человек заключает в себе некую праисконную центростремительную силу, притягивающую ко всему таинственному. И привлекает к себе все тайны, и они устремляются к нему, окружают его со всех сторон.

Каждое чувство человека окружено бесконечными физическими таинствами. Из всякой твари во всякий атом человеческого существа смотрят чудесные тайны. И самая маленькая тайна развивается в тайну вселенскую, в тайну бесконечную. Столкнувшись с одной из них, человек сталкивается разом со всем тем, чему нет конца. Последняя тайна всякого явления и всякой твари обвита бесконечностью. Тайна единой мельчайшей водяной капли настолько огромна, что в ней захлебнется весь человек: и его чувства, и ум, и мысль. Если до конца проанализировать каплю, то можно обнаружить, что она состоит из невидимых и неосязаемых частиц, которые зовутся атомами, электронами и праэлектронами. Так учит современная химия. Видимая капля основана на невидимых частицах; осязаемая капля – на неосязаемых атомах; конечная капля своей сущностью уходит в бесконечность. Это химическая бесконечность.

Но существует и физическая бесконечность. Современная физика имеет свою бесконечность, ибо все свои построения основывает на гипотезе об эфире, «который неосязаем, и неподвижен, и сам по себе незаметен».

Так, современная физика и современная химия всякое явление и всякую вещь сводят к чему-то невидимому, к чему-то сверхчувственному, к чему-то бесконечному. И действительно, бесконечность есть конец всякой, на первый взгляд, конечной материи. Все физическое в своей основе метафизично. И в самом крошечном создании укоренена бесконечность, которую человек не может уловить ни чувствами, ни мыслями. Все конечное основано на бесконечном. Существует некий необъяснимо загадочный переход конечного в бесконечное, переход, не подлежащий никакому чувственному или логическому анализу. Все, что кажется чувственным, в действительности сверхчувственно; все, что мыслимо, в действительности превыше мыслимого. Возможность осмыслить мир несравненно уже и мельче реальности мира. Поэтому и эта возможность бесконечна с каждой стороны своего существования. Если человек намеренно не укорачивает свои мысли и намеренно не сужает свой дух, то в этом мире он должен чувствовать себя мыслящей скорлупкой в бурном море бесконечности.

Таинственность мира бесконечна, это должен ощущать всякий, кто хоть однажды беспристрастно заглядывал в тайну мира. Но и тайна человеческого существа не меньше и не короче. Если человек обратит взгляд на себя, то он встретит несказанную таинственность. Подумайте, человек не в состоянии объяснить себе, как в нем самом происходит переход из чувственного в сверхчувственное, из тела в дух, из бессознательного в сознательное. Природа его сознания и мысли непонятна для него. Возможности осмысления мысли гораздо меньше и уже, чем природа самой мысли. Точно так же – возможность осмысления чувств и их деятельность. Все это утопает в некой внутренней бесконечности. Бесконечность и извне, и изнутри, а бедный человек между ними. Печальная Соломонова мудрость рыдает и захлебывается в плаче по душам угрюмых жителей нашей планеты: «Все так мучительно, что человек не может и высказать, ни око не может наглядеться, ни ухо – наслушаться». А я бы прибавил и от своего горя: мысль не может намыслиться, ни чувство начувствоваться; все в человеке вечно алчет и вечно жаждет.

Опасно быть человеком, опасно быть зажатым между двумя бесконечностями, соревнующимися между собою в таинственности и загадочности. Человека пленяет и та, и другая. Неодолимые и неумолимые, они неутомимо и ревниво борются за несчастного человека. Два мира-сгустка атакуют человека всеми своими бесконечными ужасами. И он, измученный и израненный, хочет освободиться и от одного, и от другого мира, но не может без них и вне их. Такова его судьба.

Трагично быть человеком, ибо человек стал средоточием трагизма, средоточием всего, что трагично и в горнем, и в дольнем мире, и во внешней, и во внутренней бесконечности. Через человека прозрела всякая боль, в нем разболелась всякая тварь, через его око проплакало горе всякого существа. Он больной, несущий на своих плечах болезнь всеобщего существования. В нем, как в линзе, собран весь трагизм мира, и он беспомощно сжимается и мечется на одре своей немощи.

Ужасно быть человеком, так как в своем маленьком теле он носит две бесконечности. Он матка, к которой слетаются все рои всевозможных ужасов горнего и дольнего мира. Куда бы он ни направился, за ним следуют необозримые рои ужасов. Мысль его, если погрузится в мистерию миров, то всегда встретит нечто страшное и ужасное. Жизнь в таком мире вселяет безграничный ужас и в человеческие чувства, и в человеческую душу, и в человеческое тело. И он отчаянно борется с чудовищной тайной миров.

Эта опасность, эта трагичность, эта ужасность и пробудили внимание человека ко всем проблемам, всем тайнам, и он весь рассеялся в них. Нет вещи и нет явления, пред которым бы человек не согнулся в знак вопроса или перед которым бы не вытянулся в знак удивления. Точно так же нет и вопроса, который бы не увлек человека в свою бесконечность. Ибо всякий вопрос выводит человека за границы человеческого, делает его трансчеловеческим, транссубъективным, соединяя его с природой исследуемого предмета и потопляя его в бесконечности. За вопросом следует вопрос, и нигде нет ни конца вопросам, ни края ответам. Уже в чем, в чем, а в вопросах своих, в проблемах своих человек бесконечен. Но и вопрошающее сознание, и исследующий дух не бесконечны ли, если могут порождать бесконечные вопросы?

Когда бы человек был конечен, тогда бы и проблемы его, и устремления были конечны. Конечное легко регистрируется, классифицируется и формулируется. Но кто может составить исчерпывающий реестр человеческих устремлений? Кто может их классифицировать? Кто может найти окончательное, всестороннее, абсолютное устремление? Кто может уложить человека в формулу, или в границы, или в слова? И может ли кто описать окружность вокруг человеческих устремлений, человеческих проблем, человеческих достижений?

С какой стороны на него ни смотреть, человек бесконечен, бесконечен своей таинственностью. И сердце всякого мученика мысли невольно соглашается с Негошем[1] и повторяет с ним:

Со всех сторон взгляни на человека,
Как хочешь рассуждай о человеке –
Человек для человека – тайна наивысшая.

Как радуга, растянут человек по небу жизни; концов его не видно; одним концом он погружен в материю, другим – в сверхматерию, в дух. Он представляет собою лестницу от минералов к духу. Он переход из материи в дух, и обратно – переход из духа в материю.

«Я тело и только тело», – говорит Ницше. Не говорит ли он этим: «Я тайна и только тайна?» В человеческом теле слишком много бренного, и оно постепенно разрушается, пока смерть совсем не разрушит его, не испепелит и не смешает землю с землею. А Арцыбашев, страстный поклонник плоти, как и Ницше, стоит, задумавшись «у последней черты», стоит у разлагающегося человеческого тела провожает его в землю библейскими словами: «земля еси и в землю отидеши»[2] (*Быт. 3, 19*). «Я тело и только тело» … Но скажите мне, отчего неспокоен дух в человеке? Из-за чего он постоянно отрывается от тела и через бесчисленные вопросы прорывается к чему-то зателесному, надтелесному и бестелесному? Не потому ли, что в теле с пятью чувствами он ощущает себя, как в темнице, запертой на пять замков? Данное Ницше определение человека ни в коем случае не исчерпывает тайну человека. Не исчерпывает ни тайны его духа, ни тайны его тела. И дух, и тело подобны загадочным иероглифам, которые мы с трудом читаем по складам и, возможно, читаем ошибочно. Мы знаем одно: мы исчерпывающе не знаем ни природу тела, ни природу духа. Человек не может ответить не только на вопрос: что есть дух, но и на вопрос: что есть материя. Дух в теле не ощущает ли себя, как мышь в мышеловке? И тело в духе не ощущает ли себя, как птица, пойманная в крепкую сеть? Дух – тайна для самого себя и для материи, но то же касается и материи. Реальность материи не менее фантастична, чем реальность духа. Природа материи и духа скрывается в бездонных глубинах неизведанных бесконечностей.

Из таинственного брака материи с духом родился человек. Бесконечность и посреди его, и окружает его и с одной, и с другой стороны. Поэтому жизнь человека похожа на страшный сон, бесконечный сон, который снится материи в объятиях духа. И, как в любом сне, реальность ему показана, а не логически доказана. Человек не имеет границ. Границы его тела ограничены материей, а чем ограничены границы материи? Человек ощущает и сознает себя человеком, а не знает своей сущности; человек воспринимает себя как реальность, а не знает сущности воспринимаемой реальности.

Мы не знаем человека. Если смотреть на дух со стороны тела, он выглядит насмешкой над телом, если смотреть на тело со стороны духа, оно выглядит упорным сопротивлением духу. И сами чувства заставляют дух переступать границы тела. Всюду бездны: бездны около каждого из пяти чувств, около каждой мысли, около каждого ощущения. Бездна на бездне и бездна над бездной, и нет нигде верной почвы, на которой бы несчастный человек мог крепко встать. Постоянное падение, непрестанное падение к некоему дну, которого, может быть, и не существует; постоянное головокружение… И человек ощущает себя бессильным, словно отчаяние достигло в нем своего совершеннолетия.

«Будьте верными земле…» – бредит европейский человек, бредит Ницше, в то время как земля со всех сторон окружена жуткими безднами. Земля… Что такое земля? Один мой приятель проскрежетал зубами и сказал: «Земля – сгнивший мозг в черепе некоего чудовища; я полночь ношу в зрачке своем, не полдень; земля – совершеннолетие ужаса; смотря на землю и, увы, живя на ней, разлагается душа во мне, разбуженном над безднами…» Страшно быть человеком…

Малые тайны по спирали переступают в большие, а большие в величайшие. Человек из упрямства может отрицать бесконечность, но только не бесконечность тайны. Отрицать это было бы не упрямством, а намеренным безумием. Таинственность мира бесконечна. И все в мире, без сомнения, бесконечно своею таинственностью. Не признавать это – не значит ли иметь недалекие мысли и лелеять чахоточные ощущения; не значит ли думать и не хотеть думать до конца, чувствовать и не желать прочувствовать до края? Тайна страдания, тайна боли, тайна жизни, тайна смерти, тайна лилии, тайна серны, тайна твоего ока – разве все тайны не бесконечны?

Все погружено в несказанную мистерию. У каждой твари есть один нимб – бесконечность. Если в чем и присутствует вся истина, то она присутствует именно в этой мысли: всякая тварь – символ бесконечности. Эту истину ощущает всякий, кто хотя бы однажды погружался в тайну хоть какой-нибудь твари. В этой всеобщей таинственности достигается только одно: единство посюстороннего и потустороннего. В вопросах и удивлении человек, несомненно, посюсторонне-потусторонен. Зло в этом мире толкает человека к иному миру. Страдание превращает тело человека в знак вопроса, который выпрямляется, обращенный к тому миру, и от напряжения превращается в восклицательный знак.

Этот тесный мир есть вопрос, который не может разрешиться сам собою. Неустойчиво человек ощущает себя на границе двух миров: посюстороннее тянет к себе, потустороннее – к себе, а бедный человек между ними спотыкается и падает. Человек – до ужаса загадочное существо: он находится на перепутье, на водоразделе между тем и этим миром. Кажется, он призван быть связующим суставом посюстороннего с потусторонним. И он пытается им быть: через науку и философию, через поэзию и религию, особенно через религию.

Через религию человек всеми силами пробует выстроить мост над пропастью между посюсторонним и потусторонним, между видимым и невидимым, между чувственным и сверхчувственным, чтобы стало возможным органичное единство этого мира с иным. Через религию человек пытается найти свое равновесие во вселенной, чтобы не переоценить потустороннее в ущерб посюстороннему и, наоборот, посюстороннее в ущерб потустороннему. Это не роскошь, но самая необходимая необходимость; это не нечто неестественное, а, напротив, составляющее саму сущность природы человека. Есть нечто в человеке, что не может уложиться в этот трехмерный мир, в категории времени и пространства. Это и есть то, что находит свое выражение и свой язык в религии. Через религию человек побеждает геоцентризм и пробует аппироцентризмом[3] преодолеть эгоизм.

Ощущение бесконечности присуще всякому человеку. Пробудившись, оно проявляется через религию; оставшись в спящем состоянии, оно уступает место безрелигиозности, безразличию и атеизму. Безрелигиозность и атеизм проявляются у тех людей, у которых это космическое, это бесконечное ощущение опьянено солипсическим эгоцентризмом. Если человек начнет искать смысл жизни, смысл, который бы был более логичным, чем у моли, то в нем моментально пробуждается спящее ощущение бесконечности. И человек через религию всем свои существом тянется за пределы себя и над собой в поисках желанного смысла. В этом случае религия становится средством победы над эгоизмом, над солипсизмом; средством продления, расширения, углубления, обесконечивания человеческой личности. Через религию человек борется за расширение круга реальности, за смысл безусловный, за цель непреходящую, за оптимизм неугасимый, за бессмертность блаженную. В этом смысл и оправдание всех религий, возникших на нашей многострадальной планете.

ЕВРОПЕЙСКИЙ ЧЕЛОВЕК
НА РАСКАЛЕННОМ ПЕРЕПУТЬЕ

Европейский гуманизм, словно стеной, обнес человеком нашу планету. Облек ее в человека. И мобилизовал все, даже временно и постоянно неспособное для борьбы, против всего сверхчеловеческого. Всякий проход замурован человеком, чтобы ничто сверхчеловеческое не прорвалось в сферу человеческой жизни. Облеченная в человека, наша планета раскачивается, словно пьяная, на своем пути к…? Но все же падение потустороннего страшно. Своими пугающими загадками потустороннее, как огненным стрелами, изрешетило и тело, и дух человека, которым обнесена наша чудная планета. Загадками человек изрешечен, и тело его стало решетом, и его дух. А решето может ли остановить ураган потусторонних тайн, который денно и нощно рьяно дует на нашу звезду из мрачных глубин бесконечности?

Гуманизм основал себя на человеке, как на новом и спасительном евангелии, и не предполагая, что любое евангелие завершается апокалипсисом. Основывая себя на человеке, гуманизм основал себя на самой что ни на есть вулканической почве. Вулканы же начали извергаться. Вот уже и начало апокалипсиса европейского человека. Гуманизм только расцарапал кожу человеческого существа, и из каждой поры заревело по чудовищу. Все вулканические жерла дышат, хрипя и тряся землю. Возле них обитают футуристы, декаденты, анархисты, нигилисты, сатанисты и жадно пишут, по складам слагая летопись апокалиптической эпохи человека. И не стыдятся никаких гадостей, ибо символ апокалиптической эпохи – обнажение всех гадостей, всех мерзостей, всех ужасов. Право на эту смелость дает им их отец – гуманизм, так как они суть порождения его. И не желая того, гуманизм устроил страшную выставку человека, вынеся напоказ все человеческое. Никогда не видел свет выставки страшнее этой. Человек ужаснулся, ибо человек – это нечто, чего нужно больше всего бояться. Вы не верите? Распечатайте глубочайшие тайники его существа и услышите, как оттуда воют апокалиптические чудовища.

Апокалипсис нашего времени стирает нас в порошок своими откровениями: в человеке свели знакомство и сдружились ужасы, никогда друг друга не знавшие. Видимо, наша старая планета решила закончить в человеке свое существование, закончить апокалиптически анархично и бурно. Ее атмосфера стала слишком взрывоопасной: все космические противоречия встречаются на ней, чтобы при встрече разорваться. К несчастью, она поставлена на распроклятейший перекресток вселенной. На ней скрещиваются все пути: дороги света и тьмы, дороги боли и радости, дороги страданий и блаженства, дороги жизни и смерти. Всякое небесное тело одним своим путем проходит через нее. Потому земля и стала прибежищем всех болей и перекрестком всех путей. Жизнь на земле столь болезненна, что человек должен в удивлении вопрошать: по каждому лучу, который проникает на землю не скользит ли боль? Не потому ли земля – огромный океан болей?.. Не стекает ли по капле гноя по каждому лучу? Не потому ли наша опечаленная планета – нарыв вселенной, в котором собирается вся космическая нечистота, все космическое зло, все космические мерзости?

Ужас человеческой жизни многосторонен и жесток. Видимо, земля обречена быть перепутьем привидений, которые на короткое время облекаются в тело, испытывают себя, примеряют материю, чтобы наконец с воплем и проклятьями скинуть с себя телесную скорлупу. Бессмысленность земного космизма наводит человека на мысль, что некое высшее существо нарочно выдумало игру в материю, облачило в нее (эти приведения – прим. Ред.) и испытывает, смогут ли они вжиться в нее и ужиться в ней.

Когда же в человеке пробуждается материя и приходит в сознание и самосознание, человек ощущает себя местом скрещивания бесчисленных, необычных путей, начала и конца которым он не знает. Материя близка человеку; единотелесна с ним, но все же не может вместиться в рамки человеческой мысли. В ней нет ничего простого, ничего обычного, ничего неудивительного. Она запечатлевает в человеке себя и все свои перепутья. По ним мчатся призраки, которые с наибольшей радостью останавливаются на человеке и облекаются в человека. Человек как будто послан на мученичество: мир – арена, а его разрывают призраки.

Все создания между собою соревнуются в фантастичности: тяжело, а время от времени и невозможно провести границу между фантастичным и реальным. Фантастичность – душа реальности, всех реальностей, которые может сознавать человеческое существо. Поэтому реальности, какие бы они ни были, составляют проблемы, не разрешимые для человеческого ума, проблемы, превышающие человека. Как же их решить человеку, если не чем-то большим, чем человек, и лучшим, чем человек, более умным и более сильным?

Для измученного человека необычность этих реальностей разрастается в божество. Трагизм, проклятый трагизм наших фантастических реальностей заставляет человека создавать себе богов, искать богов там, где они и не скрывались. Все, что необычнее человека, и выше, и сложнее по своей природе, навязывает себя человеку в божества. И естественно, что человек имеет много богов, неудивительно, что он многобожник. Многобожество – следствие многоудивительности мира. Весь мир – это мука для духа, и всякая вещь. Ни одну муку человек не может полностью объяснить собою, но прибегает к богам. Многие муки ведут ко многим богам. Поэтому человек на своем мучительном историческом пути и сотворил много богов. Тяжело разобраться в них. Все предлагают себя, и муки заставляют человека их принимать.

Чем сильнее мука, тем более сильного бога она требует, мелкие муки находят мелких богов. Но существует одна мука, сильнее самых сильных, мука, в которой собраны все остальные муки. Бог, который наполнит ее смыслом и претворит в радость, тот воистину Бог, и нет другого. Эта величайшая мука – смерть. А с ней и страдание, добро и зло, истина и ложь. Все вкупе они составляют мученические проблемы, ибо всякий человек, которого мучают эти проклятые проблемы, – мученик.

Мучимый этими проблемами, человек должен искать человека или бога, который бы мог их разрешить полностью и окончательно. Кто их разрешит полностью и совершенно, тот и есть истинный Бог, а остальные – ложные. Нет ни одного между фейербаховскими человеко-богами, не обанкротившегося перед этими проблемами. Если желаешь испытать богов, то сделай то же самое. Возложи на них свою величайшую муку; кто наполнит ее смыслом и правдой, тот заслуживает быть твоим Богом.

Если тебя обуяло страдание и преследует тебя, переложи его на своего бога. Если он сделает его своим, если он наполнит его смыслом и правдой, то это твой истинный Бог и нет в нем лжи и бессилия. Также твой Бог истинен, если он жил в твоем теле и дал смысл твоей бренности; если он жил твоей душою и усладил горькую тайну твоей жизни; если был зеницею твоего заплаканного ока и увидел и обрел смысл роковой тайны человеческой жизни, над которой ты плачешь.

Мученические проблемы доводят человека до самого страшного перепутья, до перепутья религиозного, на котором испытывается и избирается Бог. Кто не достиг религиозного перепутья, того, значит, не посещали еще мученические проблемы. Стоя у религиозного распутья, человек стоит на горящих углях. Невероятно тяжело выбирать бога, еще тяжелее выбирать лучшего Бога. Человеку знаком мох вселенной, в нем он вьет гнездо, до тех пор пока он не познает лучшего и единственно истинного Бога. Без Бога все его знание расхоже и слабо, мелко и поверхностно. Он ничего не знает, как должно знать. Не знает ответа страшной загадки добра и зла, которая безмерно превосходит все, что зовется человеком. Поэтому он не может ее приписывать божествам.

Если бы этот мир был только иллюзией, его еще можно было бы вынести, но он – кошмарная иллюзия, поэтому человеку тяжело выносить его без бунта. Спиритуалисту материя кажется иллюзией; материалисту иллюзией кажется дух. Поэтому скепсис есть неизбежный результат человеческой мысли. Чем завершается моя мысль о мире, если не скепсисом? Если же не завершается так, то, значит, я не домыслил до конца свою мысль, не довел до конца свое ощущение. Пусть человек пошлет одну свою мысль в мир. Какой она к нему возвратится? Разве она не возвратится из странствия гораздо более сложной, более загадочной, чем она была до своего путешествия?

Человек разделил себя, повел себя многими тропами, чтобы освободиться от мук своего бытия. Создавал религии, создавал культуры, чтобы облегчить страшное бремя экзистенции. В поисках ценностей человек неминуемо приходил к перекрестку, на котором ломаются кости. Здесь его путь разветвляется, раздваивается в многорукавную дельту. Чем же завершается первый рукав, тысячный? Не океаном ли бесконечности?

«Через многие вещи я шел к смыслу жизни, – говорил один отчаявшийся молодой человек, – через многое и через многих людей, но, увы! И вещи, и люди доводили меня до проклятого распутья, до горящего углями перекрестка и оставляли меня на нем одного, удивленного, ошеломленного и осмеянного. Да, осмеянного. И через вещи, и через людей кто-то мерзко смеялся надо мною, некто, кто сильнее и вещей, и людей. И я не мог без проклятия вынести эту тиранию, ибо это была тирания наихудшего рода. Осмеянный, я бежал в одиночестве твоими путями, и философия, и твоими, наука, и твоими, культура, и все они завершились беспутьем и дебрями. Да, беспутьем и дебрями, от чего одичала душа моя в тесном теле моем. И я посылал ее через многие теории и гипотезы за непроходящей ценностью, она же возвращалась ко мне вся избитая и израненная. Я посылал ее измученную, и она возвращалась ко мне еще более нагруженная муками, еще более обремененная ужасами и в своем одиночестве рожала стоглавую гидру отчаяния. И я был должен думать страшную думу своего новорожденного: скользкий червь, длинный-предлинный червь есть ось вселенной. И в безумном своем отчаянии я сам свернул и слепил душу свою вокруг своего многострадального тела и, ах, свернул ее вокруг креста и распятия.

Разве тело мое не символизирует крест? Голова моя, ноги мои и разведенные вширь руки мои не есть ли крест и распятие, на котором покоится полночь и около которого водят хоровод привидения? Психофизической структурой своего существа человек поставлен на самое жестокое распутье: между духом и материей, добром и злом видимым и невидимым, чувственным и неощутимым, эти и тем, «я» и «ты».

Человек – это путь к новым ужасам и новым страданиям. Через человека шествует некое чудовище, и кто знает куда? Тело человеческое служит ему транспортным средством, последняя остановка которого – смерть. Смерть – это непробиваемая стена; смерть это невозможность двигаться вперед… Когда человек избирает (а он обязан избрать) нечто за смысл жизни, тогда пусть он это нечто пресечет путем смерти и окажется на горящем углем перепутье, на котором человек не может выдержать без бога, без хоть какого-нибудь бога. Говорят, культура – смысл жизни. Прерви ее смертью, что останется от этого смысла? Прервите смертью все, что сотворил человек и что сотворил гуманизм: может ли что-либо из всего этого быть смыслом жизни?

Человек – мера всех вещей, видимых и невидимых, это основной принцип и критерий гуманизма. Но поскольку человек не владеет ни абсолютным смыслом жизни, ни абсолютной истиной, тогда, значит, все человеческое относительно. Релятивизм – душа гуманизма. Теория относительности Эйнштейна – это окончательное, итоговое следствие гуманизма и всех его философских, научных, религиозных, культурных ответвлений.

Но не только это: на последнем своем рубеже гуманизм является нигилизмом. Разве может человек не быть нигилистом, если не признает никакой абсолютной ценности? Идя логическим путем до конца, мы неминуемо придем к заключению: релятивизм – отец анархизма. Поскольку все ценности относительны, тогда имеет ли право хоть какая из них выдавать себя за верховную, за наивысшую и наиглавнейшую? Все остальные имеют право на анархичный бунт против нее. Нет сомнений, нигилизм и анархизм – неминуемая, заключительная, апокалиптическая форма гуманизма и его релятивизма.

Гуманизм во всем следует своей специфической логике, когда отрекается от Бога, потому что провозгласил человека Богом. Но доведенная до конца, эта логика отрицает и мир, и человека. Акосмизм – это самое естественное и самое логичное последствие атеизма. Ибо человек, который сознательно отрекается от Бога, не может не закончить отрицанием мира и человека, если не наполнит их смыслом и правдой. А что для него это невозможно, человек уже неопровержимо доказал и показал самыми различными способами.

Человек любит быть Богом. Это показывает гуманизм. Но никто из богов не компрометировал себя так страшно, как человекобог. Он не мог осмыслить ни смерти, ни страдания, ни жизни. Может ли тогда человек быть спокоен и удовлетворен таким богом? Не ощущает ли человек, как пиявка смерти жадно сосет зеницу души его и всякого иного человека? И еще хвалится человеком!

Кто, как стеной, обложил себя человеком, не найдет ни покоя, ни мира мятежному своему уму: он не вошел в тихое пристанище. Все пути человеческие ведут ко гробу; в нем собираются, в нем остаются, в нем и завершаются; в нем все узлы остаются неразвязанными. Тут только наконец человек ощущает немощь своего разума, своей воли и своего сердца. Немощь и банкротство. И это банкротство заставляет его идти далее человека, превыше человека, к более высокому и крепкому, чем человек, существу: к Всебытию, Всесмыслу и Всеосмыслителю.

Тогда он болезненно и со всей силой ощущает, что человек – это то, что требует своего довершения, дополнения. Человек начат, но недовершен. Все человеческое стремление к прогрессу, к знанию, все его поиски чего-либо превышающего человека показывают, что человек, оставаясь собой только со своей природой, недостаточен для самого себя и недоувлетворен. Он – «стрела, тоскующая» по тому берегу, по тому человеку, более полному и совершенному, по Богочеловеку.

Как же довершить себя человеку? Ни есть ли он Скадар на Бояне бесконечности?[4] То, что он выстроит за день, кто-то ночью разоряет. Нежелание человека совершиться, достроиться, означает отставку прогресса, невозможность выхода из отчаяния, из скепсиса, из солипсического пекла. Это нежелание происходит от пораженного гуманизма.

Гуманизм тяжко замучил и отчаянно разочаровал человека. Европейский человек устал от идолопоклонства. Измучив человека от ужаса, гуманизм испустил дух от небывалого безумия – от европейской войны. И оставил европейского человека на кладбище, на европейском кладбище. И он, уставший от бед, нагруженный бременем экзистенции, придавленный европейским кладбищем, рыдает и ждет, что некто упокоит и освободит его от тяжкого бремени. И пока он в сокрушении рыдает и ждет, над европейским кладбищем носится кроткий и благой призыв Богочеловека: «Приидите ко Мне вси труждающиися и обременении, и Аз упокою вы: возмите иго Мое на себе и научитеся от Мене, яко кроток есть и смирен сердцем, и обрящете покой душам вашим. Иго бо Мое благо, и бремя Мое легко есть» (*Мф. 11, 28–30*). Так благой и единый истинный Человеколюбец призывает к Себе несчастного европейского человека. Услышит ли он Его? Услышит ли? Захочет ли услышать?..

ПРОГРЕСС В МЕЛЬНИЦЕ СМЕРТИ

Существует некий космический заговор против нашей планеты, ибо нигде во вселенной не умирают, только на земле. Остров смерти, единственный остров смерти, на котором все умирает, – это наша туманная планета. И над ней, и около нее, и под ней кружатся бесконечные миллиарды звезд, на которых нет смерти, на которых не умирают. Нашу же планету со всех сторон окружает бездна смерти. Где тот путь, что начинается на земле и не срывается в бездну смерти? Где то существо, которое может избежать смерти на земле? Все умирают, все умирает на этом жутком острове смерти. Нет тяжелее судьбы, чем судьба земная, нет трагедии, более приводящей в отчаяние, чем трагедия человека.

Для чего дается жизнь человеку, когда он отовсюду окружен смертью? Ловушки смерти раскинуты повсюду, во мрак облечена стезя человеческая. Как огромный, как огромный мерзкий паук, смерть сплетает густые сети вокруг нашей покрыто сажей звезды и в них ловит людей, как беспомощных мух. Со всех сторон людоедские страхи гонят человека, а он и не знает куда бежать, ибо смерть затворила его отовсюду.

Для чего дается человеку сознание, когда оно всюду и во всем натыкается на смерть? Для чего даны человеку ощущения? Для того ли, чтобы почувствовать, что могила ему отец, а черви – братья? «Смерть назвах отца моего быти, матерь же и сестру ми гной»[5] (*Иов. 17, 14*) Сознание – горький и страшный дар человеку, но гораздо более горький и гораздо более страшный дар – ощущение.

А чувства? Для чего они даны человеку? Для того разве, чтобы быть ему щупальцами, с помощью которых можно на каждом шагу истории рода людского нащупать смерть? Пошлите мысль свою на этот остров смерти, чтобы она вам нашла смысл человеческого существования, и она к вам возвратится опечаленная и грустная, вся осыпанная ледяным пеплом смерти. Пошлите свое ощущение, и оно к вам вернется израненное и избитое в непроходимых ущельях смерти; прочувствуйте до конца любое существо в истории, и ваше чувство в качестве предела его, его окончания, несомненно, нащупает смерть.

Одна реальность наиболее реальна из всех реальностей в мире – смерть. Об этом нам неусыпно и немилосердно свидетельствуют и сознание человека, и ощущение человека, и чувства человеческие. В самом деле, последняя и окончательная реальность человеческой жизни на земле есть смерть. Скажите, разве смерть не есть последняя реальность и моя, и ваша? Все мы заражены смертью, все без исключения, бациллы смерти проникли во все ткани нашей души, нашего существа, каждый из нас носит в себе тысячи смертей.

Нашу планету постоянно опустошает хроническая эпидемия смерти, нет такой медицины, которая могла бы нас спасти от этой эпидемии, нет такого карантина, где бы люди могли полностью очиститься от микробов смерти. Что есть жизнь человеческая на земле, если не постоянная судорожная попытка защититься от смерти, борьба со смертью и в конце концов поражение от смерти?

Ведь в медицине, в науке, в философии мы побеждаем не саму смерть, но лишь ее предтеч: болезни и недуги. Причем побеждаем их частично и временно. Что такое триумфы науки, философии, техники перед страшащим фактом смертности всего людского? Не что иное, как бормотание смущенных и испуганных детей.

Если в мире есть трагика, то ее центр – человек. Трагично быть человеком, несравненно трагичнее, чем быть комаром или слизняком, птицей или змеей, ягненком или тигром. Сколько бы человек ни делал усилий, чтобы преодолеть трагизм человеческой жизни, он не может не ощущать и не сознавать, что является постоянным пленником в этой неотворяемой темнице смерти, в темнице, которая не имеет ни окон, ни дверей. Рождаясь на свет, человек с первого момента – кандидат на смерть, и не только это: как только он родился, он уже осужден на смерть. Утроба, которая нас рождает, не что иное, как родная сестра могилы. Выходя из материнской утробы, человек уже вступает на путь, ведущий к гробу. Лютейшего и величайшего своего врага человек приносит в мир с собою, и это смерть. Ибо, рождаясь на свет, человек рождается смертным. Смерть – это первый подарок, который мать дарит своему новорожденному. Во всяком человеческом теле таится и скрывается страшнейшая и самая неизлечимая болезнь – смерть. И в самом здоровом теле то, что прочнее самого здоровья, это смерть. Кто есть тот человек, который бы лег спать живым и однажды, на следующей, на второй или тысячной заре не проснулся в смерть? И каким бы путем не пошел человек по этому острову смерти, он должен наконец высадиться в могилу. Всякий человек – кусок, который в конце концов проглотит ненасытная смерть, «всеядица смерть». Что остается нам, жалкие пленники смерти? Одно: бунт горькой усмешки и судорога немощного сердца.

На долгом и страшном историческом пути в человеке скопилось и нагромоздилось столько смертей, что смерть стала единственной категорией, в которой проходит вся человеческая жизнь, в которой эта жизнь начинается, пребывает и, возможно, заканчивается. В ходе истории в человеке сформировалось единственное убеждение: если в этом мире и есть что-либо необходимое, то это смерть. Это убеждение стало догмой всякой исторической эпохи. Страшная и неумолимая реальность смерти заставила человечество сформулировать это убеждение в догму: смерть – это необходимость. Эту неприятную догму отец передавал в наследство сыну, человек – человеку, поколение – поколению.

Если человек без предрассудков заглянет в историю этого удивительного мира, то должен будет признать, что этот мир – огромная водяная мельница смерти, которая беспрестанно перемалывает необозримые потоки людей, от первого человека до последнего. И меня перемалывает, и тебя, друг, и всех нас перемалывает, пока не перемелет однажды днем или ночью.

Скажите, может ли человек быть спокойным и все это принять без бунта, будучи зажатым в этой водяной мельнице смерти между двумя жерновами, которые его мелют до тех пор, пока совсем не раскрошат? Может ли быть спокойной муха в сетях паучьих, червь в соловьином клюве, а соловей – в ястребином?

Ужас вселяет в человека ощущение, что эта жизнь – какое-то страшное привидение и мрачное заточение. Словно некто нас послал на заточение к этому отвратительному привидению, послал нас, которые и сами сделаны из той же материи, что и привидение. Человеку достаточно и одного взгляда, чтобы увидеть, что наша планета – ристалище, со всех сторон обнесенное смертью. А вселенная? Не есть ли это огромная, со всех сторон герметично закрытая гробница, в которой люди, как отчаявшиеся кроты, непрестанно копошатся и никак не выберутся из нее.

Вся история рода человеческого – это не что иное, как завуалированное подтверждение смерти. Все ее бури и грозы, затишья и подвиги, все ее творцы и борцы свидетельствуют только об одном: смерть – это необходимость, всякий человек смертен, неминуемо и неизбежно смертен. Это финал всякого человеческого существа, это завещание, которое непременно оставляет после себя всякий житель нашей планеты. Это завещание каждому из нас оставили наши предки. В нем только три слова: смерть – это необходимость.

Скажите, может ли человек с таким завещанием быть спокоен и счастлив в этой мельнице смерти? Возможен ли прогресс, логичен ли, оправдан ли, потребен ли прогресс миру, в котором смерть – самая неизбежная необходимость? Этот вопрос означает: имеет ли смысл такой мир, такая жизнь, такой человек? Вопрос прогресса есть вопрос смысла жизни. Если на водяной мельнице смерти возможен смысл жизни, возможен и прогресс. Ответ же на этот вопрос возможен лишь только через ответ на вопрос о смерти.

Решением проблемы смерти на самом деле решается центральная проблема человеческого бытия. Опосредованно или непосредственно все проблемы, в конце концов, сводятся в проблеме смерти. Исследуйте до конца любую из проблем, и она неминуемо приведет к проблеме смерти. Следовательно, от решения проблемы смерти зависит правильное решение всех остальных проблем. Роковая догма «смерть есть необходимость» силой своей вездесущей реальности стала лозунгом человечества.

Все существа обнесены смертью, как стеной. Так скажите мне, возможен ли прогресс в таком мире, прогресс, который бы не завершился смертью? Прогресс, в котором человек не был бы смолот смертью? Это краеугольный вопрос для всех богов и для всех людей. Кто разрешит этот вопрос, тот истинный Бог, и нет иных богов, и они нам не нужны. Но решить этот вопрос может лишь тот, кто сделает прогресс в этом мире возможным. Сделать же возможным прогресс – значит победить смерть. Может ли это сделать наука, или философия, или культура, или некая религия?

Чтобы беспристрастно прийти к объективному ответу на этот вопрос, необходимо проблему смерти поставить лицом к лицу с наукой, с философией, с культурой, с религией. Отвечая на этот вопрос, они тем самым дадут ответ о своей действительной ценности, так как ответят на вопрос: возможен ли и необходим ли прогресс в этой грохочущей мельнице смерти, что зовется землею?

Столкните проблему смерти с современной позитивистской наукой. Чтобы решить проблемы жизни и смерти, наука мобилизовала все свои силы, но результатом всех ее усилий оказалось всего лишь одно заключение: миром управляют естественные законы, они необходимы и неизменчивы, смерть – это закон, и этот закон необходим и неизменчив, в таком мире и для такого человека смерть – это необходимость.

Свой ответ на страшную проблему смерти наука связала с таинственным словом «необходимость». Но этим она не решает проблему, а лишь констатирует и подтверждает ее. В самом деле, ответ науки осуждает человека и человечество на вечный ужас, и страдание, и муку. Подобным ответом наука признает тот факт, что смерть – необходимость. Но ведь именно этот факт и есть величайшее проклятье для рода человеческого. Непреодолимый инстинкт сознания заставляет меня их этого догмата современной науки сделать вывод: если смерть – необходимость, то жизнь человеческая не имеет никакого смысла и настоящий прогресс невозможен, необходимость остается необходимостью, человечество осуждено на перманентный status quo ante[6], то есть навечно осуждено на смерть, потому что смерть – необходимость для всех людей.

«Подобным же образом и Вселенная, – заявил недавно знаменитый астроном Джеймс Джинс, профессор Кембриджского университета, – не представляет собой постоянного, неизменного сооружения. Она живет своей жизнью и идет по дороге от рождения к смерти так же, как и все мы, так как наука не знает другого измерения, кроме перехода к старости, и никакого другого прогресса, кроме движения к могиле. Поскольку хватает нашего знания, мы принуждены думать, что вся Вселенная является примером этого в огромном масштабе».

Раз смерть есть естественный конец человека да и самой вселенной, тогда настоящий прогресс в принципе невозможен. Не только невозможен, но и не нужен. На что мне прогресс, если он состоит в том, чтобы торжественно довести меня от колыбели до гроба? Это все равно, как если бы тебя осудили на смерть, а палач помазал бы меч медом, чтобы было слаще, когда тебе им отрубят голову…

На что мне прогресс, на что мне все бесконечные муки и страдания, которые я переношу на проклятом пути от колыбели до гроба? Для чего мне весь мой труд, и радость, и обязанности, и любовь, и доброта, и культура, и цивилизация, если я умираю весь без остатка? Все то, что зовется прогрессом: и работа, и обязанности, и любовь, и доброта, и культура, и цивилизация, все эти лжеценности – вампиры, которые сосут мою кровь, сосут, сосут… Будь они прокляты!

Надо быть честным: если смерть – необходимость, тогда эта жизнь – глумливая насмешка, отвратительнейший дар и, что самое главное, ужас, невыносимый ужас... Необходимость смерти для науки неотвратима и непреодолима. Это означает, что наука не в состоянии ни найти, ни дать смысла жизни. Перед проблемой смерти издыхает и сама наука как таковая.

Многие говорят: наука – сила, наука – мощь. Но скажите сами: разве сила, которая бессильна перед смертью, – на самом деле сила? Разве мощь, которая немощна перед смертью, – действительно мощь? Нет победы кроме той, что побеждает смерть, и нет прогресса без этой победы, и нет силы без этой силы, и нет мощи без этой мощи... Говорят: наука человеколюбива. Но что это за человеколюбие, раз она оставляет меня в смерти? Раз она бессильна защитить человека от смерти? Человеколюбие – это победа над смертью. И нет другого.

Столкните проблему смерти лицом к лицу со всеми старыми и новыми философиями. В двух словах, вся логика всех философий сводится к единому принципу: категории человеческого мышления доказывают, что смерть победить невозможно, смерть – это логическое следствие бренности человеческого существа, поэтому смерть – это неизбежная необходимость.

Такой ответ заставляет меня спросить: как философии могут дать смысл жизни, когда так решают роковую проблему смерти? По сути, философии – это не что иное, как арифметика пессимизма: когда человек смотрит на мир с края могилы, тогда никакая философия не сделает для него сладкой горькую тайну смерти. Представьте: у меня умер брат, сестра, мать, во всяком атоме моего существа вскипает невыразимое горе. На что мне опереться? Кто меня утешит? Философия нема, наука глуха и нема, чтобы меня утешить. Только перед страшной реальностью смерти я ощущаю и осознаю, что философия и наука на самом деле не благая весть, а горькая. Разве может быть благою вестью то, что не в состоянии превратить в сладость самую жгучую муку и самую страшную скорбь духа человеческого – полынно-горькую тайну смерти?

Поставьте проблему смерти перед европейской гуманистической культурой. Многих наивных окрылила надеждой европейская культура. Но эти крылья слабы, чтобы приподнять тяжелое человеческое существо над смертью. Смерть их немилосердно подрубает на корню. Человек европейской культуры чувствует себя до отчаяния бессильным перед устрашающим фактом смерти. Культура на делает человека победителем смерти, ибо и сама дело рук смертных людей. На всем, что ей принадлежит, лежит печать смертного человека.

Я стою у гробовой доски и взвешиваю культуру на весах смерти. И смотри: она легче, чем ничто. Перед смертью она сворачивается в скорченный нуль. Все ее достижения смерть потихоньку разгрызает и разрушает, до тех пор пока их все не разрушит и не унесет в свою мрачную бездну. Разве культура, которая не в состоянии победить смерть, действительно заключает в себе силу, которую ей многие приписывают? Разве культура, которая не может осмыслить смерть, может быть смыслом жизни? Какая польза человеку от того, что он культурен, культурен в мельнице смерти, которая не сегодня-завтра смелет и его, и его культуру?

Поставьте проблему смерти перед любой нехристианской религией. Все они мучаются ею; решая ее, они или обходят ее стороной, или отрицают, или перескакивают через нее. Точнее всех из них брахманизм и буддизм.

Для брахманизма смерть, как и весь видимый мир, – майя, обманчивая реальность, небытие, неэкзистенция. Проблема смерти подпадает под некую категорию самозваных реальностей, которые надо превозмочь силой своей воли. Весь видимый мир – выставка привидений, которые превращаются в нереальные фантомы. Решая таким образом проблемы смерти, брахманизм их не решает, а отрицает.

А буддизм? Буддизм – совершеннолетие отчаяния. Это не только философия, но и религия пессимизма. Тайна небытия приятнее, чем горькая-прегорькая тайна бытия. Смерть – это освобождение от оков этого страшного чудовища, что зовется миром. За смертью следует блаженство в нирване. Так буддизм не решает, а перескакивает проблему смерти; не побеждает смерть, а бессильно проклинает. Сходным образом и другие религии представляют собою не что иное, как банкротство перед проблемой смерти.

Ценность, действительную ценность всякой науки, всякой философии, всякой религии, всякой культуры можно найти, прочитав их в контексте смерти. И через науку, и через философию, и через многочисленные религии человек пытается победить смерть и никак не преуспевает в этом, никак не найдет рычага, которым бы смог поднять свое тело в бессмертную реальность. Поэтому все они становятся банкротами перед проблемой тела.

Проблема смертности человеческого тела – это и есть испытание и проверка всех религий, всех философий и всех наук: та из них, которая признает себя банкротом перед проблемой плоти, неминуемо обанкротится и перед проблемой духа. Кто победит смерть тела и кто обеспечит бессмертие телу, тот и есть многожеланный Бог и Спаситель, смысл жизни и мира, радость и утешение человека и человечества. Но до той поры пессимизм и отчаяние – удел людей на земле.

Человек один, а возле него коварно молчит безбрежный океан смерти… Утопленный смертью, человек кричит вздохами своего сердца, и никто ему не отвечает, ни из людей, ни из богов. А если что и промямлит наука, или философия, или культура – все это наркотики, которые никак не могут усыпить душу и тело человека, пробужденные ужасом смерти. Посмотрите, человеку и человечеству некуда деться из этой проклятой мельницы смерти. Наша мрачная планета имеет слишком много центростремительных сил, тянущих к тому, что смертно. Все электричество боли, ужаса, трагедии собирается в единый гром – гром смерти, для которого нет громоотвода.

Смерть – верховное зло, которое синтезирует все зло; высший ужас, который вобрал в себя все ужасы; высшая трагедия, в которой собраны все трагедии. Перед этим верховным злом, перед этим верховным ужасом, перед этой верховной трагедией в бессилии и отчаянии замирает весь человеческий дух, все человечество… Прогресс? О, всякий человеческий прогресс есть ли что другое, как не прогресс к смерти, прогресс ко гробу? Все прогрессы в мельнице смерти завершаются смертью…

Вся шумная и бурная история человечества доказывает и утверждает одно: человеку невозможно победить смерть. Если же это последний и окончательный вывод, для чего тогда жить? Чего ради создавать историю, участвовать в ней, продираться сквозь нее? История рода человеческого – не что иное, как немилосердная, тираническая диктатура смерти: не есть ли это насмешка над всяким прогрессом? Не будем обманывать себя: смерть – это триумф тирании и трагизма и, увы, пир иронии и комизма… Бедное и комичное существо – человек, ибо ему суждено жить в мельнице смерти, наблюдая, как она немилосердно размалывает человека за человеком, поколение за поколением, и ощущая, как она и его постепенно мелет, пока не размелет совсем…

Несчастному и осмеянному существу, что зовется человеком, невозможно победить смерть, никогда. Но то, что невозможно человеку, оказалось возможным Богочеловеку. Да, Богочеловек победил смерть. Чем? Воскресением Своим. И этою победою решил проклятую проблему смерти; решил ее не теоретически, не абстрактно, не априорно, а самим событием, фактом, историческим фактом воскресения Своего из мертвых.

Да, историческим фактом. Ибо нет события не только в Евангелии, но и в истории рода человеческого, которое бы было засвидетельствовано так сильно, так неопровержимо, как воскресение Христово. Нет сомнения, христианство во всей своей исторической действительности, силе и всемогуществе основано на факте воскресения Христова, а это значит, на вечно живой Личности Богочеловека Христа. Вся многовековая и непрестанно чудотворная история христианства свидетельствует об этом. Ведь если есть событие, к которому можно свести все события из жизни Господа Христа и апостолов и вообще всего христианства, то это событие – воскресение Христово. Точно так же, если есть истина, к которой можно свести все евангельские истины, то эта истина – воскресение Христово. И еще: если есть реальность, к которой можно свести все новозаветные реальности, то эта реальность – воскресение Христово. И наконец, если есть евангельское чудо, к которому можно свести все новозаветные чудеса, то это чудо – воскресение Христово. Только в свете воскресения Христова становится абсолютно ясным и образ Христов, и Его дело. Только в воскресении Христовом получают свое полное объяснение все чудеса Христовы, все Его истины, все Его слова, все события евангельские. Ибо Богочеловеческие истины истинны истинностью Его воскресения, и чудеса Его действительны реальностью Его воскресения.

Кроме того, без Богочеловеческого воскресения невозможно было бы объяснить ни апостольство Апостолов, ни мученичество Мучеников, ни исповедничество Исповедников, ни святительство Святителей, ни подвижничество Подвижников, ни чудотворство Чудотворцев, ни веру верующих, ни любовь любящих, ни надежду надеющихся, ни пост постников, ни молитву молитвенников, ни кротость кротких, ни милость милостивых – никакой христианский подвиг вообще. Если бы Господь Иисус Христос не воскрес и не исполнил бы учеников Своих всеживою силою и чудотворною мудростью, кто бы их, робких и боязливых, собрал и дал им смелость, силу и мудрость так неустрашимо, сильно и мудро проповедовать и исповедовать воскресшего Господа и с этим радостно идти на смерть за Него? Если бы воскресший Спаситель не исполнил их божественной силой и мудростью, как бы они воспламенили мир неугасимым пожаром новозаветной веры, они – люди простые, некнижные, неученые, бедные? Если бы вера христианская не была верой воскресшего и потому вечно живого и животворного Господа Христа, кто бы воодушевил Мучеников на подвиг мученичества, Исповедников на подвиг исповедничества, Святителей на подвиг святительства, Подвижников на подвиг подвижничества, Бессребреников на подвиг бессребреничества и Постников на подвиг постничества, да и всякого христианина на хоть какой-нибудь евангельский подвиг? Одним словом, если бы не было воскресения Христова, не было бы и христианства; Христос был бы первым и последним христианином, испустившим дух и умершим на кресте, а с Ним испустило бы дух и умерло бы и дело Его, и Его учение. Поэтому воскресение Христово – альфа и омега христианства во всей его богочеловеческой высоте, глубине и ширине.

Если бы Христос действительно не воскрес, кто находящийся в здравом уме мог бы поверить в Него как в Бога и Господа? И разве бы Апостолы посмели проповедовать Его как Бога, если бы Он не воскрес действительно?

Какая ревность, – спрашивает св. *Иоанн Златоуст*, – побуждала Апостолов проповедовать мертвеца? Какой награды они ожидали от мертвеца? Какой почести? Ведь они от Него и от живого разбежались, когда Он был схвачен, а после смерти разве бы они могли быть столь смелыми ради Него, если бы Он не воскрес? Как это понимать? То, что они не желали и не могли выдумать воскресения, которого не было, видно из следующего. Много раз Спаситель говорил им о воскресении, даже и непрестанно повторял, как сказали и сами враги, что Он восстанет через три дня (*Мф. 27, 63*).

Поэтому, если бы Он не воскрес, они, как обманутые и гонимые всем народом, изгоняемые из домов и городов, очевидно, должны были бы отречься от Него; и они, как обманутые Им и из-за Него подвергшиеся страшным несчастьям, не пожелали бы распространять о Нем такую молву. А что они не могли выдумать воскресение, если бы его действительно не было, об этом нет нужды и говорить. Действительно, на что бы они могли при этом надеяться? На силу своего слова? Но они были людьми совершенно неучеными. На богатство ли? Но они не имели ни жезла, ни обуви. На знатность своего происхождения? Но они были бедняками, рожденными от бедняков. На известность своей родины? Но они происходили из заурядных сел. На свою ли многочисленность? Но их было всего одиннадцать, и то – рассеянных. На обещания Учителя? Но на какие? Если Он не воскрес, тогда и остальные обещания Его не были бы для них достойными веры. И как бы они могли укротить народное неистовство? Если старейший из них не выдержал вопроса женщины-служанки, а все остальные, увидев Его связанным, разбежались, как бы тогда они решили отправиться во все концы земли, чтобы насадить там вымышленную проповедь о воскресении? Если один из них не устоял перед угрозой женщины, а другие и перед самим видом уз, как они тогда могли бы устоять перед царями, властителями и народами, среди мечей, огня, печей, бесчисленных видов всякой смерти, если бы не были укреплены силой и помощью Воскресшего? Были сотворены многочисленные великие чудеса, и иудеи не устыдились ни одного из них, но распяли Того, Кто их сотворил; а простым словам учеников о воскресении разве могли бы они поверить? Нет, нет! Все это сделала сила Воскресшего.[7]

Воскресение Христово – это переворот, первый радикальный переворот и революция в истории человечества. Оно разделило историю на две части: в первой правил девиз «смерть – необходимость»; в другой – «воскресение – необходимость», «бессмертие – необходимость». Воскресение Христово – водораздел человеческой истории: до Него истинный прогресс был невозможен – с Него от становится возможным.

Из факта воскресения Христова родилась философия воскресения, которая неопровержимо показывает и доказывает, что необходимость – это не смерть, а бессмертие, не победа смерти, а победа над смертью. В этом и только в этом факте, и в жизни, выстроенной на этом факте воскресения Христова, возможен настоящий, истинный прогресс.

Практическое убеждение и философская догма, что смерть есть необходимость – это вершина и совершеннолетие пессимизма. Эта догма имеет свои принципиальные постулаты: грех есть необходимость, зло есть необходимость. Но и философия воскресения имеет свои постулаты, вот они: безгрешность есть необходимость, добро есть необходимость. Поскольку воскресение Богочеловека Христа – факт, событие, переживание, тогда нет ни одной богочеловеческой добродетели и свойства, которые бы не могли в жизни человеческой стать фактом, событием, переживанием.

Факт воскресения Христова не ограничен ни временем, ни пространством, он со всех сторон бесконечен и беспределен, как и Сама личность Богочеловека Христа. Воскресение Христово, будучи абсолютно личным актом Богочеловека, все же имеет всечеловеческое и всекосмическое значение и силу, ибо Богочеловек, как второй Адам, – родоначальник нового человечества, и все, что касается Его человеческой природы, в то же время касается и всего рода человеческого, чьим представителем Он является. Поэтому воскресение Христово – факт и событие всечеловеческого и вселенского значения и размаха. Этот факт, это событие разрослось в многомиллионную жизнь всех христиан, ведь все христиане тем и христиане, что верою в воскресшего Господа Христа стали Его «сотелесниками», то есть членами Его Богочеловеческого тела – Церкви. *Церковь* и есть не что иное, как непрестанное и бесконечное продолжение единого события, единого факта – воскресения Христова. Это новый организм, новая реальность – бескрайняя, бесконечная, бессмертная. Здесь нет временных и пространственных границ. Факт воскресения Христова – это основа Церкви, основа христианства и всякого христианина. Если человек не созидается на нем, то созидается на зыбучем песке, ведь всякое основание без Него есть не что иное, как зыбучий песок.

Своим воскресением Господь Христос разрушил порочный круг смерти: Он совершил переход из смерти в бессмертие, из времени в вечность. В Его личности совершил этот переход и человек, но уже не как человек, а как Богочеловек. Поэтому воскресение Христово – центральный факт, из него изводится и к нему сводится вся христианская прагматика. От человека же требуется только одно: усвоить этот факт, пережить его, воскресить себя из гроба всего того, что смертно, соединяя верою свою душу с воскресшим Богочеловеком.

Своим воскресением Господь Иисус осмыслил тело, осмыслил материю, осмыслил дух. Ведь Его воскресением впервые окончательно и славно решена страшная проблема смерти, проблема тела и смерти. Решена же она следующим образом: тело человеческое создано для бессмертия и богочеловеческой вечности, а с телом и вся материя, ибо все тварное представлено в человеческом теле. Воскресением Своим Богочеловек дал телу человеческому вечный смысл и непреходящую ценность.

До воскресения Спасителя материя была обесценена и недооценена, так как была смертна. Воскресением Своим Господь Иисус впервые настоящею ценою, вечною ценою оценил тело и показал, что и оно для Бога, что и оно достойно вечного сидения одесную Бога Отца. До воскресения Христова в человеке присутствовало если не реальное бессмертие, то, несомненно, символ бессмертия, выражавшийся в стремлении к бессмертию. Ощущение бессмертия увяло в человеке, было парализовано; воскресением Своим Господь омолодил его и освежил и таким образом сделал человека способным стяжать и обеспечить себе бессмертие и вечную жизнь.

Христова победа над смертью через воскресение сделала возможным бесконечный прогресс человека и человечества к божественному совершенству. В самом деле, истинный прогресс и состоит в победе над смертью, в обессмерчивании и души, и тела, в спасении от смерти, то есть в спасении от греха и зла, которые суть единые творцы смерти. Дайте мне безгрешного человека, и этим вы мне даете творца и вождя прогресса. Если же смерть – окончание человека и человечества, тогда вся тяга человека к прогрессу – самое проклятое и самое оскорбительное свойство, которое некто вложил в человека, для того чтобы еще более жестоко над ним посмеяться. В таком случае лучший и самый последовательный шаг – замереть в полной отчаяния инерции и совершить самоубийство, ибо иначе жизнь стала бы несносной тиранией и неудержимой насмешкой.

Многие не признают воскресения и говорят о прогрессе. Но все таковые прогрессы: научные ли, философские, художественные или культурные – не что иное, как концентрические круги, вписанные в круг смерти. Прогресс, который предает и покидает человека в смерти, это не прогресс, а фальсификация прогресса. Если прогресс не в состоянии осмыслить смерть и жизнь, чтобы обессмертить человека и человечество, тогда это не прогресс, а замаскированный регресс. Таковы все лжепрогрессы, кроме прогресса, основанного на воскресшем Господе Иисусе.

Если смерть не побеждена и бессмертие не обеспечено воскресением, тогда нет прогресса в этой страшной мельнице смерти, тогда все люди без исключения – рабы смерти, лакеи смерти, помол смерти. Если же так, чего ради тогда жить в мельнице смерти, о мельники прогресса?! Разве для того, чтобы мельница смерти в конце концов перемолола и меня самого целиком и без остатка?.. Да, все прогрессы, не основанные на бессмертии человека, представляют собою волшебные сказки и басни, которые снятся несчастному человеку в объятиях отвратительного змея смерти.

Слово «прогресс» в буквальном смысле означает всякое движение вперед. Через всевозможную свою деятельность: религиозную, философскую, научную, техническую, экономическую – род людской, очевидно, движется вперед, идет вперед, к чему? Сомнений нет: к смерти как к последней реальности. Рожденные в мельнице смерти, возросшие здесь, люди, все люди со своими прогрессами в конце концов размалываются смертью. Загляните в тайну человеческого прогресса, и если ваш разум не усыплен морфием наивного гуманизма и сердце не опьянено опиумом культурного идолопоклонства, поклонения вещам, то вы будете должны прийти к выводу, что человечество через все свои прогрессы спешит, прогрессирует лишь к одному – к смерти. За всеми нашими прогрессами стоит смерть. Это вернейшее достижение человеческого прогресса. А когда прогресс завершается смертью, не смешно ли называть его прогрессом? Не разумнее ли его называть регрессом, роковым регрессом, ведь он все уводит в небытие, в несуществование, в ничто?

Если же мы не желаем намеренно обманывать ту каплю сознания, которое мы как человеческие существа носим в душе, ту каплю чувства, которую мы носим в сердце, тогда мы должны и осознать, и ощутить, что нет истинного прогресса без победы над смертью, без обеспечения бессмертия и вечной жизни для человеческой личности. Другими словами, для человека и человечества нет прогресса без Богочеловека Христа, единственного победителя смерти. Ведь прогресс – это только то, что преодолевает смерть и обеспечивает бессмертие человеческой личности; все же, что не преодолевает смерть и не обеспечивает бессмертие человеческому существу не что иное, как регресс, фатальный регресс, осуждающий человека на смерть, после которой нет воскресения.

Раз Богочеловек Христос – единственный победитель смерти, то Он и единственный основатель и творец единственно истинного прогресса, прогресса богочеловеческого; а человек и все человеческое, чересчур человеческое на самом деле – регресс. Дилемма предельно ясна: человек или Богочеловек, смерть или бессмертие?.. Друг, если бы ты хоть однажды строго спросил себя, в чем смысл твоей жизни, которая неуклонно и безостановочно мчится ко гробу, прогрессирует к смерти, то ты только в воскресшем Господе Иисусе смог бы найти правильный ответ на свой вопрос. Если же ты свою личную проблему расширил до масштабов всего человечества и в бессонные ночи и в бурные дни строго спрашивал себя, каков смысл существования рода людского и что есть в действительности прогресс человеческий, то ты из всех фактов мог бы сделать вывод, что прогресс – это все, что ведет к Христу и воскресению, ибо такой прогресс обеспечивает бессмертие и человеку, и человечеству; регресс же это все, что отвращает от Христа и воскресения, ибо подталкивает и человека, и человечество к смерти, в небытие.

Стремление ко Христу есть жизненная и животворная сила прогресса, так как только в нем преодолевается смерть и смертность, то есть грех и зло, и обеспечивается бессмертие и вечная жизнь. Единственный правый смысл человеческого существования в этой мельнице смерти есть личное бессмертие каждого человеческого существа. Без этого на что мне прогресс и усовершенствование? Зачем мне добро и зло, истина и любовь? Зачем мне небо и земля? Зачем мне Бог и мир?

Ощутить себя бессмертным еще при жизни в этом теле – это и есть блаженство, которое ничем иным не может быть обретено и обеспечено, кроме как Господом Иисусом. Развитие ощущения бессмертия и его претворение в осознание бессмертия есть дело Христова человека в этой жизни. На мой взгляд, Евангелие Спасителя и есть не что иное как практическое руководство к тому, как человек может переродить себя – смертного в бессмертного. Если человек уверует в Господа Христа решительно и всем сердцем, то он словно перекинет мост с этого острова смерти на другой небесный берег, туда, где начинается бессмертие, с тем, чтобы утонуть в той благой вечности.

Претворяя в жизнь евангельские добродетели, человек преодолевает все, что в нем смертно, и чем больше он живет по-евангельски, тем сильнее выжимает из себя смерть и смертность и возрастает в бессмертие и жизнь вечную. Ощущать Господа Христа в себе есть то же, что и ощущать себя бессмертным. Ведь ощущение бессмертия происходит из ощущения Бога, потому что Бог есть источник бессмертия и вечной жизни.

«Что такое бессмертная жизнь?» – спрашивает великий христианский философ, святой *Исаак Сирин* и отвечает: «Ощущение Бога». Ощущать Бога – значит ощущать себя бессмертным. Бог и бессмертие души – два коррелирующих факта. Один невозможен без другого. Ощущать Бога в себе постоянно, во всякой мысли, во всяком ощущении, во всяком поступке – это и есть бессмертие. Приобрести такое ощущение Бога и означает обеспечить себе бессмертие и жизнь вечную. Следовательно, только из веры в Бога, из ощущения Бога происходит и ощущение личного бессмертия человека. Богочеловеческий прогресс и состоит в том, чтобы в людях развивать и усовершенствовать это ощущение личного бессмертия человека, до максимума развивая в них ощущение Бога.

Человек Христовой веры живет ощущением и сознанием того, что всякий человек – это бессмертное и вечное существо, поэтому человек не может быть предметом чьей-либо эксплуатации и тирании. Ощущение бессмертия происходит от ощущения Бога, а ощущение Бога не терпит греха, а изгоняет его из человека, так как грех производит в человеке смерть. От метафизики, безусловно, зависит и этика: если ощущение Бога живет в человеке, то с ним живет и ощущение бессмертия, которое жестоко борется со всем, что умерщвляет человека: грехом, всяким грехом и всяким злом.

Рассмотрите основные принципы европейского гуманистического прогресса, его метафизику. Разве вы не видите, что гуманистическая культура систематически притупляет в человеке ощущение бессмертия, пока не затупит его совсем, и что человек европейской культуры решительно утверждает: я человек и только человек? А если это его утверждение перевести на более простой язык, то оно будет гласить: я тело и только тело, я земля и только земля. И в первом, и во втором случае человек утверждает одно: я смертен и только смертен. Так гуманистической Европой овладел девиз: человек – смертное существо. Это формула гуманистического человека и сущность его прогресса.

Сначала неосознанно, а потом систематически сознательно и намеренно, европейскому человеку и через науку, и через философию, и через культуру впрыскивали представление, что человек смертен весь без остатка. Это представление постепенно оформилось в убеждение, которое гласит: смерть – необходимость. Смерть – необходимость! Возможен ли больший ужас, оскорбление и насмешка: величайший враг человека необходим человеку?! Скажите мне, есть ли здесь логика, хоть какая-нибудь, хотя бы детская или даже логика насекомых? Может быть, европейский человек, раздавленный и размолотый на мельнице смерти, утратил и последнюю каплю разума и начал бредить?..

Гуманистический человек опустошен, страшно опустошен, ибо в нем стерто сознание и ощущение личного бессмертия. А разве человек без ощущения личного бессмертия – полноценный человек? Или лучше: разве такой человек – человек вообще?.. О, сужен европейский человек, невероятно сужен, превращен в карлика, искалечен, умален и сведен к дроби, обрывку человека, ибо из него изгнано всякое ощущение бесконечности и бескрайности. А без бесконечности может ли человек вообще существовать? И если может существовать, то имеет ли смысл его существование? Разве без этого ощущения бесконечности он не является мертвой вещью среди вещей и преходящим животным среди животных?

Представьте себе парадокс: я полагаю, что некоторые животные бесконечнее в своих ощущениях и бессмертнее в своих желаниях, чем человек гуманистического прогресса. Гуманистический человек сморщенный, увядший, поблекший, овеществленный, и он абсолютно прав, метафизических прав, утверждая устами своих философов, что произошел от обезьяны. Приравненному к животным по происхождению почему не приравнять себя к ним и в морали? Принадлежа к животным и зверям по метафизической сущности своего бытия, он к ним принадлежит и по морали.

Разве грех и злодейство все более и более не рассматриваются современным гуманистическим правосудием как неизбежность социальной среды, как необходимость природы? Поскольку же в человеке нет ничего бессмертного и вечного, то вся эта этика, в конце концов, сводится к инстинктивным стремлениям. И гуманистический человек, следуя своей логике, приравнял себя в этике к своим предкам, обезьянам и зверям, и в его жизни стал править принцип homo homini lupus[8]. Иначе и быть не могло, ведь только на ощущении человеческого бессмертия может основываться мораль, высшая и лучшая, чем мораль животных. А если нет бессмертия и вечной жизни, тогда «да ямы и пием, утре бо умрем».[9] (*1Кор. 15, 32*). Релятивизм в метафизике европейского гуманистического прогресса должен был привести к релятивизму в этике, а релятивизм – отец анархизма и нигилизма. Следовательно, вся практическая этика гуманистического человека не что иное, как анархизм и нигилизм. Потому что анархия и нигилизм – это неизбежная, заключительная апокалиптическая фаза европейского гуманистического прогресса. Идейный анархизм и нигилизм, идейное разложение должны были проявиться в практическом анархизме и нигилизме, в практическом разложении европейского гуманистического человечества и его прогресса. Разве мы не являемся свидетелями идейного и практического анархизма и нигилизма, опустошающего европейский континент? Слагаемые европейского прогресса таковы, что как бы мы их ни складывали, в сумме они всегда дают анархизм и нигилизм…

Глуп человек, беспримерно глуп, когда может, не обуздав смерти, веровать в прогресс, в смысл жизни, и работать ради этого. Зачем мне прогресс, когда за ним меня ожидает смерть? Зачем мне все миры, все созвездия, все культуры, когда за ними меня подстерегает смерть и в конце концов выследит меня? Там, где смерть, действительного прогресса нет. А если он и есть, то это только проклятый прогресс в ужасной мельнице смерти. Поэтому его надо полностью и окончательно уничтожить.

Эту муку европейского гуманистического прогресса ощутил и умело отразил в своей трагедии Rossum's universal Robots чехословацкий писатель Карел Чапек. Между его героями Алквистом и Еленой ведется следующий разговор:

Алквист: Есть у Наны молитвенник?

Елена: Есть, толстый такой.

Алквист: А есть в нем молитвы на разные случаи? От грозы? От болезни?

Елена: И от соблазна, от наводнения…

Алквист: А от прогресса нет?

Елена: Кажется, нет.

Алквист: Жаль.

Гуманистическому человеку и его прогрессу противостоит Христов человек со Своим богочеловеческим прогрессом. Основной принцип богочеловеческого прогресса заключается в том, что человек есть настоящий человек только Богом, только Богочеловеком, или, другими словами, человек есть настоящий человек только бессмертием, то есть победой над смертью, преодолением всего смертного и всякой смертности. Одолевая в себе грех и зло, Христов человек преодолевает этим смерть и смертность в своем сознании и ощущении и соединяется с Единым Бессмертным – Богочеловеком Христом. Поэтому великий созидатель богочеловеческого прогресса святой апостол Павел говорит всем христианам: «Горняя мудрствуйте, не земная. Умросте бо, и живот ваш сокровен есть со Христом в Бозе»[10]. (*Кол. 3, 2–3*).

И сознание, и ощущение человеческое обессмерчивается с Господом Христом. Кто соединил свое ощущение и сознание с Богочеловеком Иисусом, уже бессмертен, бессмертен в этом мире: его ум уже мыслит мысль Христову, мысль бессмертную и вечную, а его ощущение уже ощущает в себе жизнь Христову, жизнь бессмертную и вечную… В ваших глазах как бы всплывает вопрос: как можно этого достичь в это проклятой мельнице смерти? Только верой в воскресшего Господа Иисуса и жизнью по основным принципам этой веры.

Как только человек всем сердцем и искренне поверит в воскресшего Богочеловека, в его душе сразу воспламеняется ощущение бессмертия, воскресения, победы над смертью, а за ней и над грехом и злом. Это ощущение исполняет христианина непреходящей радостью и воодушевляет его на все евангельские подвиги. И он с радостью исполняет заповеди Христовы и с восхищением проходит жизненный путь от небытия к всебытию, от смерти к бессмертию. Разрастаясь Богочеловеком, человек подобен точке, разрастающейся во все бесконечности: он весь сияет божественными бесконечностями, ощущает себя бессмертным и бесконечным во всякой точке своего существа. Так трагический принцип гуманистического прогресса: смерть есть необходимость — заменяется радостным принципом прогресса богочеловеческого: бессмертие есть необходимость.

Богочеловеческий прогресс имеет свою богочеловеческую мораль: в нем вся жизнь людей направляется и обретает силу Богочеловеком. Добро это только то, что Христово, вне этого нет истинного добра. Поэтому основной принцип евангельской морали: без Христа человек не может сделать никакого бессмертного добра (*Ин. 15, 5*). Всякое непреходящее, бессмертное добро исходит и ведет к чудесному Богочеловеку Иисусу. Добро, которое не Христово, не бесконечно, не беспредельно, не божественно, а это значит, не бессмертно. Бессмертие — это главное свойство Христова добра. Следовательно, бессмертие необходимо в морали Христова человека как ощущение, как представление, как дело, как практика.

Ощущать Господа Христа как душу своей души, как жизнь своей жизни — это и есть бессмертие человека, ибо этим обеспечена бескрайность и бесконечность мысли, ощущения жизни. Для настоящего христианина бессмертие естественно и логично, а с ним и в нем — бескрайность и бесконечность. Это то, что обеспечивает и делает возможным бесконечное моральное усовершенствование, бесконечный моральный прогресс к Богу, в котором собраны все бескрайности, все бесконечности, все совершенства. Поэтому совершенно естественен, и логичен, и оправдан категорический евангельский императив: «Будите убо вы совершени, якоже Отец ваш небесный совершен есть» (*Мф. 5, 48*), то есть будьте совершенны, как Бог. Этого по праву требует Богочеловек Христос, ибо в Нем явлен совершенный Бог и совершенный человек, человек, доведенный до конца в прогрессе к Богу, человек усовершенствованный божественным совершенством, человек, бессмертно и вечно соединенный со всесовершенным Богом.

Христов человек движется путем божественного совершенства, преодолевая грех и злобу в себе и в мире вокруг себя. Он всегда идет вперед от добра к добру, от меньшего к большему, из большего в величайшее; при этом он никогда не останавливается, не задерживается, так как всякая остановка может означать духовную окоченелость, омертвение и, наконец, смерть. Через всякую чистую мысль, через всякое святое чувство, через всякое доброе желание и благое слово он прогрессирует к воскресению, к бессмертию, к вечной жизни. Через всякую же грешную мысль, нечистое чувство, дурное желание и плохое слово человек скатывается в смерть без воскресения (*Рим. 5, 16*; *Рим. 5, 21*; *Рим. 7, 5*; *Рим. 8, 2*; *1Кор. 15, 54*).

Преодолевая грех и смерть, Христов человек в этой жизни проходит три главных этапа христианской эволюции: рождение во Христе, преображение во Христе, воскресение во Христе (*Ин. 1, 12*; *Ин. 3, 3*; *Рим. 6, 5*; *1Кор. 15, 54*; *Кол. 3, 1*).

Конечная цель его борьбы – воскреснуть со Христом. Человек переносит разнообразные муки, исполняя заповеди Спасителя, практикует евангельские добродетели:

веру, любовь, надежду, молитву, пост, смирение, милосердие, кротость – ради того, чтобы достичь воскресения мертвых (*Флп. 3, 8–11*). Через все свои вздохи, и слезы, и молитвы, и мысли, и ощущения, и дела он тянется к воскресению...

Человек, ты участвуешь в богочеловеческом прогрессе, ты совершаешь его, если ты мыслишь, если ты ощущаешь, если поступаешь так, как будто ты уже воскрес, уже победил смерть, уже вошел в жизнь вечную. И действительно, ты уже победил смерть, уже вошел в жизнь вечную, если ты всем своим сердцем, всею душою своею, своею мыслью поверил в воскресшего Господа Иисуса, ибо Он сказал: «веруяй пославшему Мя имать живот вечный.., смерти не имать видети» (*Ин. 5, 24; Ин. 8, 51*). Кто верует, тот перешел из смерти в жизнь вечную еще здесь, на земле.

Так, верой в Господа Христа вводится сыворотка бессмертия и в душу, и в тело человека. Верою и любовью, ибо и эта благая весть произнесена в Евангелии: «Мы вемы, яко преидохом от смерти в живот, яко любим братию; не любяй бо брата пребывает в смерти»[11] (*1Ин. 3, 14*). Господь Христос – единственный Путь, который не завершается беспутьем, единственная Истина, которая не завершается ложью, единственная Жизнь, которая не завершается смертью, поэтому Он и мог объявить всем на все времена и на всю вечность: «Аз есмь Путь и Истина и Живот»[12] (*Ин. 14, 6*). А раз Он первый и единственный победил смерть воскресением и таким образом обеспечил человеку бессмертие и жизнь вечную, то мог сказать о Себе: «Аз есмь Воскрешение и Живот: веруяй в Мя, аще и умрет, оживет: и всяк живый и веруяй в Мя не умрет во веки»[13] (*Ин. 11, 25, 26*).

Верою в воскресшего Богочеловека человек только начинает быть человеком, так как освобождается от греха и смерти и обретает ощущение бессмертия. Грех – это мрачная сила, которая отупляет, иссушает и парализует ощущение бессмертия, так что человек ни ощущением, ни мыслью не достигает Бога, живого и истинного. Такой человек – изуродованный человек, получеловек, гуманистический человек, одним словом, недочеловек. Господь Христос сошел в мир и победил смерть воскресением, чтобы пробудить человека в бессмертие и жизнь вечную, чтобы завядшее и омертвевшее чувство бессмертия в человеке ожило и омолодилось, чтобы человек ощутил Бога и жизнь вечную как смысл жизни человеческой и на земле, и на небе.

По сути, *Церковь* не что иное, как божественная мастерская, в которой непрестанно омолаживаются, освежаются и укрепляются человеческое ощущение и сознание личного бессмертия и бесконечности. Разве молитва не делает душу бесконечной, связывая ее с Богом? Разве милосердие, доброта, кротость, пост не делают человека бессмертным, возводя и его сердце, и душу в вечное Царство Христовой Истины? Не будем себя обманывать: всякая молитва понемногу побеждает в нас смерть, и всякая евангельская добродетель, а все вкупе они созидают победу над смертью и обеспечивают жизнь вечную.

В богочеловеческом прогрессе человек постоянно следует Христу как пути Божиему через Истину Божию в Жизнь вечную и бессмертную. Господь Христос не только провозгласил божественное совершенство целью богочеловеческого прогресса, но и даровал человеку все божественные силы для достижения этой цели (*2Петр. 1, 3–9*). Хотя путь богочеловеческого прогресса бесконечно долог, все же он весь залит радостью и восхищением, что святой апостол выразил словами: «братие, радуйтеся, совершайтеся» (*2Кор. 13, 11*), «несть бо Царство Божие брашно и питие, но правда и мир и радость о Дусе Святе» (*Рим. 14, 17*)

Богочеловеческий прогресс как антитеза гуманистическому прогрессу близок душе нашего народа и дорог его сердцу. Столь близким и дорогим сделал его величайший зодчий богочеловеческого прогресса в истории нашего народа – святой Савва[14]. В личности и трудах святого Саввы нашему национальному сознанию и чувству указаны идеология и прагматика истинного прогресса. Ведь что такое прогресс для святого Саввы? Не что иное, как победа над смертью, а это значит, победа над злом, над грехом и через это обеспечение бессмертия для всякой души в отдельности и для всей нашей народной души в целом. Другими словами, для святого Саввы прогресс – это стяжание Господа Христа, жизнь в Нем, Им и ради Него и таким образом преодоление греха и смерти в себе и в ближних около себя.

Богочеловеческий прогресс от человека к Богочеловеку, от смерти к бессмертию осуществляется переделыванием себя с помощью евангельских подвигов, ибо только с их помощью преодолевается смерть и делаются бессмертными душа, мысли, ощущения. В личности святого Саввы мы имеем осуществленную программу богочеловеческого прогресса. Устремленными ко Христу подвигами он из смертного переродил себя в бессмертного, из преходящего в непреходящего, из несвятого в святого. Для него чудотворный Господь Иисус был все во всем: все в душе, все в сердце, все в жизни, все в народе, все в государстве. Без Христа и жизнь, и сердце, и душа, и народ, государство не что иное как смерть, после которой нет воскресения. Освятив и просветив себя жизнью во Христе, святой Савва стал первым созидателем единственного истинного прогресса в нашем народе, созидателем победы над смертью, над злом, над грехом, над тьмой. Поэтому ни в его личности, ни в его деле не было смерти, но во всем, что ему принадлежало, разлилось божественное бессмертие и вечность.

Преодолев в себе евангельскими подвигами все грешное и смертное, святой Савва исполнился бессмертия и вечной жизни и поэтому стал «наставником, и первопрестольником, и учителем» пути, ведущего в жизнь, из смерти в жизнь. В нашей национальной истории он всегда был и останется величайшим и незаменимым вождем нашего народа из смерти в бессмертие, из этой преходящей жизни в жизнь вечную. Нам, и каждому в отдельности, и народу в целом, носители европейской культуры непрестанно предлагают и навязывают гуманистический прогресс, который систематически убивает ощущение бессмертия в человеке и в народе, отождествляя человеческое существо со смертными насекомыми и животными. Мы же имеем в святом Савве непогрешимого и неустрашимого вождя богочеловеческого прогресса, делающего нашу душу бессмертной и вечной, невидимо денно-нощными молитвами своими ведущего нас сквозь эту грохочущую мельницу смерти и вводящего в благоуханный мир Христова бессмертия и вечности, где все совершенства и все радости живут в братстве. Водимые и предводительствуемые святым Саввою в борьбе с грехом и смертью, мы, и каждый в отдельности, и народ в целом, будем непрестанно идти из победы в победу, из победы над грехом в победу над смертью. Так и только так на этой пожирающей людей мельнице смерти мы можем обеспечить себе бессмертие и в этом, и в ином мире.

ВЫСШАЯ ЦЕННОСТЬ
И НЕПОГРЕШИМЫЙ КРИТЕРИЙ

Когда человек пробуждается в брении своего тела и видит духовные реальности, тогда он ощущает, что все материальные реальности реальны настолько, насколько его дух осознает их таковыми. И вскоре человек приходит к парадоксальному выводу: люди, как существа особого рода, познают реальное в материальном мире с помощью духа, не имеющего свойств материальных реальностей, но являющегося тем, что не может быть ни материально объективировано, ни явлено как транссубъективная реальность, ни чувственно осязаемо. Но, хотя его нельзя заключить в формы материальной действительности, дух все же своей невидимой сущностью является критерием всех видимых реальностей в мире материи. И человек все неодолимее ощущает и осознает, что мысль духа, хотя неощутимая, невидимая, нематериальная, все-таки реальнее, чем какая-либо транссубъективная действительность в области материи. Более того, все действительности основывают свою реальность на мыслях духа, который сам по себе нематериален. В этом и преимущество, и загадочность, и величие человеческого духа. И пробудившийся человек, водимый своим нематериальным духом через таинства материального, физического мира, все более понимает, что его дух – его высшая и самая непосредственная действительность, а тем самым и его высшая ценность. В таком настроении человек быстро ощущает неопровержимую истинность слов Спасителя о душе человеческой как о высшей реальности и высшей ценности, реальности более реальной, чем весь видимый мир, и ценности более ценной, чем все солнечные системы. «Кая бо польза человеку, аще мир весь приобрящет, душу же свою отщетит? Или что даст человек измену за душу свою?» (*Мф. 16, 26; Мк. 8, 36–37; Лк. 9, 25*). Другими словами, в видимом мире нет ничего равноценного человеческой душе, нет ценности, которой можно было бы оценить и оплатить душу; она более ценна, чем все миры вместе взятые.

В самом деле, всю свою видимую жизнь, жизнь во времени и пространстве, человек основывает на невидимом, то есть на душе, на ее мыслях, на ее совести. В мире видимых вещей и событий человек ориентируется с помощью своей мысли; ею он все измеряет и оценивает, ею – тем, что и для него самого невидимо. Насколько же тогда естественнее и логичнее ориентироваться с ее помощью в мире духовных реальностей и духовных ценностей. Человек соединен мыслью не только с миром видимым, миром материальных вещей, но и с миром вещей духовных. Даже и крайние сенсуалисты в гносеологии не могут этого опровергнуть. Нужно признать: человеческий дух – чудотворная лаборатория, в которой непонятным образом чувственные впечатления преобразуются в мысли.

Серьезный наблюдатель мира, с какой бы стороны он ни приступил к материальным или духовным реальностям, должен ощутить присутствие бесконечной таинственности во всех явлениях. Это дань, которую всякий мыслитель должен заплатить загадочной мистерии мира. Нет сомнений, правильная ориентация в этом загадочном мире зависит от духа, с помощью которого человек ориентируется, или, точнее, от природы духа. А свою природу дух человеческий раскрывает и показывает через опыт, создаваемый своею деятельностью. Из всего этого опыта произрастает стремление человеческого духа к всевозможной бесконечности во всем: в знании, в жизни, в существовании.

Дух человеческий неустанно тянется к бесконечному знанию, к бесконечной жизни, к бесконечному существованию. А через все это он желает только одного: преодолеть временность, конечность, ограниченность и обрести, обеспечить себе незыблемость, бесконечность, безграничность. В конце концов, во всех культурах и цивилизациях все муки человеческого духа сливаются в единое гигантское усилие: преодолеть смерть и смертность и обеспечить бессмертие и жизнь вечную, обеспечить любой ценой.

Но разве не подталкивает нас все к вопросу: откуда в человеческом духе это стремление и тяга к бесконечности во всех направлениях? Что есть то, что гонит мысль человеческую из проблемы в проблему, из бесконечности в бесконечность? Если же это стремление человека к бескрайности и можно навязать слабому человеку, то откуда же она у самых самостоятельных мыслителей? Более того, у них она разработана до сложнейшей проблематики. Все это показывает, что стремление к бесконечности заключается в самой природе человеческого духа. Природа самого познания тянется к бесконечному знанию, природа самого ощущения тянется к бесконечности ощущения, природа самой жизни тянется к бесконечной жизни. Весь дух человеческий и через познание, и через ощущение, и через волю, и через жизнь желает быть бесконечным, а значит, бессмертным. Жажда бесконечности, жажда бессмертия — исконная, метафизическая жажда духа человеческого. Она гнала дух человеческий к бесконечности, к бессмертию через разнообразные религии, философии, науки, муки и подвиги. Одним словом, дух человеческий желает бесконечности, желает бессмертия любой ценой и в любом виде.

Очевидно, что это стремление к бесконечности не могла вложить в человека материальная природа, потому что она и сама ограничена и не имеет в себе такого стремления. Точно так же очевидно, что духу человеческому не могло вложить этого человеческое тело, поскольку оно само ограничено. Единственным логичным выходом остается постулат: человеческое стремление к бесконечности, к бессмертию заключается в самой сущности человеческого духа. Созданный по образу Божиему, человек весь в этом стремлении. Ибо боголикость в человеческом существе и есть устремление к бескрайним истинам Божиим во всех мирах. Имманентная человеческому духу, эта боголикость подвигает человека богоустремленно тянуться и возноситься ко всем бесконечностям Божиим.

Для боголикой души естественно тянуться к Богу как к своему оригиналу. Это не априорное заключение, а совершенно апостериорное, так как всецелый опыт рода человеческого свидетельствует об этой мощной и таинственной тяге духа человеческого к бесконечности, к бессмертию, к вечной жизни, на этом или на том свете. Если, опираясь на всецелый опыт рода человеческого, мы сведем человека к его основным праэлементам, то наверняка обнаружим эту тягу к бессмертию как самый основной праэлемент, на котором покоится и благодаря которому онтологически может состояться весь человек.

Создав человека по образу Своему, Бог тем самым разлил по его существу тягу к божественной бесконечности жизни, к божественной бесконечности познания, к божественной бесконечности совершенства. Поэтому эта алчущая тяга существа человеческого не может полностью удовлетвориться и насытиться ничем, кроме Бога. Объявляя божественное совершенство главной целью человеческого существования в мире, Господь Христос ответил на основное желание и потребность боголикого и богоустремленного человеческого существа: «Будите убо вы совершени, якоже Отец ваш небесный совершен есть» (*Мф. 5, 48*).

Боголикость человеческой природы имеет свой онтологический и телеологический смысл: онтологически, ибо в ней явлена суть человеческого существа; телеологически, потому что в ней указана цель человеческой жизни – Бог со всеми Своими божественными совершенствами. Боголикость есть сущность сущности человеческого существа, на которой и благодаря которой человек должен созидать и созидает себя в этом мире. По сути, в человеческом существе Бог – первое, а человек – второе; другими словами, человек создан как потенциально богочеловеческое существо, которое, ведомое боголикой душой, имело своей задачей во всем уподоблять себя Богу и таким образом действительно сделать из себя богочеловеческое существо, то есть существо, в котором человек идеально соединен с Богом и живет в Его божественных, бесконечных совершенствах. Но вместо того, чтобы боголикостью души пропитать всю свою эмпирическую жизнь, человек отделил свой дух от всего Божиего в себе и, через таинства этого мира отправившись в путь без Бога, то есть без своего природного путеводителя, наткнулся в этом мире лишь на непреодолимые скалистые пропасти и страшные расселины.

В своей сущности падение человека состояло в том, что он восстал против боголикого устройства своего существа, оставил Бога и Божие и свел себя к чистой материи, к чистому человеку. Первым же бунтом против Бога человеку в некоторой степени удалось изгнать из себя Бога, изгнать Его из своего сознания, из своей воли и остаться при чистой человечности, при чистом гоминизме[15] и тем самым при чистом гуманизме. Страшно сказать, но гуманизм, по сути, исконное зло, первобытное зло человеческое. Во имя этого первобытного гуманизма человек изгнал Бога в надчеловеческую трансцендентность и весь остался при себе и в себе. Но при этом человек не мог полностью обезбожить себя, полностью уничтожить в себе боголикие стороны своего духа; они остались и проявляются в его гуманизме в виде стремления к бесконечному прогрессу, к бесконечному знанию, к бесконечному совершенствованию, к бесконечному существованию. Сознательно или несознательно во всех противоборствах, которые человек ведет в своем гуманизме, он стремится к тому, чтобы вернуть себе утраченную боголикость. И отчасти ему это удается. Настолько, насколько необходимо, чтобы ощутить и осознать, что сам по себе, при своей чистой, обезбоженной человечности он никогда не сможет исправить свой дух, вернуть боголикость своего существа. В своей гуманистической ностальгии человек в действительности вопиет о Богочеловеке.

Следовательно, появление Богочеловека Христа в этом мире естественно, и логично, и необходимо. Ведь только Богочеловек полностью отстраняет все муки духа человеческого, болеющего и обезбоженного гуманизмом. Он единый утоляет всю жажду боголикого существа человеческого: и жажду бесконечной жизни, и жажду бесконечной правды, и жажду бесконечной истины, и жажду бесконечного добра, и жажду вообще всех божественных бесконечностей.

Самые существенные онтологические желания и потребности человеческого существа раз и навсегда получают свое удовлетворение только в одном – в личности Богочеловека Христа. Ибо на все желания и потребности человеческого духа, которые относятся к миру горнему, Богочеловек отвечает Богом по-человечески, а на все желания и потребности духа человеческого, которые относятся к миру около человека и под ним, Он отвечает человеком по-Божиему. Богочеловек освобождает потенциал богочеловечества в человеческом существе, связанный тиранией богоборческого гуманизма, и дает людям силу реализовать себя в своей бессмертной полноте. Человек, ведомый Богочеловеком, все измеряет Богом и в этом загадочном мире живет Богом; таким образом он достигает идеального совершенства и представляет собою идеальный синтез Божиего и человеческого, духовного и материального, посюстороннего и потустороннего.

Появление Богочеловека Христа в мире человеческих реальностей ни с онтологической, ни с психологической, ни с исторической точки зрения не явилось неожиданностью для человеческой природы. Напротив, оно удовлетворило основные стремления и потребности человеческого существа – стремление к божественному совершенству и вечной жизни и потребность в них. Богочеловек не только не есть нечто неестественное и ненужное для человека, но, напротив, он необходим человеку больше всего на свете, настолько необходим, что Сам всеистинный Бог и Господь Иисус объявил, что Он есть «едино на потребу» (*Лк. 10, 42*). Почему? Потому что Он самым совершенным, самым естественным, самым точным и логичным образом решил проблему Бога и человека. Как? Реально, по-земному реально показав нам в Себе Бога, которые есть абсолютная Истина, абсолютное Добро, абсолютная Справедливость, абсолютная Любовь, абсолютная Мудрость в совершенном единстве с человеком, Он показал нам и человека в его безгрешности, бессмертии и совершенстве.

Богочеловек одинаково реально показал и Бога в Его совершенстве, и человека в его совершенстве. Если беспристрастно рассмотреть историю рода человеческого, то нужно будет признать, что в нем не было человека лучшего, чем Иисус, а значит, и лучшего Бога, ибо Иисус только как Богочеловек был и есть лучший человек, то есть человек без греха, без зла. Только Единый Безгрешный Господь Христос мог неустрашимо вопрошать Своих лютейших противников: «Кто от вас обличает Мя о гресе?» (*Ин. 8, 46*). И никто из них не мог указать в Нем ни на какой грех. А человек без греха есть одновременно и самый идеальный, и самый реальный человек, так как только такой человек истинно совершенен, бессмертен и вечен.

Воплощением Бога Слова в человеческую природу вошла Божественная Мудрость, всесовершенная Божественная Логика, всесовершенный Божественный Ум. И «Слово плоть бысть»[16] (*Ин. 1, 14*): это значит, что все трансцендентные Божественные ценности стали имманентны природе человеческой, ибо они стали конгениальны сущности боголикой человеческой души. Все эти вечные божественные ценности, воплощенные в человеке, сходятся в конце концов в единую, неизмеримую и непревзойденную ценность – Богочеловека Христа. Поэтому Богочеловек – и первая, и величайшая, и фундаментальнейшая, и высшая ценность в мире человеческом. Ибо нет ничего более человеческого, чем Господь Христос, олицетворяющий собой самое идеальное совершенство всего истинного, людского, истинно человеческого. И не только это. Он, как Богочеловек, есть совершеннейший синтез Божиего и человеческого, посюстороннего и потустороннего, естественного и сверхъестественного, физического и метафизического, реального и идеального. В Нем как в Богочеловеке самым идеальным образом осуществлено и сохранено равновесие между Божиим и человеческим, а вместе с этим сохранена автономия человеческого, людского и автономия Божиего, божественного.

В богочеловеческой Личности Господа Иисуса достигнут самый радикальный, самый логичный и самый полный монизм жизни посюсторонней и потусторонней, а через это – монизм восприятия посюстороннего и потустороннего, монизм ощущения человеческого и божественного. А это значит, что и жизнь, и мысль человеческая, и ощущение человеческое преодолели пропасть, зияющую между человеком и Богом, между этим и тем миром. Поэтому Христов человек живо ощущает единство этого мира с тем, Бога с человеком, посюстороннего с потусторонним, естественного со сверхъестественным. Он глубоко ощущает и ясно осознает, как в нем совершён переход из смертного в бессмертное, из временного в вечное. Это ощущение вечной жизни делает возможным и обеспечивает Христову человеку и вечность мысли, и бессмертие ощущения.

Но Христов человек, даже и таким образом удлиненный, расширенный и углубленный до божественных бескрайностей, все же не утрачивает своей человечности, своей индивидуальности, своих характеристик, но и дальше остается человеком, только человеком совершенным, обогочеловеченным. В Богочеловеке Христе человек вознесен на высшую ступень совершенства, на вершину превыше всех вершин. Ибо никто никогда так не прославлял человеческую природу, человеческое существо, как Богочеловек. В Его Богочеловеческой личности человеку оказана величайшая справедливость, справедливость величайшая из возможных. Хотя человек и был неизмеримо возвеличен, вознесен и прославлен Богом, нигде, ни в чем человек не был недооценен в пользу величия Бога, равно и Бог – в пользу величия человека.

Нет сомнений, проблема добра и зла является одной из тяжелейших и мучительнейших для человеческого сознания. Но и она окончательно и совершенно решается в Личности Богочеловека Христа. И решается не вербально, не теоретически, не диалектически, но по существу, прагматически, богочеловечески. Ибо Господь Христос во всецелой Своей жизни как бы показал Себя воплощением, очеловечением бесконечного, всесовершенного и абсолютного Добра. Никакое самое пристальное око не смогло бы найти в Нем ни капельки зла, ибо Он «греха не сотвори, ни обретеся лесть во устех Его»[17] (*1Пет. 2, 22*).

Имея перед собою в лице Богочеловека Христа абсолютное божественное Добро в границах человеческого существа, человеческой природы, человеческое сознание только от Него и Им знает, а человеческое сердце ощущает, что есть добро и что – зло. Добро, вечное добро есть все, что есть Христос в Своей богочеловеческой реальности, то есть все, что богочеловечно. Как Единый безгрешный и всемогущий, Господь Христос дал человеческой природе благодатные силы для достижения совершенства, преуспеяния в божественном добре и окончательном преодолении греха и зла. Поэтому Богочеловек Иисус – высшая ценность во всех мирах, в которых движется человеческая мысль и человеческое ощущение.

Через всю свою историю человек являет себя существом особого рода тем, что неустанно ищет основную и главную истину – истину, на которой стоят и ради которой существуют все миры, в том числе и человеческий. В этом поиске истины человек решал проблему истины и мифологически, и философски, и теистически, и атеистически, и спиритуалистически, и материалистически. Да так ее и не решил, потому что решал ее в категориях чистого, обезбоженного гуманизма. Только в чудесной Личности Богочеловека Христа явилась вся вечная Истина без остатка. И проблема истины решена появлением абсолютной, божественной Истины в границах человеческой природы. Поэтому из уст Богочеловека Христа и вышло самое смелое заявление, которое человеческое существо когда-либо делало, заявление: «Аз есмь Истина» (*Ин. 14, 6*). Это значит, что Богочеловек Христос как личность есть Истина во всей Своей богочеловеческой полноте и реальности.

Но то, что Богочеловека Христа делает ценностью превыше всех ценностей, это то, что Он первый и единственный решил проблему жизни и смерти, решил ее прагматически, реально, показав в Своей Богочеловеческой Личности воплощенное, очеловеченное бессмертие и жизнь вечную. Он это исключительно сильно показал и доказал Своим воскресением из мертвых и вознесением в вечную жизнь Божества. И вообще вся богочеловеческая жизнь Господа Христа, и до, и после воскресения, — очевидное доказательство того, что Он есть олицетворение бессмертия и вечной жизни, а тем самым и владыка смерти. Воскресением Своим Он человеческой природе навеки обеспечил победу над смертью, а Своим вознесением — жизнь бессмертную в вечности Трисветлого Божества. Поэтому Он единственный в роде человеческом имеет право сказать о себе: «Аз есмь воскрешение и живот» (*Ин. 11, 25*). Своею Богочеловеческою личностью Он есть воскресение и жизнь, потому что он безгрешен. Где нет греха, там нет смерти, так как только грех творит смерть. И так же, как грех есть единственный творец смерти, так и безгрешность, совершенная святость есть единственный созидатель бессмертия.

В человеческом сознании тайна мира соревнуется с тайной человека. Непроглядный мрак покрывает всякое создание, и человеческая мысль никак не может проникнуть в его основной смысл, никак не может понять, для чего существует такой мир в таком виде. Только освещенный светом Богочеловека Христа мир нам открывает венец своей сущности и в нем – свой настоящий смысл и ценность. Поэтому Спаситель и сказал о Себе: «Аз есмь свет миру» (*Ин. 8, 12; Ин. 9, 5*). В Богочеловеке и в Его свете человек становится истинно зрячим и проникает в истинный смысл мира.

Некая божественная разумность и целесообразность разлита по всему творению. Разлита Самим Господом Христом как вечным Словом Божиим, почему и говорится в святом Евангелии: «вся Тем быша… еже бысть»[18] (*Ин. 1, 3*). Эта логостность и логичность мира и всего тварного становится очевидной, только будучи освещенной светом воплощенного Бога Слова. Человеческое сознание, только освещенное светом воплощенного Бога, может наблюдать божественный, логосный смысл творения и убедиться в истинности апостольских слов: «всяческая Тем и о Нем создашася» (*Кол. 1, 16*).

Это означает: смысл всякого создания, каждого в отдельности и всех вместе, в том, чтобы в высшей степени осуществить в себе богочеловеческую истину и справедливость. Небо и земля не прейдут до тех пор, пока на них не исполнится весь закон Бога Слова (*Мф. 5, 18*). В Богочеловеке Христе началось оздоровление твари, реинтеграция твари, разболевшейся и обратившейся в хаос присутствием и действием человеческого греха и зла (*Рим. 8, 19–23*)

Если Господь Христос как богочеловеческая Личность является высшей ценностью, то Он представляет Собой и высший критерий всех настоящих ценностей.

В этом мире никакое существо, меньше, чем Богочеловек, не может быть истинным и непогрешимым критерием ценностей, раз наивысшая ценность – это личность Богочеловека. Человек не может быть мерилом, ибо он представляет собой гораздо более малую ценность, чем Богочеловек. Являясь высшей ценностью, Богочеловек является и лучшим критерием всего Божиего и всего человеческого и в этом мире, и в том. История этой планеты не знает ни лучшего Бога, чем Христос, ни лучшего человека, чем Христос. Богочеловек в одно и то же время совершенно открыл Бога и совершенно открыл человека. Поэтому нет ни Бога без Богочеловека, ни человека нет без Богочеловека.

«Что есть истина?» (*Ин. 18, 38*) – вопрошал Пилат воплощенную Истину и хотел ушами услышать то, чего не видел глазами, как будто не одна и та же душа слушала его ушами и смотрела его глазами. Действительно, Богочеловек Христос есть истина не как слово, не как учение, не как деятель, но как всесовершенная и вечно живая богочеловеческая Личность. Только как такая Личность Он есть непогрешимый критерий истины. Поэтому Богочеловек и говорил о Себе не только: «Аз есмь Истина» (*Ин. 14, 6*), но и «Аз есмь Путь» (*Ин. 14, 6*). Путь в саму Истину, критерий самой Истины, сущность самой Истины. Критерий Истины есть только сама Истина, а Истина есть Богочеловек Христос. Поэтому все, что не от Него, не есть истинно, вне Его богочеловеческой личности истина онтологически невозможна.

В христианстве истина – это не дискурсивное понятие, не теория, не учение, не смесь учений, но живая богочеловеческая Личность, исторический Иисус Христос (*Ин. 14, 6*). До Христа люди предчувствовали истину, но не имели ее; со Христом как воплощенным Богом Словом вечная Божественная Истина вся явилась в этот мир.

Поэтому и сказано в святом Евангелии: «Истина Иисус Христом бысть»[19] (*Ин. 1, 17*). Что есть жизнь, настоящая, истинная жизнь, и критерий жизни? Опять-таки Личность Богочеловека Христа, а не Его учение, отделенное от Его чудотворной и животворящей Личности. Никто из людей никогда не смел сказать: «Я есть жизнь», – так как всякий человек смертен. А Богочеловек сказал: «Аз есмь Живот» (*Ин. 14, 6*). И сказал это по праву, ибо воскресением победил смерть и показал Себя вечно живым, когда вознесся на небо и воссел одесную Отца. Поэтому Богочеловек есть и Жизнь, и критерий Жизни. Все, что не есть от Него, – смертно. В Нем Жизнь имеет свою логосность и свою логичность, так как имеет свою божественную вечность. Как вечное Божественное Слово, Он есть и Жизнь, и Всежизнь (*Ин. 1, 4*), ибо жизнь бывает жизнью Им. Где Его нет, там жизнь превращается в смерть, ибо только Он единый есть Тот, Кто жизнь делает живою. Отпадение от Него, которые есть Жизнь, всегда завершается умиранием и смертью. Поэтому в Нем, как в Слове и Логике жизни, находится единственно возможное оправдание человеческой жизни в категориях времени и пространства.

Вечная жизнь сохраняется и созидается вечным добром и вечной правдой, вечной истиной и вечной мудростью, вечным светом. И когда Спаситель объявил: «Аз есмь Живот», этим Он заявил о Себе: «Я есть Добро, Правда, Истина, Мудрость, Свет». Поскольку Он заключает в себе все это, то Он и есть высший критерий всего этого. Своею всесовершенною личностью безгрешный Богочеловек представляет в роде человеческом единственный непогрешимый критерий и жизни, и добра, и правды, и истины, и мудрости, и света. Богочеловек есть высшая и совершеннейшая ценность, единственная вечная ценность, а следовательно, высший и совершеннейший критерий, единый вечный критерий истины, жизни, правды, света, доброты и мудрости.

Все Свое учение и деятельность Господь Христос сводит к Своей богочеловеческой личности и объясняет их через нее. Поэтому и апостольская Православная *Церковь* Христова все в христианстве сводит к животворящей личности Богочеловека: и учение, и истину, и правду, и добро, и жизнь. Образ Богочеловека Христа – высшая ценность Церкви и ее величайшая драгоценность. Все остальные ценности она получает он Него, как лучи от солнца.

Не надо себя обманывать: христианство есть христианство Богочеловеком, в этом его исключительное значение, достоинство и сила. Господь Христос Себя самого, свою богочеловеческую личность явил как *Церковь*, поэтому Церковь является Церковью только Богочеловеком и в Богочеловеке.

Все новозаветное сливается в единую, огромную, всеохватную истину: Богочеловек есть и сущность, и цель, и смысл, и всеценность Церкви; Он есть и ее душа, и ее сердце, и ее жизнь; Он есть сама *Церковь* в своей богочеловеческой полноте, ибо Церковь есть не что иное, как Богочеловек Христос, распространенный во все века: «се, Аз с вами есмь во вся дни до скончания века» (*Мф. 28, 20*; *Еф. 1, 21–23*).

Богочеловек есть глава телу Церкви (*1Кор. 1, 18, Еф. 1, 22*; *Еф. 5:23*), единственная глава. В этом качестве Он является Спасителем телу Церкви (*Еф. 5, 23*), единым Спасителем. Им одним, единым и неделимым Богочеловеком *Церковь* всегда одна, едина и неделима. Ибо всецелое тело Церкви Он как Богочеловек содержит в нераздельном единстве благодати, истины и жизни. Тело Христово растет Им во все бескрайности божественной жизни; растет ростом Божиим «в меру возраста» полноты богочеловеческой (*Еф. 4, 13*), ибо «всяческая Тем и о Нем создашася» (*Кол. 1, 16, Еф. 4, 15–16; 1Кор. 1, 10*). Своей благодатной силой Он таинственно обогочеловечивает все члены Церкви, ибо смысл и цель существования Церкви в том и состоит, чтобы богочеловеческой верой все привести в «меру возраста исполнения Христова» (*Еф. 4, 13*), все обогочеловечить.

Благодаря этому *Церковь* через всех своих Апостолов, Мучеников, Исповедников, Святителей и верных неустрашимо исповедовала и защищала более всего и превыше всего Богочеловечество Господа Иисуса, Его чудесную и незаменимую Личность. Милосердно снисходя к согрешившим, *Церковь*, защищая пречистый и пресветлый лик Богочеловека Христа, всегда была ревностно неумолима и решительна в осуждении и отвержении всех тех, кто хоть каким-то образом или порицал, или отрицал, или унижал Богочеловечество Господа Христа. Церковь всегда с радостью готова пойти на все апокалиптические мучения, только бы защитить и сохранить Его.

Что есть сущность Православия? Богочеловек Христос. Следовательно, все православное имеет богочеловеческий характер: и сознание, и чувства, и воля, и мышление, и этика, и догматика, и философия, и жизнь. Богочеловечество – это единая категория, в которой движутся и осуществляются все проявления Православия. Бог во всем на первом месте – человек на втором; Бог ведет – человек водим; Бог действует – человек содействует. И это не некий трансцендентный, абстрактный, деистический Бог, но Бог самой непосредственной исторической реальности, Бог, Который стал человеком, жил в категориях нашей человеческой жизни и во всем самым очевиднейшим образом показал Себя абсолютно святым, абсолютно добрым, абсолютно мудрым, абсолютно праведным, абсолютно истинным.

Как совершенному Богочеловеку, Ему ничто человеческое не неизвестно (*Ин. 2, 25*). Он и стал человеком, оставаясь Богом, чтобы как Бог дать человеческой природе божественные силы, которые бы приводили людей к самому тесному, богочеловеческому единству с Богом. И эта Его божественная сила непрерывно действует в богочеловеческом Его теле – в Церкви, соединяя людей с Богом через благодатную и святую жизнь. Ибо *Церковь* есть не что иное, как чудесный богочеловеческий организм, в котором сотрудничество благодати Божией и свободной деятельности человека обессмерчивает, обогочеловечивает все человеческое, все, кроме греха.

В богочеловеческом организме Церкви всякий верующий подобен живой клетке, которая становится его составной частицей и живет его животворной богочеловеческой силой. Ибо быть членом Церкви – значит совоплотиться Богочеловеку, стать Его «сотелесником» (*Еф. 3, 6*), членом Его богочеловеческого тела (*1Кор. 12, 12–13; Еф. 5, 30*); одним словом, обогочеловечиться во всецелой реальности своей человеческой личности. Если человек этого достигнет, то достигнет богочеловеческого единства жизни и будет иметь живое и бессмертное ощущение, что перешел от смерти в жизнь (*Ин. 3, 36; Ин. 5, 24; Ин. 11, 25–26*). При этом он всем своим существом непрестанно ощущает, что *Церковь* как богочеловеческий организм – это Богочеловек, продолженный во все века. Как Богочеловеческая личность Господь Христос неповторим, но как богочеловеческая сила и жизнь Он непрестанно повторяется во всяком христианине как органичном члене Своего богочеловеческого тела – Церкви.

Называя *Церковь* телом Христовым (*Еф. 1, 23; Кол. 1, 24*), святой Апостол связывает ее бытие воедино с тайной воплощения Бога Слова и показывает, что живое и неизменяемое основание реальной видимой Церкви обнаруживает себя именно в том, что «Слово стало плотью» (*Ин. 1, 14*). Он показывает, что *Церковь*, будучи Христовой, непрестанно и непосредственно зависит от воплощенного Бога Слова во всем, что делает ее Церковью. Неизменную же полноту богочеловеческих даров и сил она получает от Того, Кто все ей принадлежащее исполняет Собою (*Еф. 1, 23*; *Кол. 2, 9*).

Поскольку *Церковь* всем своим существом и всею деятельностью своею полностью зависит от воплощенного Бога, она основывается на исторической действительности евангельского благовестия: «Слово плоть бысть», то есть «Слово стало Богочеловеком». Эта истина – главная истина Церкви, ее основание. Поэтому *Церковь* во всем и по всему прежде всего богочеловеческий организм, а затем богочеловеческая организация.

Вся природа Церкви во всех своих проявлениях имеет богочеловеческий характер. Из этого логически проистекает и ее богочеловеческая деятельность в мире: воплотить в человеке и человечестве все принадлежащее Богочеловеку. Миссия Церкви обнаруживается в самой ее природе: осуществить все богочеловеческие ценности в мире человеческом. Воплощение Бога есть совершенное и цельное откровение Бога такому существу, как человек. Ведь став человеком, а не каким-либо другим существом, Бог показал, что Богочеловек – природа природы человека, истина истины человека; одним словом, сущность, смысл и цель боголикой души человека. Исповедуя Богочеловека, *Церковь* вместе с тем исповедует настоящего, истинного, цельного, боголикого человека. Ибо вне Богочеловека нет настоящего человека.

Как Православная *Церковь* хранит свою величайшую драгоценность, пресвятую Личность Богочеловека Христа? Она хранит Ее своей единой, святой, соборной и апостольской верою. Единством веры Православная

Церковь веками хранит единство и единственность богочеловеческой жизни и истины; святостью она хранит единственный свет жизни и истины в своем богочеловеческом теле; соборностью – цельность богочеловеческой жизни и истины; апостольством – неприкосновенность и преемственность исторической реальности и животворности богочеловеческого тела и дела Христова.

Только «со всеми святыми», по словам апостола Павла (*Еф. 3, 18*), может познаваться чудесная тайна личности Христовой; а это значит, что только «со всеми святыми» можно истинно и правильно веровать в Богочеловека Христа. Только живя «со всеми святыми» в соборном единстве веры, человек может быть настоящим христианином, настоящим последователем Богочеловека Христа. Действительно, жизнь в Церкви всегда соборна, всегда в единении со всеми святыми. Поэтому истинный член Церкви живо ощущает, что он одной веры с Апостолами, Мучениками и Святителями всех веков, что они вечно живы и что всех их одновременно пронизывает одна и та же богочеловеческая сила, одна и та же богочеловеческая жизнь, одна и та же богочеловеческая истина. Без соборности нет церковности, ибо только действительная жизнь в Церкви создает в человеке ощущение соборности веры, истины и жизни со всеми членами Церкви всех времен.

«Приобрести соборное устройство духа невозможно иным образом, как только через пребывание и жизнь в Церкви. Весь смысл православного господства над временем и живой связи со святоотеческим временем состоит именно в нумерической тождественности Церкви, единой и единственной в своем вселенском, соборном и всевременном бытии, в непрерывности иерархической преемственности, в непрерывности совершения Таинства, общения веры и действующего в них единого Духа и единой благодати. Это и есть единство Тела Христова, единство дома Божиего, в котором не только некогда жили, но и теперь живут и обитают все те, кто преставился в Боге и вере: и святые подвижники, и Отцы Церкви. И всякий современный священник, который совершает Литургию, не только повторяет те же самые слова, которые некогда возносили перед алтарем св. *Василий Великий* или св. *Иоанн Златоуст*, но и в реальном, непостижимом общении в буквальном смысле вместе с ними сослужит Богу. На всяком богослужении невидимо присутствует вся *Церковь*, как истинное «единое стадо», вместе и единодушно вознося молитвы и благодарения Господу Иисусу Христу и Отцу Его. Это не психологическая, субъективная связь с прошлым, а онтологическое единство жизни. В Церкви время останавливается, ибо здесь нет смерти и прекращение земного существования не разрывает живую связь поколений».

В Церкви прошлое всегда современно; настоящее в Церкви – это настоящее всегда живым прошлым, ибо Богочеловек Христос, «вчера и днесь Той же, и во веки»[20] (*Евр. 13, 8*), непрестанно в Своем богочеловеческом теле живет одной и той же истиною, одним и тем же светом, тем же добром, той же жизнью и все прошедшее всегда делает настоящим. Отсюда живому православному ощущению и сознанию все члены Церкви, начиная от святых Апостолов вплоть до вчера почивших, всегда современны, так как всегда живы во Христе. И сейчас всякому настоящему православному человеку современны все святые Апостолы, и Мученики, и святые Отцы. Более того, для него они реальнее, чем многие из его современников по телу.

Это ощущение всеединства веры, жизни и сознания составляет сущность православной церковности. Это ощущение обнаруживает истину: Богочеловек есть непрестанная животворящая сила, непрестанно проявляющаяся в богочеловеческой жизни Церкви через единство, святость, соборность, апостоличность веры, жизни и истины. Ведь что значит быть православным? Это значит быть в непрестанном подвиге изменения от человека к Богочеловеку, быть в непрестанном созидании себя богочеловеческими подвигами. При этом человек никогда не одинок: всякое его ощущение, и дело, и мысль лично-соборны; они никогда не бывают исключительно личными и никогда исключительно соборными.

Когда православный христианин мыслит о чем-либо, он мыслит со страхом и молитвенным трепетом, так как знает, что в этом таинственным образом участвует весь собор Святителей, весь лик всех членов Церкви. Православный христианин никогда не принадлежит себе, но всем Святым, а через них пресвятому Господу Иисусу. Рассмотрев свой дух, православный христианин говорит себе: дух мой ничто, если его не исполнить и не усовершить Духом Святым.

У православного христианина ничто не бывает по человеку, но все по Богочеловеку; через непрестанные евангельские подвиги он собирается в Боге, дух его, и душа, и воля собираются Духом Божиим; все, что в нем заключено, собирается и соборуется в Богочеловеке. И он всем своим существом ощущает, что православная церковность – всегда святая и всегда соборная и что категория богочеловечности – это неизменная категория церковности, православности. Православные православны тем, что им непрестанно свойственно это ощущение богочеловеческой соборности, которое они согревают и сохраняют молитвой и смирением. Они никогда не проповедуют себя, никогда не хвалятся человеком, никогда не остаются при голой человечности, никогда не идолопоклонствуют гуманизму. Святые христоносные Апостолы дали раз и навсегда формулу богочеловеской церковности: "изволися (угодно) бо Святому Духу и нам" (*Деян. 15, 28*). Сначала Дух Святой, потом мы – в той мере, в какой мы допускаем Духу Святому действовать через нас.

В этой богочеловеческой апостольской формуле содержится весь метод богочеловеческой деятельности Церкви в мире. Этот метод усвоили Мученики и Исповедники, святы Отцы и Вселенские Соборы. Если ты отступишься от него, то отступишься от Духа Святого, от святых Апостолов и Мучеников, от святых Отцов и Вселенских Соборов, отступишься от единства, святости, соборности и апостоличности богочеловеческой веры Христовой; одним словом, отступишься от Господа Христа. Православная *Церковь* потому единая, святая, соборная и апостольская, что не отступает от этого священного метода. Она потому православна, что непрестанно исповедует, содержит и хранит не только богочеловеческую, апостольско-соборную вселенскую идеологию христианства, но и богочеловеческую, апостольско-соборную вселенскую методику христианства. Богочеловеческая идеология христианства может быть сохранена только его богочеловеческой методикой. Господь Иисус есть и Истина, и Путь. Если отступишься от богочеловеческой методики, то неминуемо отступишься и от богочеловеческой идеологии, отступишься от Богочеловека Христа.

Православная *Церковь* следует всей идеологии Богочеловека Христа, ибо неотступно придерживается богочеловеческой методики святых Апостолов и Вселенских соборов. Человек православной, апостольской, святоотеческой веры ощущает и знает, что православные люди – просто соработники Духу Святому; соработники, непрестанной молитвой внимающие тому, что Он говорит; соработники, непрестанно творящие то, что Он желает;

соработники, непрестанно проверяющие Им свои мысли, и слова, и дела. А раз всеединство богочеловеческой Истины всегда присуще соборному сознанию Православной Церкви, то святые Отцы и Учители Церкви непрестанно участвуют в богочеловеческой жизни Церкви благодатным действием Духа Святого. Поэтому православные патриархи в новое время заявляют в своем Послании: «Учит Дух Святый *Церковь* чрез Святых Отцов и учителей Кафолической Церкви… Церковь научается у Живоначального Духа, но не иначе, как чрез посредство Святых Отцов и учителей… Кафолическая Церковь не может погрешать или заблуждаться и изрекать ложь вместо истины, ибо Дух Святый, всегда действующий чрез вернослужащих Отцов и учителей Церкви, предохраняет ее от всякого заблуждения».

На европейском Западе христианство постепенно превращалось в гуманизм. Долго и упорно сужали Богочеловека и наконец свели к человеку — к непогрешимому человеку в Риме и к не менее непогрешимому человеку в Берлине. Так осуществился западный христианско-гуманистический максимализм — папизм, берущий у Христа все, и западный христианско-гуманистический минимализм — протестантизм, который у Христа просит минимум, зачастую ничего. И в папизме, и в протестантизме как высшая ценность и высший критерий вместо Богочеловека воздвигнут человек. Там была совершена болезненная и тяжелая коррекция Богочеловека, Его дела, Его учения.

Терпеливо и упорно трудился папизм, чтобы заменить Богочеловека человеком, до тех пор пока в догмате о непогрешимости папы Богочеловек не был навсегда заменен непогрешимым человеком. Так, этим догматом человек однозначно и предельно ясно провозглашен не только чем-то бо́льшим, чем человек, но и бо́льшим, чем святые Апостолы, чем святые Отцы и святые Вселенские Соборы. Таким отступлением от Богочеловека, от вселенской Церкви, папизм превзошел Лютера – создателя протестантизма. В самом деле, первый радикальный протест против единой, святой, соборной и апостольской Церкви надо искать в папизме, а не в лютеранстве. В этом первом протесте и обнаруживает себя первый протестантизм.

Не стоит обманываться, западный христианско-гуманистический максимализм – папизм – и есть радикальнейший протестантизм, так как он основание христианства перенес с вечного Богочеловека на преходящего человека. И провозгласил это главным догматом, то есть главной истиной, главной ценностью, главным критерием. А протестанты просто приняли этот догмат в его сущности, развили его до неслыханных размеров и разработали до деталей. На самом деле протестантизм есть не что иное, как тотально примененный папизм, основной принцип которого претворяется в жизнь каждым человеком в отдельности. По примеру непогрешимого человека в Риме всякий протестант – повторенный непогрешимый человек, так как претендует на личную непогрешимость в делах веры. Можно сказать, протестантизм – это вульгаризованный папизм, но лишенный мистики, авторитета и власти.

За счет того, что западное христианство со всеми его бесконечными богочеловеческими истинами было сведено к человеку, оно превратилось в гуманизм. Это, может быть, выглядит парадоксально, но истинно своей неопровержимой и непреклонной исторической действительностью. Ведь западное христианство, по своей сути, есть самый решительный гуманизм, потому что оно провозгласило человека непогрешимым и богочеловеческую религию превратило в гуманистическую. Об этом свидетельствует то, что Богочеловек вытеснен на небо, а на освобожденное место на земле поставлен «его заместитель и наместник», «Викарий Христа»[21].. Какая трагическая нелепость – вездесущему Богу и Господу назначать заместителя и наместника! И эта нелепость воплотилась в западном христианстве.

Так совершено своего рода развоплощение воплощенного Бога, обезбогочеловечивание Богочеловека. Западный религиозный гуманизм вездесущего Богочеловека провозгласил не присутствующим в Риме, из-за чего Ему и назначил заместителя в лице непогрешимого человека. Всем этим этот гуманизм как бы сказал Богочеловеку: ступал бы Ты из нашего мира в другой, уходи от нас, у нас есть Твой заместитель, который Тебя непогрешимо во всем заменяет.

Эта замена Богочеловека человеком на практике проявилась в ощутимой замене христианской богочеловеческой методики методикой человеческой, иногда даже слишком человеческой. Отсюда аристотелевский философский примат в схоластике, отсюда казуистика и инквизиция в этике, отсюда папская дипломатия в международных отношениях, отсюда клерикальные партии в политике, отсюда папское государство, отсюда прощение грехов путем декретов и по радио, отсюда иезуитство в различных формах.

Все эти факты наводят на заключение: гуманистическое христианство, по сути, есть самый решительный протест против Богочеловека, Его аксиологии и критериологии. В этом опять-таки излюбленное желание европейского человека все свести к человеку как к основной ценности и основному мерилу. А за всем этим стоит единый идол – «Человеческое, слишком человеческое»[22].

Сведением христианства к гуманизму христианство, без сомнения, упрощается и тем самым уничтожается.

Совершив унификацию христианства с гуманизмом, сегодня уже кое-где в Европе помышляют о том, чтобы гуманистическое христианство заменить древней языческой религией. Единичные призывы в протестантском мире: «Назад к Иисусу!» – всего лишь навсего немощные крики в промозглой ночи гуманистического христианства, оставившего богочеловеческие ценности и критерии и теперь задыхающегося в отчаянии и немощи. А из глубины веков звенит терпкое слово горестного пророка Божиего Иеремии: «проклят человек, иже надеется на человека!» (*Иер. 17, 5*).

В широкой исторической перспективе западный догмат о непогрешимости человека не что иное, как попытка оживить и обессмертить умирающий европейский гуманизм. Это последняя трансформация и окончательное торжество гуманизма. После рационалистической просвещенности 18-го века и близорукого позитивизма века 19-го европейскому гуманизму не оставалось ничего другого, как распасться в своих противоречиях и в своей немощи. Но в трагический момент религиозный гуманизм пришел к нему на помощь и своим догматом о непогрешимость человека спас европейский гуманизм от очевидной смерти. Но, хотя и догматизированный, западный христианский гуманизм не мог не содержать в себе все пагубные противоречия европейского гуманизма, единодушно желающие одного – изгнать Богочеловека с земли на небо. Ибо главное, самое главное для гуманизма, чтобы человек стал высшей ценностью и высшим критерием.

Итак, христианство является христианством благодаря Богочеловеку, Его богочеловеческой идеологии и богочеловеческой методике. Это основная истина, относительно которой не может быть никаких компромиссов. Этой основной истиной обусловлена и определена вся христианская аксиология и критериология. Только как Богочеловек Христос является высшей ценностью и непогрешимым критерием. Надо быть откровенным и последовательным до конца: если Христос не Богочеловек, тогда Он наглейший самозванец, ибо провозгласил себя Богом и Господом. Но евангельская историческая действительность неопровержимо показывает и доказывает, что Иисус Христос по всему и во всем – совершенный Богочеловек. Поэтому человек не может быть христианином без веры в Богочеловека и Его богочеловеческое тело – *Церковь*, которой Он оставил всю Свою чудесную личность. Спасительная и животворящая сила Церкви Христовой обнаруживается в вечно живой и вездесущей Личности Богочеловека. Всякое замещение Богочеловека каким бы то ни было человеком и всякое выделение из христианства только того, что отвечает индивидуальному вкусу и разуму человека, превращает христианство в поверхностный и беспомощный гуманизм.

Ничто не ново под солнцем, кроме личности Богочеловека Христа. Только она нова и вечно нова. Это то, что Новый Завет всегда делает новым и новозаветную истину – всегда новой и вечной. Вечно молодая и новая в своем богочеловеческом совершенстве личность Богочеловека не может ни меняться, ни заменяться. Она всегда равна себе и верна себе. Поэтому и Евангелие всегда и всюду одно и то же, одно и то же и для людей на земле, и для ангелов на небе. Поэтому Богочеловек Христос – единое слово, единый разум, единый смысл человека и твари. Без Него в этом мире и для этого человека невозможна никакая, хоть сколько-нибудь приемлемая теодицея.

С чисто онтологической точки зрения Богочеловек не чудо, а необходимость такого мира и такого человека. Поэтому в Святом Евангелии и сказано, что Бог Слово, воплотившись, «во Своя прииде»²³ (*Ин. 1, 11*). А чем же люди Ему Свои, если не своей боголикой душой? Еще сказано: «сего бо и род есмы»²⁴ (*Деян. 17, 28*). Не иным чем, но боголикою душою. И еще сказано, что Бог Слово «бе свет истинный, иже просвещает всякаго человека грядущаго в мир»²⁵ (*Ин. 1, 9*). Поэтому, воплотившись, Он не обитал среди чужих, но среди своих. И мы, исповедуя Богочеловека, опосредованно исповедуем христоликость человека, божественное происхождение человека, божественную возвышенность человека, а значит, и божественную ценность и неприкосновенность его человеческой личности. Если же не так, то чем бы мы были "свои" Богу Слову и "родом" Божиим? В самом деле, борьба за Богочеловека есть борьба за человека. Не гуманисты, а люди богочеловеческой веры и жизни борются за настоящего человека, человека боголикого и христоликого.

Исключительная важность христианства для рода человеческого состоит в его животворной и неизменяемой богочеловечности, которой оно наполняет смыслом человеческую природу, изводя ее из ничтожества небытия к свету Всебытия. Только своей богочеловеческой силой христианство есть соль земли, соль, которая хранит человека, чтобы он не истлел в грехе и зле. Растворенное же в гуманизме христианство теряет вкус, становится безвкусной солью, которая, по истинным словам Спасителя, ни на что не годна, разве только на то, чтобы ее рассыпали и попирали (*Мф. 5, 13*). Всякое стремление и попытка соотнести христианство с духом времени, с преходящими движениями определенных исторических периодов и даже с политическими партиями или с политическими режимами отнимают у христианства ту специфическую ценность, которая и делает его единственной богочеловеческой религией в мире.

Не сообразование и приспособление Богочеловека Христа к духу времени, а сообразование и приспособление духа времени к Христовой вечности, Христовой богочеловечности – это и есть единственная истинная миссия Церкви Христовой в мире, Церкви апостольской и православной. Только так *Церковь* сможет сохранить животворную и незаменимую Личность Богочеловека Христа, эту высшую ценность во всех мирах, видимых и невидимых, и во все времена, бывшие, нынешние и будущие, ибо Он есть высшая ценность и мерило всего.

МЕЖ ДВУХ ФИЛОСОФИЙ

Запряженный в ярмо времени и пространства, человек тащит вселенную. Куда? На какие скалы он ее вытащит, на какие льдины, надвременные и надпространственные? Человек за человеком, племя за племенем, народ за народом, поколение за поколением – все одинаково впряжены в одно и то же ярмо времени и пространства. И днем и ночью они тянут это тяжкое ярмо, гонимые некоей неодолимой силой. Тянут и спотыкаются, и опять тянут, и снова спотыкаются, падают и пропадают. Ради чего? Кто это их так запряг и никогда не распрягает? О время!.. Откройте мне тайну времени. Время – это горькое бремя. А пространство? Грустный близнец времени.

Нет ничего трагичнее, ничего горестнее, чем род человеческий, запряженный в тяжкое ярмо времени и пространства. Он тянет время, а не знает ни его природы, ни смысла, ни цели. Бесцельный пленен бессмысленным. Бесцельность соревнуется с бессмысленностью, и в этом соревновании всегда побеждает трагичность.

Существовать и жить в этом мире не привилегия, разве не так? Но по какой-то непонятной необходимости ты вылезаешь из небытия в бытие и сейчас же оказываешься в горькой упряжке времени и пространства. Необычайное гостеприимство, не так ли? При этом, если ты послан в мир с хоть сколько-нибудь развитым аппаратом чувств, то должен вскоре ощутить, как какая-то огромная тяжесть придавливает все существа и какая-то немилосердная внутренняя болезнь подтачивает все существующее. И сердце твое вдруг станет слезоточивым, ты увидишь, что у всякого существа есть глаз, непрестанно источающий слезы от какой-то горькой тоски. И все слезы всех плачущих существ сливаются в сердце человеческое и разливаются по всему человеческому существу. Попробуй тогда сдержать сердце и не разрыдаться над тяжкой судьбой этого мира. И вот попытка перерастает в вопль, твоя воля отчаянно бессильна перед давлением космической тоски, исходящей из всего твоего существа.

Этот мир... Что такое этот мир со всеми своими муками и тяжестями, трагедиями и страстями, как не безнадежный смертник? Да, безнадежный смертник, который постоянно в муках умирает и никак не умрет. Что нам остается? Скрежетать зубами и бунтовать? Но против кого и против чего? Эх, тщедушное человеческое сознание никак не может найти главного виновника?! Оно дано людям лишь в той мере, чтобы они могли им тщетно мучиться, ощущая свою трагическую безысходность в этих ужасных условиях существования. Сознание человека — маленький светлячок в непроглядной ночи, повсюду вокруг сплошная темнота и непроглядный мрак. Гонимый неким внутренним беспокойством, бедный светлячок мчится из мрака в мрак, из малого в больший. Но вершина ужаса в том, что величайший мрак есть наименьший из тех, что дальше. И так — бесконечность мрака.

Слишком развитая способность к познанию... Для чего она мне? Я хочу ничего больше не желать. Слишком развитое ощущение... Зачем? Я хочу больше ничего не ощущать. Но самая несносная мука — это думать о бессмысленности мысли. Мысль — это величайшая бессмыслица. О, если бы человек выдумал мысль, он бы легко нашел свой рай. Как? Упразднив мысль. А так мысль навязана человеку; мысль думает и тогда, когда человек упорно не желает этого. Мученики мысли, вы это знаете и чувствуете. Ощущением знаете, а это самое страшное знание. Найдите мне конец мысли, найдите мне ее смерть, и тогда вы сможете стать величайшими благодетелями человечества. До тех пор, пока человек чувствует, до тех пор, пока человек мыслит, он не может не плакать над жуткой тайной этого мира, плакать бесконечно и неутешно, ибо человек в грусти беспределен и бесконечен. В этом его бессмертие. Бессмертие проклятое и назойливое. О, если бы измученный и охваченный печалью человек нашел смерть, в которой умерла бы всякая мысль без остатка, причем умерла на все времена и на всю вечность!..

Таков человек и таков мир, если я их ощущаю не Христом, если смотрю на них не через Христа. Но с Ним все меняется. И я, и мир вокруг меня. После встречи с Ним по человеку проходит что-то совсем новое, нечто ранее не ощущавшееся, не встречавшееся, неизвестное. А от любви к Нему ощущение себя и мира преображается в чудесное благовестие, которому нет конца ни во времени, ни в вечности. И через все бездны и пропасти мира в человеке нежно струится благой и чарующий голос, голос, который поддерживает всех утомленных, который подымает всех павших, который спасает всех пропавших, который лечит все раны, который утоляет всю тоску, который облегчает все ноши, который услаждает всю горечь, голос Единого Человеколюбца: «приидите ко Мне вси труждающиися и обремененнии, и Аз упокою вы, возмите иго Мое на себе и научитеся от Мене, яко кроток есмь и смирен сердцем, и обрящете покой душам вашим: иго бо Мое благо, бремя Мое легко есть» (*Мф. 11, 28–30*).

Почему жизнь человеческая тяжела человеку? Потому что человек нашел смерть и поселил ее в себе и во всех существах вокруг себя. А смерть – это неиссякаемый источник всех мук и всякой горечи. Все нервы смерти исходят из человека, так как человек – это главный нервный узел смерти. В самом деле, смерть – единственная горечь бытия, единственная горечь жизни. От нее-то и вся трагедия жизни.

Земная жизнь человека не что иное, как непрестанная борьба со смертью, с ее разведкой и предтечами, с ее свитой и войсками. Здесь никогда не бывает перемирия, а тем более мира. Смерть постоянно нападает на человека и снаружи, и изнутри. Как? Каким образом? Извне – через искушения, изнутри – через грехи, а изнутри и снаружи через видимые и невидимые болезни. И все это: и искушения, и грехи, и болезни не что иное, как зубы смерти. И они постоянно грызут человека и снаружи, и изнутри. И что самое страшное, они разъедают не только его тело, но и душу, и сознание, и совесть.

Из этого есть только одни выход, только одно спасение – воскресение Христово, и в нем победа над смертью во всех мирах. Как смерть есть источник горечи и всегоречь, так и воскресение Спасителя – источник всех радостей и всерадость. Человек, если только протрет свои глаза ото сна, не может не ощущать и не видеть, что воскресший Господь – ничем и никем не заменимый Созидатель смысла и радости горькой жизни человеческой на земле.

Что самое главное и самое важное в человеческой жизни? Несомненно, дать смысл своей жизни, которая и онтологически, и феноменологически обессмыслена смертью. А это значит, обессмыслена грехом. Ибо грех и смерть – единственные обессмысливатели жизни и существования; они обессмысливают и человека, и всякую тварь, вытесняют из создания Божиего его первобытную логосность и логичность, которую Слово посеяло в нем при творении. В самом деле, грех и смерть – единственная бессмыслица в этом мире, единственная нелогостность, единственная нелогичность. До тех пор пока в человеке обитает грех и смерть, бессмысленность опустошает и его самоощущение, и самосознание, и жизнь, и мир. Только когда человек причастился радости Христова воскресения, его душу посетит истинный смысл и слово, истинная логика и логичность, и поведут его в чудесный мир Христова бессмертия и бесконечности.

Без сладчайшего Господа Иисуса бессмысленна, страшна и кратковременна жизнь земная, а тем более бессмертие, бесконечное и незаканчивающееся. Где присутствует смерть, там нет настоящей радости. В своем бредовом состоянии и безумствовании, произведенном грехом, в своем опьянении сладостью греха люди провозглашают радостью жизни многочисленные бессмыслицы и безделицы. А бессмыслицей и безделицей является все, что удаляет человека от Господа Христа, что не обеспечивает человеку Христово бессмертие и святость.

И еще: где есть смерть, там нет настоящей истины, и правды, и любви. Только тот, кто победит смерть и освободит род человеческий от смерти, имеет истинную любовь. Что это за любовь, которая не освобождает возлюбленного от смерти? Поэтому Господь Иисус – Единый Человеколюбец. А вселюбовь – тем и вселюбовь, что содержит в себе всю истину, всю правду и все самое возвышенное, самое благородное, самое бессмертное, самое разумное и самое божественное.

В самом деле, измученный человеческий род имеет только одного настоящего друга – это Господь Христос, ибо Христос освободил человеческий род от самого главного врага – от смерти. Славным воскресением Своим

Господь ввел человеческий род в русло реки бессмертия, которая течет в жизнь вечную. А мысли, а ощущения, а дела Христовых людей – все это малые ручейки бессмертия, которые через пороги времени и пространства пробиваются и журчат, радостно торопясь к безбрежному морю Христовой чарующей вечности и богочеловечности.

Если из времени изгнать грех и смерть, то время станет дивной увертюрой к божественной вечности, дивным введением в богочеловечность. По всеистинному слову Вечного, Богочеловечного, «веруяй в Мя имать живот вечный» (*Ин. 6, 47*). Время горько смертью и грехом; сладким оно становится через бессмертие и безгрешность. Без Единого Сильного, без Христа время есть тяжкое бремя, с Ним же оно становится легким. А чудный близнец времени – пространство и все, что в нем, – всей своею тяжестью придавливает и сминает человека. Страшное и устрашающее бремя, тяжкое и режущее ярмо. Только лишь при помощи всеблагого и всесильного Богочеловека это ярмо становится благим и бремя – легким. По истинному слову Истины, «иго бо Мое благо и бремя мое легко есть» (*Мф. 11, 30*)

Иго жизни мучительно, бремя существования тяжело, до тех пор пока их наполняет свинец греха и смерти. Если устранится силой Всевышнего свинец греха и смерти из сущности жизни и существования, то иго жизни становится благим и бремя легким. Более того, жизнь преображается в радость, существование – в восхищение. Это радость жизни, радость бытия, радость существования, которая не прекращается ни в этом, ни в ином мире. Когда Вечный и Богочеловечный укрепит, исполнит правдой и обессмертит человека, иго жизни становится благим и бремя легким. И человек всем своим существом ощущает, как тихий божественный свет заливает его из всех глубин Слова и высот богозданного времени и пространства.

Для мыслящего человека и время, и пространство – чудовища, если их не наполняет смыслом вечность, а значит, богочеловечность, ибо мы не знаем иной вечности кроме той, что проявилась в категории, в факте, в акте богочеловечности. Вечность, соединенная со временем, впервые вся предстала перед человеческим сознанием в личности Богочеловека. Бог – владелец и носитель вечности, человек – представитель времени, Богочеловек – высший, полнейший, совершеннейший синтез вечности и времени. Время обретает свой настоящий смысл в соединении с вечностью в богочеловеческой жизни Господа Иисуса.

Освященное Богочеловеком, время показывает свои логосные свойства, ибо и оно произошло через Слово (*Ин. 1, 3*). Время в своей сущности логосно, поэтому оно и есть введение в Логосную вечность через богочеловечность. Воплощенный Бог Слово убедительно показал, что время есть подготовка к вечности. Кто входит во время, тот тем самым входи в преддверие вечности. Таков закон нашего существования.

Находящийся во времени, человек есть существо, подготавливаемое к вечности. Без Бога Слова страшна, бессмысленна и мучительна земная временная жизнь, а тем более вечность. Вечность без Бога Слова – это и есть ад. А земная жизнь без Бога Слова есть введение и подготовка к аду. Ведь ад – это не что иное, как жизнь без Слова, без Смысла, без Логики. Только в аду нет ни слова, ни логики, ни смысла. Человеческий ад начинается еще на земле, если человек не живет Словом и Христом. Но и рай для человека начинается еще здесь, на земле, если человек живет Божественным Словом – Богочеловеком Христом. Воплощенный Бог Слово – это и смысл, и логика, и рай для человеческого существа. А все, что противологосно и нелогосно, тем самым бессмысленно и нелогично. Это и есть то, что приводит человека в адское состояние, которое и претворяет жизнь человека в ад.

Человек? Предваряющее существо, существо, которое подготавливается к вечности через богочеловечность. Бесконечен Христов человек и бессмертен, ибо он перешел «от смерти в живот» (*Ин. 5, 24*). Смерть не перерубает его, он продолжается из времени в вечность. Живя воскресшим Господом, он христоощущением делает бессмертным свое самоощущение и христосознанием делает бессмертным свое самосознание.

Человеческие ощущения? Предваряющие ощущения, которые богочеловечностью претворяются в вечные. Только в этом случае ощущения не становятся мукою для человеческого духа. Если бы вы пожелали, вы должны были бы увидеть, что ощущения для вас – величайшая мука, и ужас, и ад, до тех пор пока их не коснется чудесный Господь Иисус. Если Он коснется их, они превращаются в радость, в восхищение, в рай. Без сомнения, ощущения благословенны только в христоощущении, без этого они проклятие и ужас. Человек для того и был создан боголиким, христоликим, духоликим, чтобы суть его ощущений была богостяжательной, христостяжательной и духостяжательной.

Человеческие мысли? Смысл их в том, чтобы войти в вечное, в богочеловечное. Мысль – тяжелое и мучительное бремя. Только как Христова мысль становится легким и милым грузом. Когда мысль приобретает смысл, охристовляется, тогда она получает свою вечную ценность, и радость, и смысл. Без этого всякая мысль – это маленький ад. А все вместе – ад бесконечный и вечный.

Нет большего ужаса, чем вечность без Христа. Я бы с большой радостью желал быть в аду со Христом (простите мне этот парадокс), чем в раю, в котором нет Христа. Ведь там, где Его нет, там все превращается в проклятие, в горечь, в ужас, там крошечное зерно человеческого самосознания повергается в бескрайнюю тьму и бесконечный мрак, там тело превращается в тяжелое бремя, а душа – в проклятое ярмо. Кто хоть немного промучился мукой человеческой, должен был ощутить истинность апостольских слов: «Благословен Бог.., благословивый нас всяцем благословением... о Христе» (*Еф. 1:3*). Без Господа Христа и вне Него человека несут и уносят черные подземные реки проклятия и зла.

Только в Сладчайшем мы ощутили и познали, что этот мир есть введение и подготовка к тому миру; время – введение и подготовка к вечности; земная жизнь – введение и подготовка к вечной жизни; земное добро – введение и подготовка к добру вечному. «Добре, рабе благий и верный: о мале был еси верен, над многими тя поставлю, вниди в радость Господа твоего» (*Мф. 25, 21*). Нельзя забывать: только освященные и просвещенные божественным светом Богочеловека, мы увидели и ощутили всю пагубность зла и греха. Земное зло есть введение и подготовка к вечному царству греха – к аду. Только христоносцы знают до тонкостей тайну добра и зла, ибо имеют чувства «обучена долгим учением в рассуждении добра же и зла» (*Евр. 5, 14*). Более того, они совершенно познали менталитет сатаны и диалектику философии зла, по словам Апостола, «не не разумеваем бо умышлений его» (сатаны) (*2Кор. 2, 11*).

На логосном основании человеческого боголикого существа время и вечность органически соединены, онтологически связаны соразмерно величине человеческого существа. Опираясь на эти имманентные элементы вечности в себе, человек может превратить себя в дивное существо. Боголикость есть неиссякаемый источник богостяжательных творческих сил в человеке, с помощью которых человек созидает себя как существо вечное.

Грех нарушил это имманентное единство времени и вечности в человеческом существе, и в человеке образовалась страшная пропасть между временным и вечным, в которой человеческая мысль и человеческое ощущение непрестанно задыхается. Как противобожеская и противологосная сила, грех обезбоживает, делогосирует, обессмысливает человека. А это значит, что грех омертвляет человека, удаляет его от единственного источника жизни, бессмертия и вечности – от Бога.

Живя грехом, человек обособляется, замыкается в себе, провозглашает себя центром всего, признает только себя. Чем глубже он погружен в грех, тем глубже делается пропасть в его сознании и ощущении между временем и вечностью. Обращенный к внешнему миру, человек греха ощущает и видит страшную расселину между собою и остальными людьми, между собою и остальными существами. Утопая в бездне эгоистической обособленности, он постепенно утрачивает ощущение всеединства рода человеческого, до тех пор пока совсем его не утратит. Пропасть меж ним и мирозданием в целом становится бездной бескрайней и непреодолимой. Он видит только себя, ощущает только себя, признает только себя и никого более ни над собою, ни около себя. Повсюду он, только он – самозваный, мизерный бог на своей помойке. Отсюда так много людей с недалекими мыслями, с короткими ощущениями, которые не могут оторваться от себя и перейти к другому. Эгоистичные мысли и чувства, искалеченные и обезображенные самолюбием, не признают ни людей, ни Бога, ибо не достигают вечного и богочеловеческого. Роковая расселина зияет в мыслях, в чувствах, в жизни; проклятый раскол доминирует в сознании, в сердце, в душе, раскол, который опустошает фаустовский тип человека: «две души в мое груди».

Богочеловек – первый, кто, устранив грех, перебросил мост через вырытую грехом пропасть между временем и вечностью, между человеком и Богом, между человеком и остальными существами. Этим Он восстановил в человеческом сознании и ощущении единство между человеком и Богом, между временем и вечностью, между этим миром и тем. Следовательно, люди духа Христова, Христовой веры, борясь против греха, борются за целостное ощущение мира, за целостного человека.

Грех разрушил единство человеческого самоощущения, самосознания, мысли, жизни, существования, бытия. А тем самым и единство человеческого ощущения мира. Христова борьба против греха не что иное, как борьба против этой единой силы, которая роковым образом разбила в человеке ощущение единства человека и Бога, времени и вечности, ощущение всеединства. Богочеловек Своей богочеловеческой жизнью дал Свою богочеловеческую философию всеединства. В этой жизни и в этой философии нет места злу, греху и смерти.

Человек создан Богом как макрокосмическое существо, поэтому и естественно, и логично, чтобы в нем было макрокосмическое ощущение мира, макрокосмическое осознание мира. Поэтому человек, не тронутый и не разбитый грехом, ощущает органическое единство всех созданий: и радости, и тяжести тварей он ощущает как свои, так как неким таинственным образом он несет в себе судьбу всех существ. Пример – Адам. До падения ощущение всеединства доминировало в Адаме. И когда он пал, то повлек за собою в грех и смерть всю тварь. Менее давние примеры – Апостолы, Мученики, Святители и все настоящие Христиане. А пример примеров –

апостол Павел. Никто так глубоко и сильно, как он, не ощущает, как вся тварь воздыхает и печалится вместе с людьми, воздыхает и печалится от греха и из-за греха, от смерти и из-за смерти, которым их подчинил грехолюбивый человек (*Рим. 8, 19–23*).

Реинтеграция твари совершена в Личности Богочеловека Христа. А от Него и через Него переносится на всех Его «сотелесников» (*Еф. 3, 6*), на всех людей, которые привились к Нему как виноградные "рождия" к лозе (*Ин. 15, 1–7*). Из Него к ним исходит богочеловеческое ощущение и сознание всеединства жизни и твари. Этим ощущением и сознанием особенно богаты облагодатствованные и охристовленные души святых. И их самоощущение и ощущение мира, и их самосознание и осознание мира действием Богочеловека восстановлено, исцелено от греха. Возрожденные душой, они постепенно исцеляют от греха и тварь вокруг себя, возвращая ей первобытное всеединство. Как сыны Божии по благодати, они лечат это естество от раздробленности, от тления, от дезинтеграции (*Рим. 8, 19–21*).

Действительно, богочеловеческой реинтеграцией человека в человеке созидается ощущение и сознание макрокосмического всеединства. И Христов человек всю тварь и на небе, и на земле видит в богочеловеческом всеединстве: и ощущает, и сознает, что Христом создано все, и на небе, и на земле: «всяческая Тем и о Нем создашася, и Той есть прежде всех, и всяческая в Нем состоятся и Той есть глава телу Церкви» (*Кол. 1, 16–18*).

Евангельскими подвигами человек восстанавливает макрокосмическое единство в своем сознании, ощущении, жизни. В этом перерождении и созидании себя Христом участвует весь человек: всей своей душой, всем сердцем своим, всем своим помышлением, всей своей силой. И весь растет ростом Божиим в меру роста полноты Христовой, в человека совершенна (*Еф. 4, 13*; *Кол 1, 29*; *Кол 2, 19*). Человек утрачивает евангельское ощущение макрокосмического всеединства, когда сознательно отдается злому деланию и в себе, и в мире вокруг себя (*Кол. 1, 21*).

Богочеловеческая философия, философия по Христу – это философия человека, Христом обновленного, Христом перерожденного, Христом освященного, Христом обоженного. В ней доминирует богочеловеческое ощущение, и сознание всеединства бытия и твари. Все же, что парализует, омертвляет и отравляет это богочеловеческое ощущение и сознание всеединства, составляет философию по человеку, по огреховленному и омертвленному человеку.

В самом деле, существует только две философии – богочеловеческая и человеческая. Одна – философия богочеловеческого монизма, другая – философия человеческого плюрализма. Вся человеческая философия движется по заколдованному кругу смерти и смертности, в которой и ощущение и сознание разрушено грехом. Здесь и мир, и человек – легион, здесь и человеку, и миру имя – легион. Здесь все дышит смертностью, здесь все «человеческое, слишком человеческое». Поэтому христоносный Апостол мудро советует: «(Братие), блюдитеся, да никтоже вас будет прельщая философиею и тщетною лестию, по преданию человеческому, по стихиям мира, а не по Христу»26 (*Кол. 2, 8*).

Богочеловеческая философия – философия богочеловеческого опыта, в ней все основано на опыте, на восприятии, на деле. Здесь нет ничего абстрактного, ничего ирреального. Только богочеловеческая действительность. Ибо в Богочеловеке Христе «живет всяко исполнение Божества телесне». Поэтому и дается совет: «да будете в Нем исполнени»27 (*Кол. 2, 9–10*).

Всей своей личностью уходя в Господа Иисуса и преисполняя себя Им, человек исполняет себя богочеловеческим ощущением и сознанием макрокосмического всеединства. И он пламенно ощущает, что все ответственны за всех; болезни всех существ – его болезни, печали всякой твари – его печали. Во Христе все составляют единое богочеловеческое тело – *Церковь*. А Христос – «глава телу Церкви» (*Кол. 1, 18*). Он дает мысленность мысли, чувствительность чувству всякого христианина; Он соборует во всяком члене Церкви ощущение и сознание, и каждый живет «со всеми святыми» (*Еф. 3, 18*), ибо живет Господом Христом. Отсюда в Церкви богочеловеческая философия всеединства; отсюда в ней богочеловеческое ощущение всеединства.

От раздробленности и атомарности чувства и сознания человек спасается только богочеловеческой жизнью. Так он спасается и от эгоистической обособленности, которая есть не что иное, как своего рода сатанизм. Ведь сатана – это самое одинокое существо во всех мирах. Он полностью утратил ощущение макрокосмического всеединства. Воистину, сатана одинок в абсолютном смысле. Поэтому человеческий эгоизм, человеческое обособление ради самого себя, отрыв человека от макрокосмического всеединства не что иное, как поспешное устремление к сатанизму. Ведь сатана тем и сатана, что его самосознание и самоощущение полностью оторваны от Бога и от всех других существ и созданий.

Спасение от сатанизма, от солипсизма, от эгоизма заключается только в обогочеловечивании, ибо обогочеловечиванием обретают былую целостность самоощущение, самосознание и ощущение мира. Человек ощущает и сознает себя обоженным во всяком существе и во всякой твари. Всеединство есть самая действительная и самая непосредственная реальность и для человеческого сознания, и для человеческого ощущения. Такой человек непрестанно собирает себя в Боге: молитвою, верою, любовью, правдою, милосердием, истиной и остальными евангельскими подвигами. Это собирание себя в Боге, это сосредоточение себя в Богочеловеке усиливает человеческое ощущение и сознание макрокосмического всеединства до небывалых размеров. И Христов человек омывает всю тварь и все существа своей бескрайней любовью. И со слезами молится за всех и за вся, ибо он как никто ощущает и знает, что любовь Христова есть единственное спасение грешника и бессмертное празднество праведника. В ней вся философия непреходящего оптимизма, так же как в сатанинских сетях – вся философия человекоубийственного пессимизма. А перед человеком стоит и та, и другая.

НЕВИДИМОЕ В ВИДИМОМ (ТАЙНА ДОБРА И ЗЛА)

О, мир невидимый, тебя мы видим,
 О, мир недоступный, тебя мы касаемся,
 О, мир неизвестный, тебя мы знаем,
 Непостижимый, мы постигаем тебя.

Невидимое – это сердце видимого, ядро видимого. Видимое есть не что иное, как кожура вокруг невидимого. Бесчисленны обличья, в которые одевается невидимое. Одевается и переодевается. Видимо солнце, но невидима сила, которая его прогревает. Видимы бесчисленные созвездия, но невидима сила, которая их мудро двигает и ведет через бескрайние пространства, не сталкивая друг с другом. Видим магнит, а сила его невидима. Видима земля, а ее притяжение невидимо. Видим соловей, а невидима та жизненная сила, благодаря которой он существует. Видимы многие существа на земле, а не видима та сила, что дает им жизнь и дает им жить в границах жизни. Видима трава, видимы растения, видимы цветы, но невидимо то, что из одной и той же почвы производит разнообразные травы, различные цветы, различные плоды.

Земля! Интереснейшая и загадочнейшая мастерская и в то же время гениальнейший творец. Она непрестанно производит из себя и живых существ, и травы, и минералы. В ней одновременно формируются и розы и терние, пшеница и куколь, базилик и полынь, ладан и герань. Это настолько очевидно. Но именно эта очевидность и заставляет задать вопрос: кто производит это из земли, кто созидает через нее, кто ею орудует? Вот полынь и базилик растут одна подле другого, на одном и том же квадратном дециметре, и в то время как семя базилика земля делает благоуханными, семя полыни она делает горьким. А физические законы, условия одни и те же: и солнце, и луна, и звезды, и почва, и снег, и ветер, и дождь, и мороз, и засуха – все то же, а результат диаметрально противоположный. Каким образом солнечный свет и капли дождя в базилике превращаются в аромат, а в герани в смрад? И еще: каким образом земные соки в черешне превращаются в сладкое, а в полыни – в горькое? Кто совершает эту необычную дифференциацию? На одной и той же почве, при одинаковых условиях возникают, растут, созревают самые разнообразные и самые непохожие плоды и травы, живут самые различные существа, обитают самые противоположные создания. Кто через все существа и создания проводит эту великую тайну жизни и существования? В тождественном – различное, в едином – многое… И мысль человека не может не преклоняться перед святой библейской истиной: «И рече Бог: да прорастит земля былие травное, сеющее семя по роду и по подобию, и древо плодовитое творящее плод, ему же семя его в нем, по роду на земли… И рече Бог: да изведет земля душу живу по роду, четвероногая и гады, и звери земли по роду. И бысть тако». (*Быт. 1, 11, 24*).

Ясно, что творческую, животворящую силу земля обрела от Бога. Бог перенес на нее часть своей всесильной божественной энергии, и земля таинственным образом продолжает творческое и животворящее дело Божие.

Отсюда столько неисчерпаемых сил и богомудрой целенаправленности в земном созидании. Слово Божие оплодотворило землю и навсегда сделало ее деятельной, плодотворной и животворной.

Не только в начале, но и теперь, и всюду земля творит, производит и животворит по слову Божиему. Подумайте только, – говорит святой Златоуст, – как земля произвела все только словом Господним. Тогда еще не было ни человека, ее обрабатывающего, ни борозды, ни пашущих волов, ни хоть какого-то попечения о ней, но как только она услышала заповедь, сразу же исполнила то, что ей должно. Отсюда мы познаем, что и сегодня нам приносит плоды не усердие земледельца, не труд и усилия в обработке земли, но прежде всего слово Божие, сказанное земле в начале. С другой стороны, исправляя позднейшее человеческое заблуждение, Божественное Писание нам точно излагает по порядку, как все произошло, чтобы этим отстранить праздную болтовню тех, кто на основании своих заключений утверждает, что для созревания плодов необходима деятельность солнца. Есть также и такие, кто все существующее приписывает неким звездам. Поэтому нас и учит Дух Святой, что земля до создания этих стихий, покоряясь слову и велению Божию, произвела все семена, при этом не нуждаясь в чьей-либо помощи. Вместо всего этого для нее достаточно слова Божиего: «да прорастит земля былие травное, сеющее семя по роду и по подобию...» Пусть люди возделывают землю, пусть используют в этом деле скот и проявляют великую заботу, пусть и все временные обстоятельства будут благоприятны, и все прочее будет только способствовать; если не будет на то воли Господней, все будет тщетно, все напрасно, и от множества трудов и стараний не будет никакого проку, если рука Всевышнего не поможет и не одарит зрелостью посеянное[28].

В видимом мире поражает факт, что все самое главное в нем невидимо. Невидим воздух. А разве есть что-либо более необходимое для жизни людей, животных, растений? Невидимы молекулы, невидимы атомы, невидимы электроны. А разве видимый мир не соткан из этих невидимых нитей? Невидимые частицы составляют видимый мир! Как это невидимое преображается в видимое? Каким образом совершается переход невидимого в видимое? Как так получается, что невидимые частицы объективируются и проявляются как видимый материальный свет? Почему невидимые частицы приобретают столь видимые, столь ощутимые, столь многочисленные формы? Видимая материя образована из невидимых частиц. Это парадокс, но и факт. И на этом парадоксе стоит и существует этот мир. Видимое стоит на невидимом и состоит из невидимого. В самом деле, в видимом мы непрестанно усматриваем и наблюдаем объективизацию и манифестацию невидимого. Таков закон, который царит в мире видимом, но в то же время бесконечно загадочном и безмерно таинственном.

И человек под этим законом. Все самое основное в человеке невидимо. Око человеческое видимо, но сила, что смотрит этим оком, невидима. Ухо человека видимо, но сила, что этим ухом слышит, невидима. Руки человеческие видимы, но сила, что их движет, невидима. Поступки человека видимы, но сила, которая человеческое желание претворяет в поступки, невидима. Тело человеческое видимо, но невидима та сила, которой оно живет, двигается и существует. Назови эту силу субстанцией, душою, энтелехией, энтузиазмом, волей или другим каким названием, все равно, это что-то невидимое. А значит, видимое существо, которое мы называем человеком, живет и существует чем-то невидимым. (*Деян. 17, 28*).

Человек – это самый яркий пример того, как невидимое претворяется в видимое: его невидимые мысли, его невидимые ощущения, его невидимые желания претворяются в видимые дела, в видимые поступки, в видимые подвиги. С какой стороны ни посмотреть, человек, всякий человек – чудотворец уже самим тем, что он человек. Ибо он непрестанно творит чудеса, претворяет невидимое в видимое. Защищая свою честь, он защищает нечто невидимое и готов ради этой невидимости пожертвовать тем, что является видимым – телом. Как ощущение, любовь есть нечто невидимое, а сколько жизней было пожертвовано за нее, невидимую! Совесть, по своей сути, есть нечто самое внутреннее, самое невидимое, но по действенности своих проявлений что есть более очевидное и ощутимое, чем совесть? Люди защищают свои убеждения, идут на смерть за них, а разве убеждения не есть нечто невидимое? И вообще, все человеческие мысли и ощущения, и желания, и убеждения, по сути, нечто невидимое, однако их манифестации очевидны и ощутимы. Видимый человек есть только проявление, проекция невидимого человека, внешний – внутреннего. Видимый стоит на невидимом и существует невидимым и от невидимого.

В конце концов, основание всего видимого невидимо: основание человека – душа, мира – Бог. Невидимое есть ипостась всего, основание всего, субстанция всего, то есть то, на чем стоит мир и все, что есть в мире. Это должен ощутить всякий человек, если серьезно всмотрится хоть в какую-нибудь тайну этого мира и этой жизни. На дне всего видимого таится невидимая сила. Невидимое есть самая главная твердыня в мире наших земных видимостей – электричества, радио. Гравитационная сила невидима, но сильнее всех планет, она расставляет их, как детские шарики для игры.

Невидимое есть сердцевина видимого – это закон над всеми законами в этом мире: невидимое владеет видимым. Этот мир – Божия лаборатория, в которой невидимое превращается в видимое, но только до известной степени. Ибо имеется и граница претворения невидимого в видимое, потому что невидимое всегда шире, бескрайнее и бездоннее, чем видимое. Как душа несравненно шире, выше и глубже тела, в котором она заключена, так же и невидимая суть всякого создания шире, выше и глубже самого этого создания. В действительности, видимое есть овеществление невидимого, но только в известной мере. А вокруг видимого и за видимым простирается безбрежное море невидимого.

По этим законам осуществилось и воплощение Бога. Только здесь мы сталкиваемся с совершенным примером Невидимого в видимом. В маленьком, но видимом теле человека скрывался невидимый Бог. Здесь вся тайна – и малого мира (микрокосма), и всецелого мира (макрокосма). Но все по тому же закону невидимого в видимом.

В появлении воплощенного Бога нет ничего неестественного и «незаконного» ничего нелогичного и ненормального и даже ничего удивительного. Ибо в этом мире все видимое есть сокровищница невидимого. Воплотившись, Господь Христос невидимого Бога сделал в определенной мере видимым. Неописанного в некоторой степени описал плотью. И так осветил всю тайну всех миров: невидимое есть душа всего видимого, из всех бесчисленных видимых созданий исходят бесчисленные невидимости, а над всеми и во всех – Он, Единый, Невидимый, Господь и Бог миров, Трисветлый и Триединый. А совершеннейшее видимое явление невидимого Бога – воплощенное Слово Божие, Господь наш Иисус Христос, «Иже есть образ Бога невидимаго» (*Кол.1, 15*), «яко в Том живет всяко исполнение Божества телесне» (*Кол. 2, 9*).

Богочеловек Христос, и Им, по Нему и через Него – христиане. Очевидно, христиане суть тем христиане, что Христом ощущают тайну жизни и мира, Христом объясняют ее. Видимое объясняют невидимым и, наоборот, невидимое объясняют видимым; человека объясняют Богом, но и Бога – человеком, то есть человеком в Богочеловеке Христе. Человек без Богочеловека – ужас, а Бог – и того больше. Вне Богочеловека человеческой мысли нигде нет покоя. Отовсюду угрожающе разверзаются пропасти и ужасные бездны. Богочеловек есть самый совершенный синтез Невидимого в видимом, Вечного и временного. Поэтому Он и самый совершенный критерий Божиего и человеческого, духовного и физического, видимого и невидимого в мире человеческом. И невидимое, и видимое в мире человеческом Он максимально наполняет смыслом, чтобы крошечная мысль человека не сошла с ума над огромной тайной мира.

Христиане суть тем Христиане, что во временном ищут вечное, в видимом – невидимое, в человеческом – Божие. Паломники вечности, они через временное шествуют вечным, через человеческое – богочеловечным. Они непрестанно ищут божественное золото в земном болоте. И находят. Для них вещи прозрачны: через видимое они видят невидимое, через временное – вечное. Во всем видимом они ищут и находят эту невидимую суть, это невидимое ядро, что таинственным нервом связывает видимое с Невидимым. В самом деле, наше призвание – идти через видимое к невидимому, искать в видимом невидимое, через видимое смотреть на невидимое, в видимом жить невидимым, ибо невидимое вечно, а видимое временно и преходяще. По слову апостола Христова, «не смотряющим нам видимых, но невидимых: видимая бо временна, невидимая же вечна»[29] (*2Кор. 4, 18*).

Для нас, христиан, христоосвещенных и христопросвещенных, все в этом мире имеет смысл и ценность постольку, поскольку является средством и путем к достижению вечного, так как мы обращаемся к тому, что невидимо, мы видим невидимое. Всю свою жизнь во времени мы регламентируем только вечным, человеческое — богочеловеческим. Если в границах времени присутствует вечное, мы питаемся им, если нам его недостает, мы обретаем его по ту сторону времени, в царстве бесконечного и невидимого. Мы все видим с точки зрения вечности, то есть с точки зрения Христовой, ибо Он — вечный Бог и Господь в границах человеческого тела.

Действительно, христиане, простые или ученые, смотрят на это мир и оценивают его и все, что в нем, с точки зрения вечности. Ибо Господь Христос — Вечный, и его точка зрения и видение этого мира — это точка зрения и видение Вечного. Всякий христианин в самой вере своей имеет Христову философию жизни и мира и на все создания, все существа, все события в мире смотрит с Христовой точки зрения, а это значит, с точки зрения вечности и богочеловечности. Поэтому только в богочеловеческой вере и в богочеловеческой философии людям действительно дана возможность и сила реально взглянуть на мир с точки зрения Бога, с точки зрения вечности. В остальных философиях такой взгляд будет или абстракцией, или гипотезой, или неосуществимым желанием, но никогда очевидной и неопровержимой действительностью.

Это наша единая и единственная точка зрения, наш единый и единственный критерий, ибо Господь Иисус Своею личностью и жизнью показал нам, как вечный Бог оценивает этот мир и все, что в нем, как смотрит на людей и все, что в них, как оценивает человеческие поступки и всю историю рода человеческого. Только в свете Вечного и Богочеловечного открывается настоящая ценность всего временного. И только через вечность и богочеловечность временное обретает свой истинный смысл и свою настоящую ценность. Как луна от солнца.

Нельзя сбрасывать со счета и то, что человек приобретает способность и на себя и на окружающий мир смотреть с точки зрения Бога, оценивать Божией оценкой, мерить Божией мерою, только если благодатными подвигами евангельской веры он совоплотится Христу, станет Его «сотелесником» (*Еф. 3, 6*), составным членом Его богочеловеческого тела – Церкви. Другими словами, если он всем своим существом, всей своей душой, всем своим сердцем, всей своей силой воцерковится и оцерковится, то есть посмотрит на мир глазами Церкви. Все это достигается лишь непрестанным, благодатным деланием евангельских подвигов веры, любви, надежды, молитвы, поста, кротости, смирения, терпения и т.д. И случается таинственное и благодатное срастание души человеческой с Господом Христом, «как лозы с рождием» (*Ин. 15, 1–7*).

От всякого евангельского подвига в душе произрастает по единому оку, и от многих подвигов – многие очи, которыми душа смотрит и видит невидимое и богочеловеческим судом оценивает все события в себе и в мире около себя. Если человек подвизается подвигом евангельского милосердия, то в душе у него должно возникнуть око, которое пристально обращает взор на то, что Христово, и день и ночь ища то, что вечно и богочеловечно. Если он подвизается подвигом евангельской любви, евангельской молитвы, евангельского поста и остальных добродетелей, в душе его умножаются очи, которые обращены к невидимому и видят Невидимого. Так, через евангельские добродетели душа человеческая наблюдает за всем тем, что есть Божие и вечное в мире временного существования. Если в человеке нет евангельских добродетелей, душа остается слепою ко всему, что бессмертно и вечно и в этом, и в ином мире (*2Пет. 1, 3–9*).

Евангельские добродетели, эти евангельские очи души человеческой, видят невидимые истины Божии, рассеянные по видимым созданиям, видят невидимые истины Божии, которые в воплощенном Боге Слове, Господе нашем Иисусе Христе, стали видимыми и очевидными до крайней степени. Без евангельских добродетелей человек остается навеки слепым к истинным ценностям в этой жизни и, как слепец, на ощупь блуждает через ущелья страшных тайн этого мира, пока наконец не сорвется в какую-нибудь из них и не разобьется совсем.

Обширное земное поле засеяно семенами вечности. Небесный Сеятель показал, что этот мир создан с целью стать нивой, на которой взойдет, взрастет и созреет семя вечности (*Мф. 13, 18–23; Мф. 13, 36–43; Лк. 8, 5–15*). Враги человеческой вечности, зло и грех, своим тернием и бурьяном заглушают это семя и делают Божию ниву бесплодной. Если воплотившийся Бог своей богочеловеческой жизнью и учением и открыл что-либо, так это то, что люди – существа вечные; этот мир лишь их временная обитель; вечная жизнь людей начинается в этом мире и, не прекращаясь, продолжается в том (*Ин. 5, 24–29; Ин. 6, 47*).

От нас требуется лишь взращивать и воспитывать в себе это вечное и богочеловеческое; максимально развивать в себе ощущение и осознание вечной жизни. Для того Бог Слово и стал человеком, чтобы нас, людей, научить, как обрести жизнь вечную в этом преходящем мире. Наша вера есть не что иное, как непрестанная борьба за жизнь вечную, непрестанное мучение за жизнь вечную (*1Тим. 6, 12*). Кто мыслит иначе, тот не Христов.

С кем мы ведем борьбу? С врагами нашей вечности и нашего бессмертия. Кто они? Наши грехи, наши страсти, наши пороки, наши злые духи (*Еф. 6, 12*). Всякий грех понемногу окрадывает нашу вечность и омертвляет наше бессмертие. Не надо себя обманывать, дружба с грехами – вражда с Богом, вражда с Господом Христом (*Рим. 8, 7*; *Иак. 4, 4*). Кто водит дружбу с грехами, тот становится врагом Богу (*Иак. 4, 1–4*). Провозгласить свои грехи своими противниками и почувствовать их своими лютейшими врагами – это первое условие движения человека по пути, ведущему в жизнь вечную, который приближает к Богу и сдруживает с Ним (*Иак. 2, 23*; *Ин. 15, 14*). Но здесь необходима решительность, решимость вести борьбу не на жизнь, а на смерть. Ибо в этом мире человек может быть или другом Божиим, а врагом диаволу, или приятелем диавола, а врагом Божиим. Третьего не дано. Над людьми властвует непреклонный закон: или человеческая жизнь – дружба с Богом и сопротивление диаволу, или дружба с диаволом, а противление Богу. Для всех людей актуальны слова христомудрого апостола: «Повинитеся убо Богу, противитеся же диаволу, и бежит от вас. Приближитеся Богу, и приближится вам» (*Иак. 4, 7, 8*).

Как человеку приучить себя ненавидеть грех? Вот как: всегда сознавай и знай, что всевидящий Господь Иисус, непрестанно и не отводя глаз, смотрит на всякую твою мысль, на всякое твое желание, на всякое твое ощущение, на всякое твое дело. И мучается от всякой твоей скверной мысли и грешного желания, от всякого твоего порочного ощущения и злого дела. Его, незлобивого и преблагого, непрестанно мучают, бьют, оплевывают, распинают наши грехи, наши пороки. Любя грех и живя в грехах, мы продолжаем преступление христоборцев и христоубийц. Спасение от этого только в одном: решительно возненавидеть грех всей своей душою, всем своим существом, избегать греха и бежать от него, а если он найдет на нас, бороться с ним "до крове» (*Евр. 12, 4*), неустрашимо и смело, если войдет внутрь, ни за что не давать ему оставаться в нас. Для этого необходимо мобилизовать весь свой ум, всю свою душу, всю свою волю, бдительно нести стражу, охраняя себя и все, что в нас, и внимательно наблюдать за всем, что входит в нас и выходит из нас. Этот подвиг святые Отцы называют трезвением – трезвением ума, трезвением сердца, трезвением души и от опьянения грехом.

Отрезвляя себя от опьянения грехом, от опьянения злом, человек постепенно приспосабливает себя к различению добра и зла и приобретает благодатную способность евангельского рассуждения, что есть добро, а что – зло. Опьяненный грехом, опьяненный злом, человек не в состоянии хорошо знать и действительно не знает, что есть добро и зло в своих последних глубинах и тонкостях. Только всесторонне восприявшие благодать, охристовленные личности знают в точности и тайну добра, и тайну зла. Эта способность различения добра и зла есть одновременно подвиг и дар. Апостол Павел называет ее даром различения духов, даром Духа Святого (*1Кор. 12, 10*), но и подвигом, состоящим в долгом упражнении и очевидным в совершенных христианах. А твердая пища есть пища «совершенных.., имущих чувствия обучена долгим учением в рассуждении же добра и зла» (*Евр. 5, 14*).

Только с помощью животворной силы Святого Духа, с помощью благодати Божией человек, который трудится над собою, может развить в себе способность к различению добра и зла, к различению духов добрых и злых. Не очевидно ли, что заблуждение в различении добра и зла возникло в Европе именно из-за утраты благодати и способности к их различению? И вот, наконец, европейская этика пришла к тому, к чему несколько ранее пришла европейская метафизика: все необходимость, нет ни добродетели, ни греха, потому что нет ни Бога, ни диавола. Добродетель является добродетелью только Богом, и грех есть грех только диаволом. Тиранию же европейского «несуществующего» зла ощущают все континенты.

Из трагичного европейского заблуждения есть только один выход: усвоение единственного истинного и непогрешимого критерия добра и зла, который богомудро выразил святой Иоанн Богослов: «Всяк дух, иже исповедует Иисуса Христа во плоти пришедша, от Бога есть: и всяк дух, иже не исповедует Иисуса Христа во плоти пришедша, от Бога несть, и сей есть антихристов» (*1Ин. 4, 2, 3*). Этот критерий действителен и для добра, и для зла. Всякое добро, не признающее, что Иисус – воплощенный Бог, не есть добро, но зло. Добро есть только то, что заключено в воплощенном Боге и исходит от воплощенного Бога. Так, в личности Богочеловека Христа дан полный и совершенный ответ на вопрос, что в мире есть добро, а что – зло. Добро – все то, что обнаруживает себя в Господе Христе, все то, что приходит от Него и что ведет к Нему; а зло – все то, что приходит не от Него, что уводит от Него и что идет против Него.

Ты можешь открыть в человеке человека, только когда разберешься в том, что он считает добром и что – злом, и все это измеришь мерою Христовою. Человек обычно весь в своей главной заботе. Если отыщешь ее, то отыщешь то, чем он живет и ради чего он живет. Люди часто провозглашают своей главной заботой недостойные этого вещи. Но и здесь нам приходит на помощь преблагой Иисус. Он и объявил самой главной человеческой заботой прежде всего поиск «Царствия Божия и правды Его» (*Мф. 6, 33*). Это значит, всегда выбирай и ищи то, что самым быстрым и верным образом ведет к Царству Божиему и правде его. Во всяком недоумении, во всякой проблеме, во всякой ситуации рассуждай так: выберу это, а не то, сделаю это, а не то, потому что это меня всего вернее ведет к Царству Божиему и правде его. Измеряй себя и все свое по главной своей заботе, по тому, насколько она приближает тебя к центру своей жизни, Царствию Божию. Если будешь так поступать, то способность различения добра и зла разовьется в тебе до великого совершенства.

Человека можно оценить по его главной заботе. Если найдешь в человеке его главную заботу, то отыщешь саму изюминку его существа. Человек обычно весь живет в своей главной заботе. Здесь его и надо искать. Все его ценности и все его недостатки в его главной заботе и около нее. Здесь его рай и его ад. А когда человек является истинным христианином? Тогда, когда он через все свои мысли и желания, ощущения и дела заботится только о главной христианской заботе – искать и обрести Царство Божие и правду его – уклоняется от всякого зла и греха. Непрестанно так поступая, он ощущает себя блаженным в делании добра (*Иак. 1, 25*) и обретает верный критерий добра и зла: добро – все, чем созидается Царство Божие в этом мире, а зло – все, что этому созиданию препятствует, все, что его делает невозможным, все, что его задерживает.

Только у совершенных христиан способность к различению добра и зла развита до непогрешимости. А совершенны те, кто долгой практикой благодатных евангельских подвигов успел полностью очистить себя от всякого греха и зла и утвердить в себе божественное добро, божественную правду, божественную любовь, божественную мудрость, божественную истину. Кто эти совершенные? Святые Апостолы, святые Отцы, одним словом христоносцы и духоносцы.

Много требуется благодатного упражнения от человека, чтобы он стал действительно способным к различению своей доброй и злой мысли, своего желания, своего ощущения, своего дела. Всякая добрая мысль своим самым внутренним нервом связывает человека с Богом. Так же и доброе желание, и всякое доброе ощущение, и всякое доброе дело. Но точно так же всякая злая мысль, злое желание, злое ощущение, злое дело своим самым невидимым, но главнейшим нервом связывает человека с диаволом. Хочет человек того или нет, но его мысли и чувства, желания и дела – это или уток на ткацком стане зла, под рукою сатаны, или уток на ткацком стане добра, под рукою Божиею.

Совершая евангельское добро, человек настолько соединяется с Богом, что рождается от Бога и становится сыном Божиим, чадом Божиим (*Ин. 1, 12–13*); а совершая зло, он настолько соединяется с диаволом, что рождается от диавола и становится сыном диавола и исчадием диавола (*Ин. 8, 44*). В Господе Иисусе нет греха. Всяк, иже в Нем пребывает, не согрешает: «всяк согрешаяй не виде Его, ни позна Его» (*1Ин. 3, 6*). Нет зла, нет греха, которые бы опосредованно или непосредственно не происходили от диавола. «Творяй грех от диавола есть, яко исперва диавол согрешает... Всяк рожденный от Бога греха не творит... Сего ради явлена суть чада Божия и чада диаволя: всяк не творяй правды, несть от Бога» (*1Ин. 3, 8–10*). «Благотворяй от Бога есть; а злотворяй не виде Бога» (*3Ин. 1, 11*)

Все люди в большей или меньшей степени являются добровольными рабами греха, «яко всяк творяй грех раб есть греха» (*Ин. 8, 34*). Замученный грехом, всякий человек есть и остается мастерской греха, если не последует за безгрешным Господом Иисусом. Только Безгрешный может освободить человека от рабства греху. Только Христов человек становится свободным от греха (*Ин. 8, 36*). Каким образом? Когда безгрешный Господь становится душою его души, мыслью его мысли, ощущением его ощущения и преисполняет Собою всецелое существо человеческое, так что человек может вместе с апостолом Павлом сказать: «живу же не ктому аз, но живет во мне Христос» (*Гал. 2, 20*).

Без веры в Господа Христа, без перерождения в Господе Христе, без жизни в Господе Христе человек есть и остается диавольским «делателищем». Преисполненная вечной и бескрайней Христовой истиной, душа не имеет места для греха. Во всяком случае не имеет любви к греху. Когда человек всем сердцем своим, всею душою своею, всем своим умом, всею своею силою проникает в Христову истину, и ограждает себя ею, и утверждает себя в ней и она оплодотворяется в нем, и срастается с ним, и становится единое с его душою и волей, тогда в душе такого человека не остается места для греха, тогда она вся Христова, вся для Него, вся в Нем, вся в Царствии Божием, вся в правде Его. Тогда человек становится «делателищем» Божиим, Божией мастерской.

Сама по себе сверхъестественная, божественная истина Христова становится достоянием людей естественным образом. Спаситель показал это и объяснил приведенным примером «лозы и рождия». Что есть лоза для рождия, то и Господь Христос для людей. Как "рождие" не может плод сотворить, если не будет на лозе, так и человек, если не будет во Христе (*Ин. 15, 5–8*). Это естественный и органичный процесс. Чтобы человек мог творить Христово добро, он должен прежде всего стать единым целым с Господом Христом, как розги с лозою. И тогда по ним будет струиться один и тот же сок одна и та же жизнь, одна и та же истина, одно и то же добро, одна и та же сила, одна и та же богочеловечность и одна и та же вечность. Без этого существо человеческое сохнет и засыхает, как "рождие" без лозы (*Ин. 15, 6*). Поэтому-то чудесный Господь и возвестил: «без Мене не можете творити ничесоже» (*Ин. 15, 5*): ничего доброго, ничего праведного, ничего истинного, ничего непреходящего, ничего бессмертного, ничего вечного. Поэтому для человека главное и самое главное – соединиться с Господом Христом, облечься в Него (*Гал. 3, 27*) и жить Им и в этом, и в ином мире.

Если душа человека находится вне Господа Христа, она постепенно увядает, сохнет, ее мысли становятся недалекими, ощущения иссыхают, желания огреховляются, и она все менее ищет Божиего, все менее желает доброго, истинного, праведного, непреходящего, вечного, до тех пор, пока она наконец не возненавидит все принадлежащее Богу, Божиему добру и вечности. Душа человеческая только тогда растет к Богу и всему бессмертному и вечному, когда верой привита к древу жизни, к Господу Христу. В этом случае для человека становится совершенно естественным уклоняться от греха и порока и прилепляться ко всему вечному и богочеловечному, всему божественно истинному, праведному и доброму. И при этом совершать всякую евангельскую добродетель как нечто естественное: «Тако всяко древо доброе плоды добры творит»[30] (*Мф. 7, 17*). А делать грех и зло для него становится неестественным, ненормальным и отвратительным, как неестественно источнику «от единаго устия» источать «сладкое и горькое» (*Иак. 3, 11*) и чистому сердцу – нечистое желание.

Кто оживляет себя верою в Богочеловека, тот неминуемо умирает греху и относится к сладостям греховным, как мертвый человек. Оживленный божественной силою, он ходит новыми путями, живет новой жизнью, жизнью во Христе и по Христу. Мертвый для греха, человек живет Богу и Господу нашему Иисусу Христу. Живя Христовою истиною и добром, он умерщвляет себя для греха и зла. Грех больше не может овладеть им, ибо он находится под благодатью, которою непрестанно утверждает себя в Боге и ограждает себя Богом. А благодать – это божественная сила, которая делает человека безгрешным, освящает его, беспорочивает, обесстрашивает. Рабы греха превращают себя в мастерскую греха, а Христовы люди, освобожденные и освященные Истиной, преобразуют себя в мастерскую вечности и святости, в которой созидается жизнь вечная, через святые мысли, через святые чувства, через святые желания. Путь греха неминуемо завершается смертью, путь же Христовой веры – вечностью (*Ин. 8, 32*; *Ин. 17, 17–19*; *Рим. 6, 2, 4, 11, 12, 14, 17–20, 22, 23*).

Исполненный даром Святого Духа к различению добра и зла, великий апостол языков[31], богомудро рассуждая, различает в мире два закона: закон греха и смерти, господствующий над рабами греха, и закон Духа Святого, закона благодати, закон жизни, закон святости, закон безгрешности, закон свободы, господствующий в христианах. У первых имеет место телесное мудрование, у вторых – духовное, ибо они мыслят Духом Святым и по Духу Святому. Телесное мудрование поверхностно, чувственно и не покоряется закону Божиему, закону Божией мысли, Божией мудрости, а духовное мудрование – мудрование Богом и по Богу, а это значит, глубокое, божественное, святое. Кто не имеет Духа Христова, тот не Христов, поэтому и его мысли, и желания, и ощущения, и дела не Христовы (*Рим. 8, 2, 5, 6, 9*)

Человеку необходимо много упражнять свою способность к рассуждению, чтобы он мог познать и знать, «что есть воля Божия» (*Рим. 12, 2*), а что нет. Апостол Павел говорит, что условие познания воли Божией – не сообразовываться веку сему и перерождаться благодатью Божией, преобразовываться, обновлять свой ум, то есть жить вечностью и ради вечности (*Рим. 12, 2*). Ум обновляется благодатною верою, если мыслит по мере веры, целомудренно (*Рим. 12, 3*), то есть, если имеет здравые и трезвенные мысли, если избегает грешных мыслей, которые и есть болезнь ума. Апостольские слова «мудровать целомудренно» значат, как говорит святой *Иоанн Златоуст*, что мы получили силу к рассуждению для того, чтобы употребить ее не на высокоумие, а на здравоумие (на целомудрие). Апостол не сказал: мыслите о себе смиренномудро, но здравоумно, подразумевая здесь под здравоумием не добродетель, противоположную надменности, и не удаление от невоздержанности, но ум трезв и здрав. Ведь иметь здравые мысли – это и называется здравоумием (целомудрием). Называя смиренномудрие здравоумием, апостол показал, что нескромный (не смиренномудрый) не здрав умом, но глуп, беснуется и поступает безумнее всякого сумасшедшего. Апостол называл здравоумием здоровье ума, уча, что гордость есть болезнь ума.

«Всяко же, еже не от веры, грех есть»[32](*Рим. 14, 23*). Это главная благая весть апостола Павла. Она означает: все, что в твоих мыслях и ощущениях, желаниях и делах не есть от Богочеловека и Его веры, грех: все, что в твоей жизни не исходит от Богочеловека и не бывает по Богочеловеку, грех. Всякий грех есть или плод неверия, или плод маловерия, или плод лжеверия. Если нападет на тебя нечистая мысль, или непристойное ощущение, или хоть какое-то искушение, борись с ним верою, молитвою, постом, бдением, памятью смертной, памятью о Господе Христе, об Ангеле-хранителе, о Святых. Главное – не блуждать помыслами, избегать мечтаний, ограждать верою и молитвою всякую свою мысль, всякое ощущение, всякое желание и всю свою жизнь. И никогда не забывать богомудрых слов святого апостола: «всяк же подвизаяйся от всех воздержится»[33] (*1Кор. 9, 25*), особенно же тот кто борется за жизнь вечную, и умерщвляет тело свое, и принимает муки (*1Кор. 9, 26–27*).

Чем же человек может сегодня показать себя Христовым, если еще вчера не был Его? Несомненно, новыми мыслями вместо старых, новыми ощущениями вместо старых, новыми желаниями вместо старых, одним словом, новой жизнью вместо старой, то есть жизнью евангельскою, богочеловеческою. Ведь тот, «кто во Христе, нова тварь: древняя мимоидоша, се быша вся нова»[34] (*2Кор. 5, 17*). Старый образ жизни прошел и начался новый – евангельский; прошел старый образ мышления и начался новый – богочеловеческий; старый человек исчерпал себя и начался новый – евангельский.

Мучителен подвиг – распять в себе ветхого человека, убить в себе все грехи, все страсти и жить только Богу через святые мысли, через святые желания, через святые ощущения, через святые дела. Но христианин только этим и Христов, ибо Христовы «плоть распяша со страстьми и похотьми» (*Гал. 5, 24*). Невозможно быть Христовым и жить в страстях и похотях. Всякий грех – нападение на Безгрешного; всякая страсть – смрад пред Бесстрастным. Христианин должен иметь крест в душе, на котором он долго и упорно распинает свои грешные мысли, свои дурные желания, свои нечистые ощущения, свои неевангельские настроения.

Кто желает одолеть грех, этого главного врага своей души и своей вечности, тот должен укрепляться в Господе, чтобы преисполниться Его победоносной силой и, так укрепившись, вступить в сражение с грехом. «Яко несть наша брань к крови и плоти, но к началом и ко властем, и к миродержителем тмы века сего, к духовом злобы поднебесным» (*Еф. 6, 12*). Из этой судьбоносной брани можно выйти победителем только при условии: «облецытеся во вся оружия Божия»[35] (*Еф. 6, 11*). А всеоружие Божие составляют все евангельские добродетели: истина, правда, мир, вера, непрестанная молитва, бдение, терпение, любовь (*Еф. 6, 13–18*).

В этой борьбе с грехами и страстями и их главными виновниками, злыми духами, должно быть неутомимым, безжалостным и неумолимым. Ибо борьба ведется не на жизнь, а на смерть. Дилемма очевидна: погибаешь или ты, или твои грехи. Третьего не дано. Поэтому христомудрый апостол и поучает: «Умертвите убо уды ваша, яже на земли: блуд, нечистоту, страсть, похоть злую и лихоимание…, гнев, ярость, злобу, хуление, срамословие от уст ваших» (*Кол. 3, 5, 8*). Не оставляйте на поле битвы раненых и не берите пленных; все пороки, все страсти, все грехи, всех духов злобы ставьте под меч, отсекайте им головы, пронзайте их сердца, чтобы они не ожили в вас снова и не убили бы вас.

Беззаконие – вещь лукавая и ловкая. Оно имеет свою огромную тайну. Тайна беззакония иногда соблазнительна и обольстительна (*2Сол. 2, 7*). Она имеет свои таинственные пути и невидимые способы, с помощью которых заводит человека в безысходную тьму. В ней она его отравляет страстями и ослепляет грехами, пока, наконец, совсем не отравит и не ослепит. Поэтому необходимо отрезвиться от опьянения грехом, прозреть евангельские истины, «вси бо вы сынове Света есте, и сынове дне, несмы нощи, ниже тмы»[36] (*1Сол. 5, 5*). Опьяненные грехом – это сыновья ночи и тьмы. Они не могут отрезвиться от этого пьянства ничем иным, как только верою, любовью и надеждою (*1Сол. 5, 6, 7*), и только уклоняясь от всякого греха и мертвой хваткой держась Христова добра (*1Сол. 5, 20–22*; *2Тим. 2, 22*; *2Тим. 3, 17*). Ведь в борьбе с грехом надо бороться "до крове" (*Евр. 12, 4*), до мученичества Христа ради, себя ради и своей вечности ради. В этой борьбе главное правило – не бояться врага и быть покорным Богу во всем. Ведь Бог борется с нами и за нас. По военной стратегии православного воеводы Христова, «повинитеся убо Богу, противитеся же диаволу, и бежит от вас»[37] (*Иак. 4, 7*). Если мы Божии, не надо бояться диавола и мрачных войск его. Ведь Всепобеждающий сказал в Святой Книге: «Вы от Бога есте, чадца, и победисте тех, яко болий есть Иже в вас, нежели иже в мире»[38] (*1Ин. 4, 4, 1Ин. 2, 13–14*).

«Яко всяк рожденный от Бога побеждает мир» (*1Ин. 5, 4*), то есть сладострастие, грехи, соблазны, злых духов. Побеждает чем? Верой, ибо вера наша – победа, победившая мир (*1Ин. 5, 4*). Ведь все искушения этого мира, все сладости, все грехи, все соблазны, все нечистые духи побеждаются тем только, кто верует, что Иисус есть Сын Божий и Бог (*1Ин. 5, 5, 20*). Вера в воплощенного Бога и Господа нашего Иисуса Христа, любовь к Нему, надежда на Него – это и есть непобедимое оружие для всякой битвы во всех сражениях против греха и зла и в этом, и в ином мире…

Много нам дано, но еще больше задано. Дан нам видимый мир, чтобы обрести в нем невидимые силы Божии. Бог Слово для того и стал человеком, чтобы дать людям зрение, которым невидимое видимо в видимом и около видимого. Так род человеческий только со Христом прозрел и увидел вечные ценности. Прежде появления Богочеловека все томилось и слепло во тьме греховной и «сени смертней»[39] (*Мф. 4, 16*). Только с Ним и в Нем род человеческий впервые правильно сориентировался в этом загадочном мире и впервые неодолимо ощутил и всеубедительно понял всю безмерную важность невидимого в видимом и всю онтологическую зависимость видимого от невидимого.

СТРАШНЫЙ СУД НАД БОГОМ

Никогда в человеке не было так мало Бога, дорогие братья, как сегодня, никогда человек не был так безбожен, как сегодня. Сегодня диавол воплотился в человека, дабы развоплотить Богочеловека. Сегодня все зло вселилось в тело человека, дабы Бога изгнать из тела. Сегодня весь ад переселился на землю; помнит ли кто-то, что когда-то земля была раем? Нынешнее падение человека неизмеримо страшнее первого падения человека; тогда человек отпал от Бога, а сегодня распял Бога, убил Бога. Человек, как тебя именовать, если не диаволом? Но что это я говорю? Это оскорбление для диавола. Диавол никогда не был так зол, так изощренно зол, как человек. Господь Христос и во ад сошел, и там Его не распяли! Разве люди не хуже диавола; разве земля не стала адом более, чем сам ад? Из ада не изгнали Христа; а люди и сегодня Его гонят с земли, изгоняют из своего тела, из души, из своего града…

Братья, в зеницу моей души, подобно змею, впился зловещий вопрос, злорадно спрашивающий меня: разве человек был когда-либо добр, если он смог распять Христа? Ты веруешь в человека, хвалишься им, ты оптимист? Эх, посмотри на человека, посмотри на человечество с высоты Великой Пятницы, посмотри на человека, как он убивает Богочеловека, и скажи, останешься ли ты и теперь оптимистом? Не стыдишься ли, что и ты человек? Не видишь ли, что человек хуже диавола?

Забудьте все дни, которые были прежде, и все дни, которые были после Великой Пятницы, сведите человека в границы Великой Пятницы, не будет ли она зеницею всех зол, стержнем всех искушений, средоточием всех гадостей? Не сошла ли в человеке в этот день земля с ума? Не доказал ли человек в этот день, убивая Богочеловека, что он безумие земли?

Даже Страшный Суд, братья мои, не будет страшнее Великой Пятницы. Он будет, несомненно, менее страшным, потому что тогда будет Бог судить человека. А ныне человек судит Бога. Ныне Страшный Суд для Бога. И суд над Ним судит человечество. Ныне человек оценивает Бога и оценивает Его ценою в тридцать сребреников. Христа за тридцать сребреников! Разве это последняя цена? Разве Иуда – это наше последнее слово о Христе?

Сегодня человечество осудило Бога на смерть. Это величайший бунт в истории неба и земли. Это величайший грех в истории неба и земли. Даже падшие ангелы такого не совершили. Сегодня совершен Страшный Суд над Богом. Никогда мир не видел более невинного осужденного и более безумных судий. Осмеянный Бог страшнее, чем когда-либо. «Ад всесмехливый» вселился сегодня в человека и осмеял Бога и все Божие. Осмеян сегодня Тот, Кто никогда не смеялся: говорят, что Господь Иисус никогда не смеялся, но часто видели Его плачущим. Посрамлен сегодня Тот, Кто пришел нас прославить; замучен сегодня Тот, Кто пришел нас избавить от мук; предан сегодня на смерть Тот, Кто принес жизнь вечную. Человек, есть ли край твоему безумию? Есть ли предел твоему падению?

Крест, позорнейший дар, даровали мы Тому, Кто нам даровал вечную славу. Прокаженный, Он очистил тебя от проказы, разве за это ты даруешь Ему крест? Слепец, разве для того Он раскрыл тебе очи, чтобы ты сумел сделать крест и распять Его на нем? Мертвец, разве для того Он воскресил тебя из гроба, чтобы ты загнал Его в свой гроб? Благими вестями услаждал Сладчайший Иисус горькую тайну жизни нашей, братья мои; за какую из них мы одариваем Его такой желчью?

«Люди Мои, что Я вам сделал? Не исполнил ли Иудею чудесами? Не воскрешал ли мертвецов единым словом? Не исцелял ли всякую болезнь и недуг?.. Что же вы мне даете? За исцеление раните Меня, за жизнь убиваете Меня и распинаете на древе».

Великая Пятница, братья мои, это наш стыд, и позор, и поражение. Иуде Искариоту была хоть самую малость причастна всякая душа. Если бы не так, мы были бы безгрешными. Через Иуду мы все пали, мы все христопродавцы, все предали Христа и приняли диавола, пригрели сатану. Да, сатану, ведь в Святом Евангелии сказано: И «по хлебе тогда вниде в онь (в Иуду) сатана»[40] (*Ин. 13, 27*). После какого хлеба? После Хлеба, который дал ему Христос, после Причастия, после Христа. О, возможно ли большее падение, больший ужас?

Сребролюбие, ты предало Господа Христа! Сребролюбие, ты Его предаешь и ныне. Иуду, ученика Христова, того, кто три года был с Ним, кто присутствовал при всех чудесах Христовых, кто именем Иисусовым очищал прокаженных, исцелял больных, воскрешал мертвых, изгонял нечистых духов, этого Иуду сребролюбие сделало предателем и убийцей Христа. Как же тогда этому сребролюбию и меня, и тебя не сделать предателем и христоубийцею, меня, того, кто не созерцал на протяжении трех лет воплощенного Бога, кто не очищал именем Иисусовым прокаженных, не исцелял больных, не воскрешал из мертвых. Иуда долго был с Тем, Кто не имел, где главу приклонить, с Тем, Кто и делами и речами учил, что нет необходимости носить золото и серебро. А я? А ты? Если ты не умеешь радоваться нищете, брат, если ты не умеешь быть счастлив нищетою, знай, ты – кандидат в Иуды. Не спрашивай: «Не я ли, Господи?» (*Мф. 26, 25*). Ибо ты обязательно услышишь ответ: «Да, конечно». Стремишься ли к богатству, таится ли в тебе жажда к деньгам, знай, в тебе зарождается Иуда. Брат мой и друг, запомни на всю жизнь: сребролюбие распяло Христа, убило Бога; сребролюбие из ученика Христова произвело врага Христова, убийцу Христова. Но не только это, оно и Иуду убило. Сребролюбие имеет такое проклятое свойство, что делает человека не только христоубийцей, но и самоубийцей. Оно сначала убивает Бога в душе человеческой, а убив Бога в человеке, оно убивает и самого человека.

Смерть – страшная тайна, братья, но самое страшное, когда люди предают на смерть Бога и желают убить Его совершенно, уничтожить совсем, чтобы Он был совершенно мертв, весь без остатка. Сегодня день, когда люди страшны Богу, ибо мучают Бога, как Его никто никогда не мучил, ибо оплевывают Бога, как никогда никто не плевал в Него, ибо бьют Его, как никто никогда не бил Его. Пусть умолкнет все, что зовется человеком, «да молчит всякая плоть человеча»! Пусть никто не хвалится человеком, пусть никто не хвалится человечеством[41] (*1Кор. 3, 21*), ибо человечество не терпит Бога в своей среде, оно убивает Бога. Разве таким человечеством хвалятся? Пусть никто не хвалится гуманизмом! Это все лишь сатанизм, сатанизм, сатанизм...

Сегодня не черти, не звери, не шакалы, а люди сплели венец из терна и надели на главу Христа. Терновым венцом украсили Того, Кто человека украсил бессмертием! Терновый венец плетет человечество вокруг главы Того, Кто вокруг земли сплел венец из звезд! Терновый венец для Христа плету и я, и ты, приятель, если я сребролюбив, если я блудлив, если я прелюбодей, если я богохульник, если я клеветник, если я наветчик, если я пьяница, если я немилостив, если я гневлив, если я не сдержан, если имею грешные мысли, если имею нечистые ощущения, если не имею веры, если любви не имею. Всякий мой грех, всякий наш грех – терн, вплетаемый нами в проклятый венец, который обезумевшее человечество непрестанно плетет вокруг главы Господа Иисуса.

Человек мучит Бога безжалостнее диавола. Вы не верите? Послушайте, что рассказывает очевидец: «Тогда заплеваша лице Его» (*Мф. 26, 67*). О, Его лицо, Его чудесное, чарующее лицо... Господи, почему уста их не покрылись проказой и не превратились в рану? Не для того ли, чтобы научить нас терпению и кротости? ... Они оплевывали это дивное, это благое лицо, более ценное, чем все созвездия, чем все блаженства. Что я говорю? Гораздо более, чем все блаженства, потому что в этом кротком лице – все возможное вечное блаженство, вся возможная вечная радость... Оплевывали то светлое лицо, перед которым море смирялось и утихало; то лицо, которое смиряло бурные души и давало им покой. И вы хвалитесь человеком? О, сверните знамена, тля и ничтожества! Никому, никому не надо столько стыдиться себя, как человеку – ни диаволу, ни зверям, ни животным... Люди оплевывают Бога – есть ли что ужаснее этого? Люди бьют Бога – есть ли что более сатанинское, чем это? Братья, если бы не было ада, его надо было бы выдумать, выдумать для людей, только для людей...

Его, Творца и Спасителя, оплевывают и бьют, а Он кротко и молчаливо все переносит. Есть ли оправдание тебе, который на всякое оскорбление отвечает оскорблением? На зло – злом? Кто проклинает клянущих и ненавидит ненавидящих? Отвечая злом на зло, ты плюешь в Господа Христа; ненавидя тех, кто ненавидит тебя, ты бьешь и мучаешь Христа; отвечая оскорблением на оскорбление, ты позоришь Господа Иисуса, ибо Он так не поступал.

Пилат предает на распятие Кроткого Господа. Люди Его ведут от мытарства к мытарству, от муки к муке, от поругания к поруганию. Распинают поруганного Бога, приковывают Его к кресту. Разве гвозди, вбитые в руки Христовы, забиты не в руки, которые исцелили стольких больных, очистили стольких прокаженных, воскресили стольких мертвецов? Разве должны умолкнуть уста, которые говорили так, как никто из людей никогда не говорил? Иаире, где еси (*Мк. 5, 22; Лк 8, 41*)? Лазаре, где еси (*Ин. 11–12*)? Вдовица наинская, где же ты, защити Господа твоего и моего (*Лк. 7, 11–15*)! Разве вы распнете Его – надежду безнадежных, утешение безутешных, око слепых, ухо глухих, воскресение мертвых? Разве забьете гвозди в святые ноги, которые несли мир, которые благовестили, которые ходили по морю, как по суше, которые спешили ко всем болящим? К мертвому Лазарю (*Ин. 11–12*)? К гадаринскому бесноватому (*Мк. 5, 1–20; Лк. 8, 26–39*)?

Распят Бог. Довольны ли вы, богоборцы? Счастливы ли вы, богоубийцы? Что вы думаете о Христе на кресте? Лжец, бессильный, соблазнитель, «разоряяй *церковь* и треми денми созидаяй сам: аще Сын еси Божий, сниди со креста»! (*Мф. 27, 40*) 42

А что мыслит Господь со креста о людях под крестом? То, что может мыслить лишь Бог любви и Бог кротости: «Отче, отпусти им, не ведят бо, что творят». (*Лк. 23, 34*)[43] Воистину, не ведают, что делают с Богом во плоти. Разве Господу было легче в теле, чем на кресте? Тяжелее, говорю вам, чем если бы у меня в каждой поре тела сидело по диаволу. Ведь разница между Богом и человеком бесконечно больше, чем разница между диаволом и человеком, а разница между смертью и Богом, чем разница между смертью и человеком. Спаситель ощущал эту муку, Его чистая, безгрешная природа восстала против смерти, и Он перед лицом смерти «начат скорбети и тужити… прискорбна есть душа Моя до смерти»![44] (*Мф. 26, 37, 38*).

Если и Бог скорбит, если и Бог жалуется на смерть, тогда скажите, есть ли для человека что-либо страшнее смерти? Что-либо неестественнее смерти? Что-либо отвратительнее смерти? Смерть тяжела для Бога, а тем более для человека. По сравнению со всем смерть для человека – самое тяжелое, так как она представляет собою величайшее удаление человека от Бога. Человек во Христе ощутил это и болезненно исповедал: «Боже Мой, Боже Мой, вскую Мя оставил?»[45] (*Мф. 27, 46*). Это вопиет единородный Сын Божий, Который единосущен с Отцом, един с Отцом. Не есть ли это лучшее доказательство того, что смерть – это сила, которая отрывает от Бога, удаляет от Бога, разъединяет с Богом?

Мы распяли Бога. Человек, чего ты еще хочешь? Если бы не было разбойника благоразумного, не было бы тебе оправдания. Если бы не он, земля навсегда осталась бы адом. Когда о Христе соблазнились все ученики, разбойник исповедал Его как Господа и как Царя: «Помяни мя, Господи, егда приидеши во Царствии си!» (*Лк. 23, 42*)[46] Разбойник – наша надежда, ведь он поверил во Христа как в Бога тогда, когда все утратили веру в Него, ведь он поверил во Христа как в Господа тогда, когда Иисус был поруган, осмеян, измучен, когда был в самом позорном положении, когда, как и всякий человек, ужасно страдал и мучился.

Пока люди оплевывают Бога, пока люди распинают Бога, вся природа протестует против этого: «От шестого же часа тма бысть по всей земле до часа девятого» (*Мф.*

27, 45). «И померче солнце, и завеса церковная раздрася посреде. И возглашь гласом велиим Иисус и рече: Отче, в руце Твои предаю дух Мой. И сия рек издше». (*Лк. 23, 45, 46*). «И земля потрясеся, и камение распадеся, и гроби отверзошася, и многа телеса усопших святых восташа». (*Мф. 27, 51, 52*)

Когда люди закончили свою комедию с Богом, когда все умолкли, заговорила вселенная, заговорили камни и показали себя более чуткими, чем люди, чуткими к Христовой боли. И солнце заговорило, от стыда затмив свой свет от нашей планеты. Свет солнечный стыдился того, чему радовались люди. Мертвые в гробах услышали вопль Христов, пробудились и восстали из гробов, пока живые люди стояли под крестом, имея в телах своих мертвые души. «Днесь церковная завеса на обличение беззаконных раздирается, и солнце лучи своя скрывает, Владыку зря распинаема».

«Вся сострадаху Создавшему вся», да, все и вся сострадало распятому Господу, все и вся, кроме человека, кроме людей. Вся тварь и на кресте познала во Христе Бога и исповедала Его как Бога. И со креста Христос показал, что Он есть Бог. Чем? – Чем? Ответом разбойнику. Чем еще? Молитвою за Своих врагов: «Отче, отпусти им: не ведят бо что творят»[47] (*Лк. 23, 34*).

Воистину, люди не знают, что творят со Христом. Из злобного незнания люди распяли Христа, из-за незнания Его распинают Его и сейчас. «Аще бо быша разумели, не быша Господа Славы распяли»[48] (*1Кор. 2, 8*). Кротостью и смирением Господь пришел в мир. Разве не величайшая кротость и не величайшее смирение то, что Бог стал человеком, что облек Себя в слабое, в тесное, в ничтожное тело человеческое? Кротостью и смирением Господь и покинул этот мир; покинул его, кротко молясь за своих мучителей. Люди не знают Христа, потому и гонят; не знают, что это за любовь, что это за смирение, что это за кротость, если Бог допускает людей судить Его, допускает людям оплевывать Его, допускает людям бить Его и убить.

Страшен удел Христов и сегодня на земле, братья. Всякий мой грех – для Него Великая Пятница. Четыре моих греха, и вот я распял Господа Иисуса. Всякий твой грех, брат, – более сильная мука для Него, чем для тебя и для меня. Совершая грехи, ты Его распинаешь. Всякая нечистая мысль, всякое похотливое ощущение рычит и завывает: «Распни Его, распни!» Не есть ли вся наша жизнь непрекращающаяся Великая Пятница для Господа Христа? Всякий мой грех не есть ли гвоздь, забиваемый в руки кроткого Господа, всякая моя страсть – терновая ветвь, все мои страсти – терновый венец, который я надеваю на главу Христа. Наше надругательство над Христом страшнее еврейского. Евреи могли веровать во Христа гораздо меньше, ведь Он еще не воскресал. А мы, те, кому Христос уже двадцать веков действительно свидетельствует, что Он воскрес, мы осмеиваем Христа воскресшего, оплевываем Христа воскресшего, снова распинаем Христа, и при этом уже воскресшего Христа! Разве не распинает воскресшего Господа Христа священник, который своей жизнью отлучает от Христа свою паству? Разве не мучает, разве не осмеивает воскресшего Христа наставник, учитель, который своим богоборческим учением изгоняет Бога из душ своих учеников? Разве не срамит Христа, разве не оплевывает воскресшего Христа всякий христианин, только зовущийся христианином?

Увы, мы непрестанно гоним воскресшего Христа… «Как это так, мы гоним Христа, – скажут некоторые, – если Он с нами не пребывает телесно? Если мы не видим Его тела?» Ох, гоним мы Христа, братья мои, гоним, когда Дух Его гоним, когда учение его отвергаем, когда святых

Его гоним, когда гоним Его *Церковь*. Мы Христа гоним, когда гоним нищего просителя, ведь это Он просит в нищем; мы гоним Христа, когда не одеваем нагого, ведь в обнаженном Христос обнажен; мы гоним Христа, если не накормим голодного, ведь в голодном Христос голодает; мы гоним Христа, когда не посещаем болящего, ведь в болящем Христос болеет. Во всяком страждущем Христос страдает, во всяком огорченном Христос горюет. По Своему бескрайнему человеколюбию Он непрестанно воплощается в телеса всех голодных, всех больных, всех жаждущих, всех скорбящих, всех жалких, всех презренных, всех поруганных, всех униженных, всех оскорбленных, всех обнаженных, всех изгнанных. Он непрестанно взимает на Себя тело человеческое, страдает с ним, мучится в нем, скорбит в нем. По Своему безмерному милосердию Он непрестанно отождествляет Себя с ними. «Понеже сотвористе единому сих братий Моих меньших, Мне сотвористе» (*Мф. 25, 40*). «Понеже не сотвористе единому сих меньших, ни Мне сотвористе» (*Мф. 25, 45*). Христос воплощается во всякого христианина. Слушай, что Он говорит: «Савле, Савле, что Мя гониши?»[49] (*Деян. 9, 4*), ибо, гоня тех, кто верует в меня, меня гонишь; оплевывая тех, кто в меня верует, меня оплевываешь; мучая тех, кто в меня верует, меня мучаешь. Знайте, учит апостол Павел: «Такожде согрешающе в братию и биюще их совесть немощну сущу, во Христа согрешаете» (*1Кор. 8, 12*)

Не только для Господа Христа, братья, но и для всех Христоносцев жизнь на земле есть непрекращающаяся Великая Пятница. Чем более обретаешь в себе Христа, тем более становишься гоним. Если ты Христов, считай себя за самое гадкое место мира, которое все попирают, как попирали и Христа. Когда тебя проклинают – благословляй, когда тебя бьют – прощай, когда тебя ненавидят – возлюби. Терпением побеждай мучителей, подобно Господу. Отвечай на зло добром, борись, как боролся Господь Христос, с гордостью борись смирением, с грубостью борись кротостью, с ненавистью борись любовью, с оскорблением борись прощением, с клеветою борись молитвой. Это путь победы, путь, который раз и навсегда проложил Господь Иисус; Он через страдания ведет нас в воскресение. Мы находимся на этом пути, на единственном пути, который завершается воскресением, если благословляем тех, кто клянет нас, если добро делаем тем, кто ненавидит нас, если любим врагов своих, если злу противимся добром, если не гневаемся, когда нас оскорбляют, если молимся, когда нас хулят, если с молитвою переносим, когда нас оплевывают. Мы верно идем путем, который завершается триумфальной победою над смертью, если и тогда, когда нас распинают, вместе со Христом мы молимся за своих мучителей: «Отче, отпусти им: не ведят бо что творят» (*Лк. 23, 34*). Аминь.

«На другой день, который следует за пятницею, собрались первосвященники и фарисеи к Пилату и говорили: господин! Мы вспомнили, что обманщик тот, еще будучи в живых, сказал: после трех дней воскресну»; (*Мф. 27, 62, 63*)

«Я есмь лоза, а вы ветви; кто пребывает во Мне, и Я в нем, тот приносит много плода; ибо без Меня не можете делать ничего». (*Ин. 15, 5*)

«И дар не как суд за одного согрешившего; ибо суд за одно преступление – к осуждению; а дар благодати – к оправданию от многих преступлений». (*Рим. 5, 16*)

«дабы, как грех царствовал к смерти, так и благодать воцарилась через праведность к жизни вечной Иисусом Христом, Господом нашим». (*Рим. 5, 21*)

«Ибо, когда мы жили по плоти, тогда страсти греховные, обнаруживаемые законом, действовали в членах наших, чтобы приносить плод смерти»; (*Рим. 7, 5*) «потому что закон духа жизни во Христе Иисусе освободил меня от закона греха и смерти». (*Рим. 8, 2*)

«Когда же тленное сие облечется в нетление и смертное сие облечется в бессмертие, тогда сбудется слово написанное: поглощена смерть победою». (*1Кор. 15, 54*)

«А тем, которые приняли Его, верующим во имя Его, дал власть быть чадами Божиими», (*Ин. 1, 12*)

«Иисус сказал ему в ответ: истинно, истинно говорю тебе, если кто не родится свыше, не может увидеть Царствия Божия». (*Ин. 3, 3*)

«Ибо если мы соединены с Ним подобием смерти Его, то должны быть соединены и подобием воскресения», (*Рим. 6, 5*)

«Итак, если вы воскресли со Христом, то ищите горнего, где Христос сидит одесную Бога»; (*Кол. 3, 1*)

«Да и все почитаю тщетою ради превосходства познания Христа Иисуса, Господа моего: для Него я от всего отказался, и все почитаю за сор, чтобы приобрести Христа и найтись в Нем не со своею праведностью, которая от закона, но с тою, которая через веру во Христа, с праведностью от Бога по вере; чтобы познать Его, и силу воскресения Его, и участие в страданиях Его, сообразуясь смерти Его, чтобы достигнуть воскресения мертвых». (*Фил. 3:8–11*)

«Истинно, истинно говорю вам: слушающий слово Мое и верующий в Пославшего Меня имеет жизнь вечную, и на суд не приходит, но перешел от смерти в жизнь». (*Ин. 5, 24*)

«Истинно, истинно говорю вам: кто соблюдет слово Мое, тот не увидит смерти вовек». (*Ин. 8, 51*)

«Как от Божественной силы Его даровано нам все потребное для жизни и благочестия, через познание Призвавшего нас славою и благостию, которыми дарованы нам великие и драгоценные обетования, дабы вы через них соделались причастниками Божеского естества, удалившись от господствующего в мире растления похотью: то вы, прилагая к сему все старание, покажите в вере вашей добродетель, в добродетели рассудительность, в рассудительности воздержание, в воздержании терпение, в терпении благочестие, в благочестии братолюбие, в братолюбии любовь. Если это в вас есть и умножается, то вы не останетесь без успеха и плода в познании Господа нашего Иисуса Христа. А в ком нет сего, тот слеп, закрыл глаза, забыл об очищении прежних грехов своих». (*2Петр. 1, 3–9*)

«Впрочем, братия, радуйтесь, усовершайтесь, утешайтесь, будьте единомысленны, мирны, – и Бог любви и мира будет с вами». (*2Кор. 13, 11*)

«Ибо Царствие Божие не пища и питие, но праведность и мир и радость во Святом Духе». (*Рим. 14, 17*)

«какая польза человеку, если он приобретет весь мир, а душе своей повредит? или какой выкуп даст человек за душу свою?» (*Мф. 16, 26*)

«Ибо какая польза человеку, если он приобретет весь мир, а душе своей повредит? Или какой выкуп даст человек за душу свою?» (*Мк. 8, 36, 37*)

«Ибо что пользы человеку приобрести весь мир, а себя самого погубить или повредить себе?» (*Лк. 9, 25*)

«Иисус же сказал ей в ответ: Марфа! Марфа! ты заботишься и суетишься о многом, а одно только нужно; Мария же избрала благую часть, которая не отнимется у неё». (*Лк. 10, 41, 42*)

«Кто из вас обличит Меня в неправде? Если же Я говорю истину, почему вы не верите Мне?» (*Ин. 8, 46*)

«Иисус сказал ей: Я есмь воскресение и жизнь; верующий в Меня, если и умрет, оживет». (*Ин. 11, 25*)

«Опять говорил Иисус к народу и сказал им: Я свет миру; кто последует за Мною, тот не будет ходить во тьме, но будет иметь свет жизни». (*Ин. 8, 12*)

«Доколе Я в мире, Я свет миру». (*Ин. 9, 5*)

«ибо Им создано всё, что на небесах и что на земле, видимое и невидимое: престолы ли, господства ли, начальства ли, власти ли, – все Им и для Него создано»; (*Кол. 1:16*)

«Ибо истинно говорю вам: доколе не прейдет небо и земля, ни одна иота или ни одна черта не прейдет из закона, пока не исполнится все». (*Мф. 5, 18*)

«Ибо тварь с надеждою ожидает откровения сынов Божиих, потому что тварь покорилась суете не добровольно, но по воле покорившего ее, в надежде, что и сама тварь освобождена будет от рабства тлению в свободу славы детей Божиих. Ибо знаем, что вся тварь совокупно стенает и мучится доныне; и не только она, но и мы сами, имея начаток Духа, и мы в себе стенаем, ожидая усыновления, искупления тела нашего». (*Рим. 8, 19–23*)

«Я с вами во все дни до скончания века». (*Мф. 28, 20*)

«… превыше всякого Начальства, и Власти, и Силы, и Господства, и всякого имени, именуемого не только в сем веке, но и в будущем, и все покорил под ноги Его, и поставил Его выше всего, главою Церкви, которая есть Тело Его, полнота Наполняющего все во всем». (*Еф. 1, 21–23*)

«И Он есть глава тела Церкви», (*Кол. 1, 18*)

«потому что муж есть глава жены, как и Христос глава Церкви, и Он же Спаситель тела». (*Еф. 5, 23*)

«доколе все придем в единство веры и познания Сына Божия, в мужа совершенного, в меру полного возраста Христова»; (*Еф. 4, 13*)

«ибо Им создано всё, что на небесах и что на земле, видимое и невидимое: престолы ли, господства ли, начальства ли, власти ли, – все Им и для Него создано»; (*Кол. 1, 16*) «но истинною любовью все возращали в Того, Который есть глава Христос, из Которого все тело, составляемое и совокупляемое посредством всяких взаимно скрепляющих связей, при действии в свою меру каждого члена, получает приращение для созидания самого себя в любви». (*Еф. 4, 15, 16*)

«чтобы поступали достойно Бога, во всем угождая Ему, принося плод во всяком деле благом и возрастая в познании Бога», (*Кол. 1, 10*)

«Но Сам Иисус не вверял Себя им, потому что знал всех и не имел нужды, чтобы кто засвидетельствовал о человеке, ибо Сам знал, что в человеке». (*Ин. 2, 24, 25*)

«чтобы и язычникам быть сонаследниками, составляющими одно тело, и сопричастниками обетования Его во Христе Иисусе посредством благовествования», (*Еф. 3, 6*)

«Ибо, как тело одно, но имеет многие члены, и все члены одного тела, хотя их и много, составляют одно тело, – так и Христос. Ибо все мы одним Духом крестились в одно тело, Иудеи или Еллины, рабы или свободные, и все напоены одним Духом». (*1Кор. 12, 12, 13*)

«потому что мы члены тела Его, от плоти Его и от костей Его». (*Еф. 5:30*)

«Верующий в Сына имеет жизнь вечную, а не верующий в Сына не увидит жизни, но гнев Божий пребывает на нем». (*Ин. 3, 36*)

«Истинно, истинно говорю вам: слушающий слово Мое и верующий в Пославшего Меня имеет жизнь вечную, и на суд не приходит, но перешел от смерти в жизнь». (*Ин. 5, 24*)

«Иисус сказал ей: Я есмь воскресение и жизнь; верующий в Меня, если и умрет, оживет. И всякий, живущий и верующий в Меня, не умрет вовек. Веришь ли сему?» (*Ин. 11, 25, 26*) «и все покорил под ноги Его, и поставил Его выше всего, главою Церкви, которая есть Тело Его, полнота Наполняющего все во всем». (*Еф. 1, 22, 23*)

«Ныне радуюсь в страданиях моих за вас и восполняю недостаток в плоти моей скорбей Христовых за Тело Его, которое есть *Церковь*», (*Кол. 1, 24*)

«ибо в Нем обитает вся полнота Божества телесно», (*Кол. 2, 9*)

«Для сего преклоняю колени мои пред Отцем Господа нашего Иисуса Христа, от Которого именуется всякое отечество на небесах и на земле, да даст вам, по богатству славы Своей, крепко утвердиться Духом Его во внутреннем человеке, верою вселиться Христу в сердца ваши, чтобы вы, укорененные и утвержденные в любви, могли постигнуть со всеми святыми, что широта и долгота, и глубина и высота, и уразуметь превосходящую разумение любовь Христову, дабы вам исполниться всею полнотою Божиею». (*Еф. 3, 14–19*)

«Ибо угодно Святому Духу и нам не возлагать на вас никакого бремени более, кроме сего необходимого: воздерживаться от идоложертвенного и крови, и удавленины, и блуда, и не делать другим того, чего себе не хотите. Соблюдая сие, хорошо сделаете. Будьте здравы». (*Деян. 15, 28, 29*)

«Так говорит Господь: проклят человек, который надеется на человека и плоть делает своею опорою, и которого сердце удаляется от Господа». (*Иер. 17, 5*)

«Вы – соль земли. Если же соль потеряет силу, то чем сделаешь ее соленою? Она уже ни к чему негодна, как разве выбросить ее вон на попрание людям». (*Мф. 5, 13*)

«Все чрез Него начало быть, и без Него ничто не начало быть, что начало быть». (*Ин. 1, 3*)

«слушающий слово Мое и верующий в Пославшего Меня имеет жизнь вечную, и на суд не приходит, но перешел от смерти в жизнь». (*Ин. 5, 24*)

«Благословен Бог и Отец Господа нашего Иисуса Христа, благословивший нас во Христе всяким духовным благословением в небесах», (*Еф. 1, 3*)

«Господин его сказал ему: хорошо, добрый и верный раб! в малом ты был верен, над многим тебя поставлю; войди в радость господина твоего». (*Мф. 25, 21*)

«твердая же пища свойственна совершенным, у которых чувства навыком приучены к различению добра и зла». (*Евр. 5:14*)

«чтобы не сделал нам ущерба сатана, ибо нам не безызвестны его умыслы». (*2Кор. 2:11*)

«Ибо тварь с надеждою ожидает откровения сынов Божиих, потому что тварь покорилась суете не добровольно, но по воле покорившего ее, в надежде, что и сама тварь освобождена будет от рабства тлению в свободу славы детей Божиих. Ибо знаем, что вся тварь совокупно стенает и мучится доныне; и не только она, но и мы сами, имея начаток Духа, и мы в себе стенаем, ожидая усыновления, искупления тела нашего». (*Рим. 8, 19–23*)

«чтобы и язычникам быть сонаследниками, составляющими одно тело, и сопричастниками обетования Его во Христе Иисусе посредством благовествования», (*Еф. 3, 6*)

«Я есмь истинная виноградная лоза, а Отец Мой – виноградарь. Всякую у Меня ветвь, не приносящую плода, Он отсекает; и всякую, приносящую плод, очищает, чтобы более принесла плода. Вы уже очищены через слово, которое Я проповедал вам. Пребудьте во Мне, и Я в вас. Как ветвь не может приносить плода сама собою, если не будет на лозе: так и вы, если не будете во Мне. Я есмь лоза, а вы ветви; кто пребывает во Мне, и Я в нем, тот приносит много плода; ибо без Меня не можете делать ничего. Кто не пребудет во Мне, извергнется вон, как ветвь, и засохнет; а такие ветви собирают и бросают в огонь, и они сгорают. Если пребудете во Мне и слова

Мои в вас пребудут, то, чего ни пожелаете, просите, и будет вам». (*Ин. 15, 1–7*)

«ибо Им создано всё, что на небесах и что на земле, видимое и невидимое: престолы ли, господства ли, начальства ли, власти ли, – все Им и для Него создано; и Он есть прежде всего, и все Им стоит. И Он есть глава тела Церкви; Он – начаток, первенец из мертвых, дабы иметь Ему во всем первенство», (*Кол. 1, 16–18*)

«доколе все придем в единство веры и познания Сына Божия, в мужа совершенного, в меру полного возраста Христова»; (*Еф. 4, 13*)

«для чего я и тружусь и подвизаюсь силою Его, действующею во мне могущественно». (*Кол. 1, 29*)

«и не держась главы, от которой все тело, составами и связями будучи соединяемо и скрепляемо, растет возрастом Божиим». (*Кол. 2, 19*)

«И вас, бывших некогда отчужденными и врагами, по расположению к злым делам, ныне примирил в теле Плоти Его, смертью Его, чтобы представить вас святыми и непорочными и неповинными пред Собою», (*Кол. 1, 21, 22*)

«И сказал Бог: да произрастит земля зелень, траву, сеющую семя «по роду и по подобию ее, и] дерево плодовитое, приносящее по роду своему плод, в котором семя его на земле…И сказал Бог: да произведет земля душу живую по роду ее, скотов, и гадов, и зверей земных по роду их. И стало так». (*Быт. 1, 11, 24*)

«ибо мы Им живем и движемся и существуем, как и некоторые из ваших стихотворцев говорили: «мы Его и род»». (*Деян. 17, 28*)

«Который есть образ Бога невидимого, рожденный прежде всякой твари»; (*Кол. 1, 15*)

«ибо в Нем обитает вся полнота Божества телесно», (*Кол. 2, 9*)

«Как от Божественной силы Его даровано нам все потребное для жизни и благочестия, через познание Призвавшего нас славою и благостию, которыми дарованы нам великие и драгоценные обетования, дабы вы через них соделались причастниками Божеского естества, удалившись от господствующего в мире растления похотью: то вы, прилагая к сему все старание, покажите в вере вашей добродетель, в добродетели рассудительность, в рассудительности воздержание, в воздержании терпение, в терпении благочестие, в благочестии братолюбие, в братолюбии любовь. Если это в вас есть и умножается, то вы не останетесь без успеха и плода в познании Господа нашего Иисуса Христа. А в ком нет сего, тот слеп, закрыл глаза, забыл об очищении прежних грехов своих». (*2Петр. 1, 3–9*)

«Вы же выслушайте значение притчи о сеятеле: ко всякому, слушающему слово о Царствии и не разумеющему, приходит лукавый и похищает посеянное в сердце его — вот кого означает посеянное при дороге. А посеянное на каменистых местах означает того, кто слышит слово и тотчас с радостью принимает его; но не имеет в себе корня и непостоянен: когда настанет скорбь или гонение за слово, тотчас соблазняется. А посеянное в тернии означает того, кто слышит слово, но забота века сего и обольщение богатства заглушает слово, и оно бывает бесплодно. Посеянное же на доброй земле означает слышащего слово и разумеющего, который и бывает плодоносен, так что иной приносит плод во сто крат, иной в шестьдесят, а иной в тридцать». (*Мф. 13, 18–23*)

«Истинно, истинно говорю вам: слушающий слово Мое и верующий в Пославшего Меня имеет жизнь вечную, и на суд не приходит, но перешел от смерти в жизнь. Истинно, истинно говорю вам: наступает время, и настало уже, когда мертвые услышат глас Сына Божия и, услышав, оживут. Ибо, как Отец имеет жизнь в Самом Себе, так и Сыну дал иметь жизнь в Самом Себе. И дал Ему власть производить и суд, потому что Он есть Сын Человеческий. Не дивитесь сему; ибо наступает время, в которое все, находящиеся в гробах, услышат глас Сына Божия; и изыдут творившие добро в воскресение жизни, а делавшие зло – в воскресение осуждения». (*Ин. 5, 24–29*)

«Истинно, истинно говорю вам: верующий в Меня имеет жизнь вечную». (*Ин. 6:47*)

«Подвизайся добрым подвигом веры, держись вечной жизни, к которой ты и призван, и исповедал доброе исповедание перед многими свидетелями». (*1Тим. 6, 12*)

«потому что наша брань не против крови и плоти, но против начальств, против властей, против мироправителей тьмы века сего, против духов злобы поднебесной». (*Еф. 6:12*)

«потому что плотские помышления суть вражда против Бога; ибо закону Божию не покоряются, да и не могут». (*Рим. 8:7*)

«Прелюбодеи и прелюбодейцы! не знаете ли, что дружба с миром есть вражда против Бога? Итак, кто хочет быть другом миру, тот становится врагом Богу». (*Иак. 4, 4*)

«И исполнилось слово Писания: «веровал Авраам Богу, и это вменилось ему в праведность, и он наречен другом Божиим»». (*Иак. 2, 23*)

«Вы друзья Мои, если исполняете то, что Я заповедую вам». (*Ин. 15:14*)

«Итак покоритесь Богу; противостаньте диаволу, и убежит от вас. Приблизьтесь к Богу, и приблизится к вам; очистите руки, грешники, исправьте сердца, двоедушные». (*Иак. 4, 7, 8*)

«Вы еще не до крови сражались, подвизаясь против греха», (*Евр. 12:4*) «твердая же пища свойственна совершенным, у которых чувства навыком приучены к различению добра и зла». (*Евр. 5, 14*)

«Духа Божия (и духа заблуждения) узнавайте так: всякий дух, который исповедует Иисуса Христа, пришедшего во плоти, есть от Бога; а всякий дух, который не исповедует Иисуса Христа, пришедшего во плоти, не есть от Бога, но это дух антихриста, о котором вы слышали, что он придет и теперь есть уже в мире». (*1Ин. 4, 2, 3*)

«Но кто вникнет в закон совершенный, закон свободы, и пребудет в нем, тот, будучи не слушателем забывчивым, но исполнителем дела, блажен будет в своем действии». (*Иак. 1, 25*)

«А тем, которые приняли Его, верующим во имя Его, дал власть быть чадами Божиими, которые ни от крови, ни от хотения плоти, ни от хотения мужа, но от Бога родились». (*Ин. 1, 12, 13*)

«Ваш отец диавол; и вы хотите исполнять похоти отца вашего. Он был человекоубийца от начала и не устоял в истине, ибо нет в нем истины. Когда говорит он ложь, говорит свое, ибо он лжец и отец лжи». (*Ин. 8:44*)

«Всякий, пребывающий в Нем, не согрешает; всякий согрешающий не видел Его и не познал Его». (*1Ин. 3, 6*)

«Кто делает грех, тот от диавола, потому что сначала диавол согрешил. Для сего-то и явился Сын Божий, чтобы разрушить дела диавола. Всякий, рожденный от Бога, не делает греха, потому что семя Его пребывает в нем; и он не может грешить, потому что рожден от Бога. Дети Божии и дети диавола узнаются так: всякий, не делающий правды, не есть от Бога, равно и не любящий брата своего». (*1Ин. 3, 8–10*)

«Возлюбленный! не подражай злу, но добру. Кто делает добро, тот от Бога; а делающий зло не видел Бога». (*3Ин. 1, 11*)

«Иисус отвечал им: истинно, истинно говорю вам: всякий, делающий грех, есть раб греха. Но раб не пребывает в доме вечно; сын пребывает вечно. Итак, если Сын освободит вас, то истинно свободны будете». (*Ин. 8, 34–36*)

«и уже не я живу, но живет во мне Христос. А что ныне живу во плоти, то живу верою в Сына Божия, возлюбившего меня и предавшего Себя за меня». (*Гал. 2, 20*)

«все вы, во Христа крестившиеся, во Христа облеклись». (*Гал. 3:27*)

«Течет ли из одного отверстия источника сладкая и горькая вода?» (*Иак.3:11*)

«познаете истину, и истина сделает вас свободными». (*Ин. 8, 32*)

«Мы умерли для греха: как же нам жить в нем? … Итак мы погреблись с Ним крещением в смерть, дабы, как Христос воскрес из мертвых славою Отца, так и нам ходить в обновленной жизни. …Так и вы почитайте себя мертвыми для греха, живыми же для Бога во Христе Иисусе, Господе нашем. Итак да не царствует грех в смертном вашем теле, чтобы вам повиноваться ему в похотях его; …Грех не должен над вами господствовать, ибо вы не под законом, но под благодатью…. Благодарение Богу, что вы, быв прежде рабами греха, от сердца стали послушны тому образу учения, которому предали себя. Освободившись же от греха, вы стали рабами праведности. Говорю по рассуждению человеческому, ради немощи плоти вашей. Как предавали вы члены ваши в рабы нечистоте и беззаконию на дела беззаконные, так ныне представьте члены ваши в рабы праведности на дела святые. Ибо, когда вы были рабами греха, тогда были свободны от праведности…. Но ныне, когда вы освободились от греха и стали рабами Богу, плод ваш есть святость, а конец – жизнь вечная. Ибо возмездие за грех – смерть, а дар Божий – жизнь вечная во Христе Иисусе, Господе нашем». (*Рим. 6, 2, 4, 11, 12, 14, 17–20, 22, 23*)

«потому что закон духа жизни во Христе Иисусе освободил меня от закона греха и смерти. …Ибо живущие по плоти о плотском помышляют, а живущие по духу – о духовном. Помышления плотские суть смерть, а помышления духовные – жизнь и мир, …Но вы не по плоти живете, а по духу, если только Дух Божий живет в вас. Если же кто Духа Христова не имеет, тот и не Его». (*Рим. 8, 2, 5, 6, 9*)

«и не сообразуйтесь с веком сим, но преобразуйтесь обновлением ума вашего, чтобы вам познавать, что есть воля Божия, благая, угодная и совершенная». (*Рим. 12, 2*)

«И потому я бегу не так, как на неверное, бьюсь не так, чтобы только бить воздух; но усмиряю и порабощаю тело мое, дабы, проповедуя другим, самому не остаться недостойным». (*1Кор. 9:26, 27*)

«Итак, умертвите земные члены ваши: блуд, нечистоту, страсть, злую похоть и любостяжание, которое есть идолослужение, …А теперь вы отложите все: гнев, ярость, злобу, злоречие, сквернословие уст ваших»; (*Кол. 3:5, 8*)

«Ибо тайна беззакония уже в действии, только не совершится до тех пор, пока не будет взят от среды удерживающий теперь». (*2Фес. 2, 7*)

«Итак, не будем спать, как и прочие, но будем бодрствовать и трезвиться. Ибо спящие спят ночью, и упивающиеся упиваются ночью». (*1Фес. 5:6, 7*)

«Пророчества не уничижайте. Все испытывайте, хорошего держитесь. Удерживайтесь от всякого рода зла». (*1Фес. 5, 20–22*)

«Юношеских похотей убегай, а держись правды, веры, любви, мира со всеми призывающими Господа от чистого сердца». (*2Фес. 2, 22*)

«Пишу вам, отцы, потому что вы познали Сущего от начала. Пишу вам, юноши, потому что вы победили лукавого. Пишу вам, отроки, потому что вы познали Отца. Я написал вам, отцы, потому что вы познали Безначального. Я написал вам, юноши, потому что вы сильны, и слово Божие пребывает в вас, и вы победили лукавого». (*1Ин. 2, 13, 14*)

«Кто побеждает мир, как не тот, кто верует, что Иисус есть Сын Божий?... Знаем также, что Сын Божий пришел и дал нам свет и разум, да познаем Бога истинного и да будем в истинном Сыне Его Иисусе Христе. Сей есть истинный Бог и жизнь вечная». (*1Ин. 5:5, 20*)

«После сего Иисус пошел в город, называемый Наин; и с Ним шли многие из учеников Его и множество народа. Когда же Он приблизился к городским воротам, тут выносили умершего, единственного сына у матери, а она была вдова; и много народа шло с нею из города. Увидев ее, Господь сжалился над нею и сказал ей: не плачь. И, подойдя, прикоснулся к одру; несшие остановились, и Он сказал: юноша! тебе говорю, встань! Мертвый, поднявшись, сел и стал говорить; и отдал его Иисус матери его». (*Лк. 7, 11–15*)

«От шестого же часа тьма была по всей земле до часа девятого»; (*Мф. 27, 45*)

«и померкло солнце, и завеса в храме раздралась по средине. Иисус, возгласив громким голосом, сказал: Отче! в руки Твои предаю дух Мой. И, сие сказав, испустил дух». (*Лк. 23, 45, 46*)

«И вот, завеса в храме раздралась надвое, сверху донизу; и земля потряслась; и камни расселись; и гробы отверзлись; и многие тела усопших святых воскресли» (*Мф. 27, 51, 52*)

«...истинно говорю вам: так как вы сделали это одному из сих братьев Моих меньших, то сделали Мне». (*Мф. 25, 40*)

«Тогда скажет им в ответ: истинно говорю вам: так как вы не сделали этого одному из сих меньших, то не сделали Мне». (*Мф. 25, 45*)

«А согрешая таким образом против братьев и уязвляя немощную совесть их, вы согрешаете против Христа». (*1Кор. 8, 12*)

II. РАДОСТИ И ГОРЕСТИ, МЫСЛИ И ОЩУЩЕНИЯ МОЙ РАЙ И МОЙ АД (СМЫСЛ ЖИЗНИ И МИРА)

На Рождество «Слово плоть бысть»[50](*Ин. 1, 14*). Это первое и величайшее благовестие. Величайшее благовестие, которое Бог мог дать человеку и небо – земле. Если хотите, все Евангелие неба и земли состоит из этих трех слов: «Слово плоть бысть». Без них и вне их для человека нет благовестия ни в этом, ни в ином мире. В этих словах все, что вечно необходимо человеческому существу во всех мирах.

Единственная благая весть для материи во всех видах ее существования, для самой твердой и плотной в алмазе и для самой таинственной и самой невидимой в праэлектроне и фотоне.

«Слово плоть бысть»: Слово стало Боготелом, но при этом ни Бог не перестал быть Богом, ни тело не перестало быть телом. Тело в таинственном единстве с Богом живет и сияет всеми совершенствами Божиими.

«Слово плоть бысть» – это значит, Слово стало душою, Богодушою, но при этом Бог остается Богом и душа – душою. И душа идет путями вечных и радостных таинств Божиих во всех видимых и невидимых мирах.

«Слово плоть бысть» значит и то, что Слово стало ощущением, Богоощущением. При этом Бог не перестает быть Богом, став человеческим ощущением, но и ощущения остаются человеческими ощущениями, с той лишь разницей, что они все роскошные бесконечности Божии воспринимают как свои.

«Слово плоть бысть» значит еще и то, что Слово стало тварью, Боготварью. При этом природа Бога не утратила свои божественные свойства, так же, как и природа твари не утратила свои тварные свойства. Только тварь проходит через чудесное преображение, ведущее из славы в славу.

«Слово плоть бысть», в конце концов, это значит, что Слово стало человеком, совершенным человеком, Богочеловеком. При этом Бог остается в Своих границах, а человек в своих, хотя они теснейшим образом нераздельно соединены. Только все несказанные совершенства Божии претворяются человеком в свои, и он приобретает божественную вечность и божественную славу.

Бог Слово стал человеком, дабы человека вернуть к его первообразу, к его Творцу, ведь человек в праначале был сотворен Богом Словом со всеми свойствами логосности (*Быт. 1, 27*; *Ин. 1, 9*). Бог Слово стал плотью, дабы возвратить тело к его первобытной логосности, ведь все, что есть, состоялось через Бога Слово (*Ин. 1, 3, Кол. 1, 16*). Раз Бог Слово – Творец всех тварных существ, то Он и основание всецелого мироздания. Грех и зло составляют трагическую попытку и бессмысленную затею человека отстранить Бога Слово от основания вселенной.

Бог Слово воплотился, чтобы вернуть тварь к Творцу, к Тому, Кто есть ее действительный фундамент и основа. Поэтому святой апостол божественно прав, когда благовествует, что Богочеловек Христос – единственный прочный и неразрушимый фундамент, что иного основания никто положить не может (*1Кор. 3, 11*). Созидающий на Нем, на этом нерушимом камне вселенной, – мудрый человек, личность его ологосена, то есть навеки соединена со всеми вечными свойствами Бога Слова, потому и остается нерушимой во всех бурях и грозах человеческих хаосов и потрясений (*Мф. 7, 24–25*; *Рим. 8, 35–39*).

Своим вочеловечением Бог Слово показал, что логосность – это природа нашей природы, фундамент нашего человеческого существа, основание человеческой жизни и бытия. Наше происхождение – от Бога, потому и существо наше, и жизнь наша, и существование наше зависят всецело от Бога (*Деян. 17, 28*; *1Кор. 3, 1–4*). В самом деле, в соответствии о своим первообразом и по своей внутренней сущности вся тварь – от Слова и ради Слова (*1Кор. 1, 16–17*). С Ним, через Него и Им все возвращается к своему логосному состоянию и существованию: к своей первобытной чистоте, красоте и силе, к своему «да будет» и «бысть», к своему раю. Ведь рай – в Слове, а вне его – ад.

Ощущение!.. Скажите, что это за тайна такая во мне – ощущение? Кто знает, какие загадки и какие таинства Бог соединил, спаял и слил в том, что мы называем ощущением?.. Ощущение – дивный и страшный дар. Им рай – рай и ад – ад; им боль – боль и блаженство – блаженство; им печаль – печаль и радость – радость; им отчаяние – отчаяние и восхищение – восхищение.

Логосность – первобытное состояние ощущения. Изымите ее из ощущения, и оно превратится в ад. Ведь что такое ад? Это ощущение без Бога Слова; ощущение, из которого вытеснен Бог. А рай? Ощущение Бога, ощущение, пронизанное и исполненное Богом Словом. В действительности, ад – это обезбоженное, «чистое ощущение», а рай – ологосенное, и охристовленное, обогочеловеченное ощущение.

Бог Слово стал человеком, чтобы возвратить человеческие ощущения к первобытной логосности, вытесненной грехом. В вочеловечившемся Боге Слове наше ощущение возвращается к своей боголикости, христоликости и духоликости. Своей самой интимной тайной человеческое чувство исчезает в бездонных глубинах Трисолнечного Бога и Господа. А это значит, оно полноценно и совершенно только тогда, когда преобразится в Богоощущение, в Христоощущение, в Духоощущение. Бог Слово стал человеком, чтобы ологосить человеческое ощущение. Возвращаясь к логосности, человеческое ощущение освобождается от греха, безумия, сумасшествия, смерти. И таким образом приходит в себя, приходит к своей прасущности. Тогда самоощущение и преисполняется богоощущением, христоощущением.

Человеческое ощущение – в истинном смысле ощущение только Богом, Христом, то есть Богоощущением, Христоощущением. Без Бога Слова оно безумствует, корчится и умирает в страстях, в грехах, в бреду, в бессмыслии, в бесновании, в отчаянии, в эгоизме, в вечном существовании и вечной нереализованности. Всегда пытаясь осуществиться, оно никогда не осуществляется действительно, цельно. Обезбоженное, обессмысленное человеческое чувство всегда умирает и никак не может умереть. Это самый евангельский червь, который не умирает, и огонь, который не угасает, – ад. (*Мк. 9, 44*).

Мысль!.. Какая непонятная тайна таится в природе человеческой мысли! Мы знаем одно: она настолько непонятна, что у человека мороз проходит по коже, лишь только он начинает думать о мысли. Дух человеческий сходит с ума в поисках происхождения и природы человеческой мысли, если не прибегнет к Слову, к Богочеловеку Христу, в Котором в единственном эта тайна сладостна. Оторванная от Бога Слова, человеческая мысль не имеет своего смысла, своего логоса, так как мысль в прасущности своей имеет логосный характер.

Для меня мысль, всякая мысль – это величайшая мука из существующих под небом, до тех пор пока она не вырвется в Богомыслие, в Христомыслие, то есть пока не ологосится, не наполнится смыслом. Действительно, мысль – это ад, если она не преображается в Христомыслие. Без Логоса человеческая мысль постоянно находится в алогосном бреду, в горячке, в сатанинском бессмысленном самооправдании, в сатанинском «мысль ради мысли», подобно «искусство ради искусства».

Человеческая мысль безумствует грехом. Как и ощущение. Божественный врач и лекарство от этого безумия – Богочеловек, ведь только Он – вочеловечившийся Бог Слово. В Нем и Им человеческой мысли обеспечено и гарантировано бесконечное божественное совершенствование. Он для того и стал человеком, чтобы вся эта планета, ведомая голой «чистой» человеческой мыслью, не превратилась бы окончательно и бесповоротно во всеобщий сумасшедший дом. Заметьте, как только европейский континент удаляется от воплощенного Бога Слова, от тонет в бесчеловечности, в безумии, в культурном людоедстве, во всеубийственных войнах. Человек пожирает человека, нация – нацию, раса – расу.

Душа человеческая!.. О тайна из тайн, о чудо из чудес! Сердца всех паломников вечности разбиваются около нее. Люди живут душой, а не знают, что такое душа. Разве это не мука для духа? Мука, до тех пор пока Бог Слово не стал человеком, а тем самым, и душою. И тайна души открылась нам: это Слово. От Него ее происхождение, ее естество, ее первообраз; и в Нем ее смысл, ее блаженство, ее вечность, ее рай. Поэтому она в самом сокровенном своем тайнике христолюбива, боголюбива.

В вочеловечившемся Боге Слове душа нашла себе и своего Творца, почему чудесный Богочеловек и возвестил благую весть: «Иже аще погубит душу свою мене ради, обрящет ю»[51] (*Мф. 16, 25*). То есть обретет ее сущность, ее смысл, ее ценность, ее рай, ее вечность, ее блаженство. Не соединенная с Богом Словом, душа находится вне себя. В вечном заблуждении и бессмысленном кружении из греха в грех, из страсти в страсть, из муки в муку. А это и есть ад с его страхами и ужасами.

Тело человеческое!.. Это чудовищная мастерская, которая воду претворяет в кровь, воздух в кости, хлеб в мясо, траву в минералы, минералы в жидкость! Невиданная мастерская чудес. Природных, не так ли? Да и что в природе не чудо?! Некий невидимый механизм, некий чудотворный мастер управляет этой необычной мастерской, которую мы называем телом. Он заключен в теле, а мы его не видим. Дела его видим, а его самого нет. Словно он хочет как можно полнее скрыться за своими делами.

Тело!.. Бог задал нам бесчисленные загадки, создав его таким, каково оно есть. В его грязь Он обернул Свое божественное золото. И оставил его на этой покрытой копотью звезде. И чудо прибавил к чуду: «Слово плоть бысть!» Этим он возвеличил тело превыше Ангелов и Архангелов. Осветил его и объяснил, провозгласив: «Тело же не блужению, но Господеви»[52] (*1Кор. 6, 13*). Доказательство? Господь вознесся на небо с плотию и вовеки будет пребывать с ней и в ней. Залог? Воскресение тела Христова, а наших тел в Судный день. А всеценность и логосность тела как раз в том и состоит, что «Слово плоть бысть» и вечно остается во плоти.

Человек!.. Все творения немеют перед этим самым необычным чудом во всех мирах. Бог как бы собрал чудеса из всех своих миров, слил их воедино, и получился человек. Душою Он связал его с миром духовным, а телом – с миром вещественным и отпустил его в эту жизнь. И человека в равной мере манят и таинства духовного мира, и чары вещественного мира. Человек, как трос, натянут всем своим существом между двумя мирами. Поэтому тайна человеческого существа превращала человеческую мысль о человеке в вопль, в спазм, в стон, в плач и причитание над человеком. Так было, пока Слово не стало человеком. Став же человеком, Бог Слово объяснил человека человеку и наполнил его жизнь смыслом в этом и в ином мире.

Человек только Богочеловеком возвращается к себе, ведь в основании своего многостороннего существа он логосен. Нет человека, которого не освещает Слово при входе в этот мир и в эту жизнь (*Ин. 1, 9*). Все человеческое, до тех пор пока не возвратится к Богочеловеку, до тех пор пока не ологосится, не обогочеловечится, бессмысленно и в своей основе нечеловечно. Ведь человек – настоящий человек только Богочеловеком и в Богочеловеке. Абсолютная цель вочеловечения Слова в том и состоит, чтобы ологосить и обожить человека во всем его существе. Бог Слово стал человеком, чтобы ологосить человека: и его душу, и его тело, и мысль его, и его ощущения, и все, что делает человека человеком. Без этого и наша душа, и наше тело, и наша мысль, и наше ощущение – это ужасы, чудовища, страшилища. Зачем они нам? Чтобы мы цепенели, чтобы мы немели, чтобы мы замирали перед лицом смерти и всего жизненного хаоса?..

Ввиду всего этого рождение Бога Слова во плоти, Рождество, – праздник дивный и чудесный по своему величию, таинственности, всесмыслу. Празднуя Рождество, мы на самом деле празднуем и прославляем единственный истинный смысл человеческого существа, человеческого духа, человеческого ощущения, человеческой жизни. Ведь на Рождество «возсия мирови свет разума», воссиял миру свет божественного разума, божественного ведения, божественного смысла и залил Собою весь этот мир от края и до края. Залил и осветил нам вечный смысл этого мира и человека в нем.

На Рождество нам открылась и наполнилась смыслом тайна человека, и тайна земли, и тайна неба над землею. И человек нам мил, ибо стал человеком Слова, и потому логосным; и душа человеческая нам мила, ибо стала душою Слова, и потому логосной; и мысль человека нам мила, ибо стала мыслью Слова, и потому логосной; и ощущение человека нам мило, ибо стало ощущением Слова, и потому логосным; и жизнь человеческая нам мила, ибо стала жизнью Слова, и потому логосной, и мир нам мил, ибо стал миром Слова, и потому логосным; и небо нам мило, ибо стало небом Слова, и потому логосным.

Рождением на этот свет Слова во плоти рожден весь Бог, вся Истина Божия, все Добро Божие, вся Милость Божия, поэтому все алчущие и жаждущие Бога и Его Правды в сладостном восхищении и безграничной радости возглашают всем существам и тварям: «Христос родился!» А из христолюбивых глубин существ и тварей, сотрясая все кругом, раздается бурный ответ: «Воистину родился!»

СКОРБНО И ДЛЯ ХЕРУВИМСКИХ СЕРДЕЦ

Ни в одном мире нет ничего страшнее человека, ведь нет ничего бесконечнее. У всякого создания, имеющего силы думать о человеке, начинает кружиться голова. Размышления о человеке тягостны и для ангельских умов, скорбны и для херувимских сердец. Человеческому существу нигде нет предела. Если же он и имеется, то этот предел – беспредельность. Со всех сторон человек окружен бесконечностями. Границы человеческого существа? Он, одни бесконечности…

Что есть человек? Мешок кровавой грязи, и в нем закваска всех бесконечностей. Возводя себя на высоту, человек исчезает в божественной беспредельности; низводя в пучину, тонет в демоническом беспределе. Человек? Маленький бог в грязи, иногда – демон в роскошном убранстве. Нет более естественного принципа: будьте совершенны, как Бог (*Мф. 5, 48*)! Ибо нет никакой более страшной реальности, чем влюбленность человека в зло и в его бездны.

Горестны человеческие бесконечности. Кто только не отравлялся ими, прежде чем их ощутить и осознать ощущением? Если ты погрузился в человеческие бесконечности вместе с многострадальны Иовом, твое сердце должно было бы расплавиться от боли. Если бы ты погрузился в них с Шекспиром, то должен был бы впасть в горячку и припасть своей измученной душой – к чьей груди?..

Бесконечности человека ядовиты. Если бы их не усладил Единый Сладчайший, разве даже мало-мальски чувствующий и мыслящий человек не закончил бы жизнь самоубийством? Да, самоубийством, которым бы уничтожил все эти бесчисленные беспредельности и освободил бы себя от отравляющего и бессмысленного существования.

Будем откровенны до конца: если бы чудесный Господь Христос не воскрес и светом Своего воскресения не осветил и не наполнил смыслом человеческую беспредельность, кто не считал бы Творца такого существа, как человек, проклятым тираном? А Единый Сладчайший кротко ступает от человеческого сердца к сердцу и божественною нежностью услащает горькую тайну человеческого существа и Собою преисполняет его бесконечности. Потому-то Христову человеку и милы все человеческие бесконечности. Для него в них нет страха, ведь они все исполнены Божественным Словом, Божественным Смыслом, Божественным Всесмыслом.

Воскресение Христово – это величайшее потрясение в сфере человеческой жизни. Центр человеческой жизни воскресением перенесен из смерти в бессмертие, из времени в вечность. Из геоцентричного человек стал ураноцентричным существом. Земля стала временной обителью человека, а небо – вечной. Но и на земле Христов человек живет небом и по законам неба. В бессмертие люди входят только через двери воскресения Христова.

Где же центр человеческого существа? В воскресшем и вознесшемся Господе Христе, «седящем одесную Бога» (*Кол. 3, 1*). С воскресшим Богочеловеком вечность стала новой категорией человеческой жизни. Христианин – тем и христианин, что живет силою Воскресения и по законам Воскресения (*1Кор. 15, 29–34*). А это значит, живет вечностью и ради вечности, ведь и тело, и душа созданы для вечности, для богочеловечности. Это самый драгоценный дар роду человеческому от чудесного Спасителя – стяжание вечности временной жизнью, преодоление смерти бессмертием.

Вера в Господа Христа дает человеку силы, чтобы еще в этом мире греха и смерти преодолеть грех и смерть святостью и преисполнить себя бессмертием и вечностью. Евангельская вера совоплощает человека Христу, делает его причастником всего Христова, и он воспринимает все Христово как свое: и Его рождение, и Его преображение, и Его страдание, и Его воскресение, и Его вознесение. И на нем исполняется чудесное благовестие: «живу же не ктому аз, но живет во мне Христос»[53](*Гал. 2, 20*). Во всяком христианине продолжается богочеловеческая жизнь Христова. Христианин божественною силою и благодатью уравнивается со Христом в жизни, в мыслях, в желаниях, в делах; по словам святого *Иоанна Златоуста*, «(христианин) имеет все то же, что и Христос».

Основная обязанность христианина – в мире времени и пространства жить Христовым бессмертием и вечностью. Если он мыслит мысль, силою воскресшего и вечно живого Господа, он претворяет ее в христомыслие, ощущение претворяет в христоощущение. Всем своим существом он ищет одного: быть там же, где и воскресший Господь. По слову святого апостола, «Аще убо воскреснусте со Христом, вышних ищите, идеже есть Христос одесную Бога седя» (*Кол. 3, 1*). И мыслями, и ощущениями, и желаниями возвышайтесь превыше мира, превыше всех небес, превыше всех Ангел и Архангел, туда, где Христос сидит одесную Бога. Все человеческое спасается от бренности и смерти Богочеловеком.

Есть ли какая бессмертная человеческая мысль, есть ли какое желание, какое ощущение? Только мысль Христова, только желание Христово, только ощущение Христово. Человек – тогда христианин, когда Христом мыслит, когда Христом чувствует, когда Христом желает (*Флп. 2, 5*). В христианских желаниях, и чувствах, и мыслях нет ничего смертного и нечистого, ведь христианин исполняет евангельский совет мыслить о том, что «горе»[54], а не о том, что на земле (*Кол. 3, 2*).

Насколько человек оживляет себя Христом, настолько он умирает стихиям мира (*Кол. 2, 20*), то есть грехам, страстям и порокам. Христианин убивает смерть в себе самом и вокруг себя, если живет добром Христовым. Как могут привлекать земные прелести, и почести, и страсти того, кто живет Христовым бессмертием одесную Бога? Земля – это грязная песчинка, если посмотреть на нее оком Христовой вечности. Вся многосторонняя и бескрайняя жизнь христианская главной своею тайною сокровенна с Христом в Боге (*Кол. 3, 3*)

Живя силой воскресшего Господа Иисуса, христианин умерщвляет в себе не только все страсти и грехи, но и все грехолюбивые мысли, грехолюбивые желания, грехолюбивые ощущения. Нет сомнений, тот человек, который живет в нечистотах, далек от всечистого Господа Христа. Прикосновение ко Всечистому неминуемо вводит человека в беспощадную борьбу со всеми грехами и страстями. И он до кровавого пота борется с собою, умерщвляя в себе скверные мысли, злые желания, сладострастные настроения (*Кол. 3, 5*). В нем не остается бесконечности, из которой бы он не изгнал фантастические фантасмагории соблазнительных земных прелестей и не вырвал чудовища прирученных страстей. В нем все неустрашимо борется, чтобы умертвить стремление к скверному.

Бог дал человеку тело, чтобы тот обожил его Богом, чтобы обессмертил его Бессмертным, чтобы увековечил его Вечным. Чувства даны телу, чтобы послужить его обожению и обессмерчиванию. И все это достигается деятельностью души в теле. Когда око взирает не на бренное и смертное, а на непреходящее и бессмертное, оно исполняет тело бессмертием; когда слух обращен вниманием не к земному и грязному, а к небесному и чистому, он исполняет тело вечностью; когда уста не говорят ни о чем гадком и соблазнительном, но только о вечном и непреходящем, они исполняют свое божественное назначение; когда рука не совершает ничего скверного, но только доброе и похвальное, она способствует человеческому обессмерчиванию и обожению.

Призвание христианина – не допускать грехам и страстям быть действенными силами в его мыслях, ощущениях, желаниях и делах. Господь Христос дает человеку силы не только вытеснять все грехи и страсти из всех бездн своего существа, но и легко, как одежду, скинуть их с себя. Это и означают слова Апостола: «совлекшеся ветхаго человека с деяньми его»[55] (*Кол. 3, 9*). А дела его суть «гнев, ярость, злоба, хуление, срамословие», ложь, блуд, нечистота, сладострастие, лихоимство, идолопоклонство (*Кол. 3, 8–9; Еф. 4, 22*). Вытесняя из себя все грехи, человек вытесняет все смерти, ведь всякий грех – малая смерть.

Зло вытесняется добром, ненависть – любовью, гордость – смирением, блуд – постом, сладострастие – молитвою. Одним словом, пороки вытесняются добродетелями. В этой борьбе с грехами и пороками христианин обретает всепобеждающую силу от Господа Всепобедителя, обновляет себя Им, пока наконец не явится как новый человек, христоликий человек, чье существо соткано из доброты, милосердия, смирения, кротости, терпения, великодушия, вселюбви (*Кол. 3, 10–14*). Этот новый христоликий человек не стареет, но чем дольше он живет, тем больше молодеет. «Чем дольше живет, тем все более приближается не к старости, а к молодости, которая лучше всякой молодости». Новый человек обновляется по облику Создавшего его, то есть по облику Христа. А Господь Христос не стареет, ибо не сотворил греха. Грех – это единственная сила, которая, по словам блаженного Феофилакта, «старит человека и растлевает. И мы, созданные Им по образу Его, должны отсекать от себя всякое греховное растление и старение». «Только жизнь в добродетели омолаживает навеки; хотя видимо мы стареем, духовно мы расцветаем».

Практикуя Христовы добродетели, человек постепенно приобретает облик Христов, постепенно обновляется и обессмерчивается, ведь всякой добродетелью он понемногу воскрешает себя из смерти в бессмертие, пока весь не погрузится в жизнь вечную, сокровенную со Христом в Боге (*Кол. 3, 3*). Суть в одном подвиге – подвиге избавления от греха, а через него и в оживотворении, воскресении, обессмерчивании, охристоличении. Всеми стремлениями своего существа христианин входит в богочеловеческую жизнь Господа Христа. Этот богочеловеческий витализм не имеет ничего общего с иссушающим философским витализмом или геккелевским вульгарным зоологизмом. В нем источник всежизни – Трисолнечный Бог.

Все нам свидетельствует, что воскресение Христово – это всеохватный этический подвиг и принцип. Христианин весь вступает на подвиг воскрешения себя Христом. Его самоощущение постепенно разрастается во всеощущение, христоликой любовью охватывающее все миры, все существа во всех мирах. И радостно всякий день и всякую ночь он в бескрайнем восхищении восклицает, обращаясь к ним: «Христос воскресе!» Пока все миры, сотрясая все вокруг, не прогремят: «Воистину воскресе!»

ОСУЖДЕННЫЕ НА БЕССМЕРТИЕ

Люди осудили Бога на смерть; Своим воскресением Он их осуждает на бессмертие. За удары он воздает объятиями, за оскорбления – благословением, за смерть – бессмертием. Никогда люди не являли себя более ненавидящими Бога, чем тогда, когда распяли Его; и никогда Бог не показывал большей любви к людям, чем тогда, когда воскрес. Люди желали сделать Бога смертным, но Бог Своим воскресением соделал людей бессмертными. Воскрес распятый Бог и убил смерть. Смерти больше не существует. Бессмертие окружило человека и все его миры.

Воскресением Христовым человеческая природа неотвратимо пошла путем бессмертия и стала страшна даже и для самой смерти. Ибо до воскресения Христова смерть была страшна человеку, а после воскресения Христова человек стал страшен для смерти. Если человек живет верою в воскресшего Богочеловека, он живет выше смерти, недостижимый для нее; она подножие его ногам. «Где ти, смерте, жало? Где ти, аде, победа?» (*1Кор. 15, 55*). Когда Христов человек умирает, он просто оставляет тело, как одежду, в которую он опять облечется в день Страшного суда.

Смерть до воскресения Богочеловека была второй природой человека; жизнь – первой, а смерть – второй. Человек привык к смерти, как к чему-то естественному.

Но Своим воскресением Господь все изменил: бессмертие стало второй природой человека, стало естественным для человека, а смерть – неестественной. Как до Христова воскресения было естественным для людей быть смертными, так после Его воскресения для людей стало естественным быть бессмертными. Грехом человек стал смертным и преходящим; воскресением Богочеловека – бессмертным и вечным. В этом и сила, и мощь, и всесилие Христова воскресения. Без него не было бы христианства. Это величайшее чудо из чудес. Все остальные чудеса проистекают из него и сводятся к нему. Из него происходит и вера, и любовь, и надежда, и молитва, и боголюбие, и братолюбие. Посмотри, ученики – беглецы, разбежавшиеся от Иисуса, когда Он умер, вернулись, когда Он воскрес. Посмотри, сотник исповедал Христа как Сына Божия, когда увидел «воскресших из гробов» (*Мф. 27, 52*). Смотри, все первые христиане стали христианами, потому что Господь Иисус воскрес, потому что Он победил смерть. Это то, чего не имеет ни одна иная вера; то, что Господа Христа возводит превыше всех богов и людей; то, что самым несомненным образом показывает и доказывает, что Иисус Христос – единый истинный Бог и Господь во всех мирах.

Благодаря Христову воскресению, благодаря Его победе над смертью люди становились, становятся и всегда будут становиться христианами. Вся история христианства не что иное, как история одного-единственного чуда, чуда воскресения Христова, которое непрестанно продолжается во всех христианских сердцах изо дня в день, из года в год, из века в век до Страшного суда.

Человек по-настоящему рождается не тогда, когда мать его рождает на свет, но когда он поверит в воскресшего Господа Христа, ведь только тогда он рождается для жизни бессмертной и вечной, а мать рождает ребенка для смерти, для гроба. Воскресение Христово – матерь всех нас, всех христиан, матерь бессмертных. Верою в Воскресение человек рождается заново, рождается для вечности. «Это невозможно!» – замечает сомневающийся. Но послушайте, что говорит воскресший Богочеловек: «вся возможна верующему!» (*Мк. 9, 23*). А верует тот, кто всем сердцем, всею душою, всем существом своим живет по Евангелию воскресшего Господа Иисуса. Вера – это наша победа, которою мы побеждаем смерть.

Вера в воскресшего Господа Иисуса. «Где ти, смерте, жало?» (*1Кор. 15, 55*). А жало смерти – грех. Воскресением Своим Господь «притупил жало смерти». Смерть – змея, а грех – ее жало. Через грех смерть источает яд в душу и тело человека. Чем больше грехов имеет человек, тем больше жало, через которое смерть источает на него свой яд.

Когда оса жалит человека, он всеми силами старается удалить ее жало. А когда грех уязвляет жалом смерти, что необходимо предпринять? Нужно с верою и молитвою призвать воскресшего Господа Иисуса, чтобы Он изъял жало смерти из души человека, и Он всемилостиво сделает это, ибо богат милостью и любовью. Когда многие осы нападают на тело человека и изжаливают его, то тело отравляется и умирает; также бывает и с душою человеческою: когда многие грехи исколют ее своими жалами, она отравляется и умирает смертью без воскресения.

Христом побеждая в себе грех, человек побеждает смерть. Если ты прожил день и не победил ни одного своего греха, знай: ты стал более смертным. Если же ты победишь один, два, три своих греха, смотри, ты помолодел молодостью, которая не старится, помолодел бессмертием и вечностью. Никогда не забывай: веровать в воскресшего Господа Христа – значит вести непрестанную борьбу с грехами, со злом, со смертью.

То, что человек действительно верует в воскресшего Господа, он доказывает, борясь с грехами и страстями. Если он борется с ними, то борется за бессмертие и жизнь вечную. Если же не борется, тогда тщетна и вера его. Не является ли вера человеческая борьбой за бессмертие и вечность? Тогда скажи мне, в чем она состоит? Если верою в Христа не достигается воскресение и победа над смертью, тогда на что она нам? Если Христос не восстал, значит, грех не побежден, смерть не побеждена. Если же ни грех, ни смерть не побеждены, тогда зачем же верить во Христа? Кто верою в воскресшего Господа борется со всяким своим грехом, тот постепенно укрепляет в себе чувство, что Господь действительно воскрес, действительно притупил жало греха, действительно победил смерть на всех полях сражений.

Грех постепенно умаляет душу в человеке, стирает ее в смерть, претворяет ее из бессмертной в смертную, из непреходящей в бренную. Чем больше грехов, тем человек более смертен. Если человек не ощущает себя бессмертным, знай: он весь в грехах, весь в недалеких мыслях, весь в поблекших ощущениях. Христианство – это призыв бороться со смертью до последнего вздоха, бороться до окончательной победы над нею. Всякий грех – отступление, всякая страсть – бегство, всякий порок – поражение.

Не надо удивляться тому, что и христиане умирают телом. Телесная смерть – это сеяние. «Сеется тело смертное», – говорит святой апостол Павел, и прорастает, всходит и вырастает в тело бессмертное (*1Кор. 15, 44*). Как посеянное семя, тело разлагается, чтобы его оживил и усовершил Дух Святый. Если бы Господь Христос не воскрес плотию, какую бы пользу имела она от Него? Другими словами, Он не спас бы всего человека. Если тело не воскресло, зачем же Он тогда воплощался, зачем принимал на Себя плоть, раз ничего не даровал ей от Своего Божества?

Если Христос не воскресал, тогда зачем верить в Него? Скажу честно, я бы никогда не поверил в Христа, если бы Он не воскрес и не победил смерть. Он победил нашего самого страшного врага и даровал нам бессмертие; без этого этот мир – шумная выставка отвратительных бессмыслиц. Только Своим славным воскресением чудесный Господь нас освободил от бессмысленности и отчаяния, ведь ни на небе, ни под небом нет большей бессмыслицы, чем этот мир без воскресения, и нет большего отчаяния, чем эта жизнь без бессмертия. И ни в одном мире нет более несчастного существа, чем человек, который не верует в воскресение мертвых. Лучше было бы такому человеку и не рождаться на свет… (*Мф. 26, 24*)

В нашем человеческом мире смерть – величайшая мука и жесточайший ужас. Освобождение от этой муки и от этого ужаса и есть спасение. Такое спасение подарил роду человеческому единственный Победитель смерти – воскресший Богочеловек. Он Своим воскресением раскрыл перед нами всю тайну спасения. Спастись – значит обеспечить бессмертие и жизнь вечную своему телу и своей душе. Чем же это достигается? Ничем иным, как богочеловеческой жизнью, новою жизнью, жизнью в воскресшем Господе и ради воскресшего Господа.

Для нас, христиан, эта жизнь на земле – школа, в которой мы учимся, как можно обеспечить себе жизнь вечную и бессмертие. Ибо какая нам польза от этой жизни, если мы не можем ею приобрести жизнь вечную? Но чтобы с Господом Христом воскреснуть, прежде человек должен с Ним пострадать и Его жизнь прожить, как свою. Совершив это, на Пасху человек сможет сказать вместе со святым *Григорием Богословом*: «Вчера я распинался со Христом, ныне прославляюсь с Ним; вчера умирал с Ним, ныне оживаю; вчера спогребался, ныне совоскресаю».

Всего в четырех словах собраны четыре Христовых Евангелия. Это слова: «Христос воскресе!» – «Воистину воскресе!» ...В каждом слове по Евангелию, а в четырех Евангелиях – весь смысл всех миров Божиих, видимых и невидимых. И когда все ощущения человека и все мысли собираются в гром воскресного приветствия «Христос воскресе!», тогда радость бессмертия потрясает все существа, и они восхищенно отзываются грохотом чудесного пасхального ответа: «Воистину воскресе!»

ВОПЛЬ О ХРИСТЕ

Без святителя нет просветителя, без святости нет просвещения; без просветления нет просвещения. Только святитель является настоящим просветителем, только святость несет в себе настоящий свет. Истинная просвещенность не что иное, как сияние святости; только святители истинно просвещены. Святость живет и дышит светом, сияет и действует светом. Освящая, она в то же время и осветляет, и просвещает. Просвещение как раз и означает просветление, ведь происходит от одного церковно-славянского слова: «свет», аналогично греческим… Следовательно, просвещение на самом деле значит просветление, просветление через освящение Духом Святым как Носителем и Творцом святости и света. Освященные и просвещенные Духом Святым, святители суть просветители.

Святость – это благодатное соединение с Богом, а это значит – соединение с вечным логосом и смыслом жизни и существования, в чем и заключается полнота и совершенство человеческой личности и существа. Таковая благодатная святость – душа просвещения. Если просвещение не открывает нам вечный смысл жизни, нужно ли оно нам? Лучше быть тигром в джунглях или львом в пустыне, чем человеком несвятого просвещения.

Просвещение без святости, просвещение без освящения Духом Святым придумала Европа в своем гуманистическом идолопоклонстве. Все равно как бы это идолопоклонство не проявлялось: в папопоклонничестве ли, в книгопоклонничестве, в человекопоклонничестве, в машинопоклонничестве, в модопоклонничестве. Но евангельское, православное, истинное просвещение освещает человека божественным светом и просвещает его во всем, что бессмертно и вечно, божественно и свято. Оно изгоняет всякий грех и преодолевает всякую смерть, тем самым очищая человека, освящая его и делая бессмертным, бесконечным и вечным.

Да, только святитель – настоящий просветитель; только святительство – истинное просветительство. Это евангельская истина, возвещенная миру чудесным Господом Иисусом и сохраненная в Православии. Только в Православии. Прислушайтесь к нашему народу, войдите в святилище его души. Разве вы не видите, что он навеки отождествил понятие просвещения с понятием святости, понятие просветителя с понятием святителя. И все это он воплотил в святом Савве – первом и величайшем святителе и просветителе сербского народа, всегда первом и всегда величайшем. Это народное чувство постепенно выкристаллизовалось в неизменный взгляд на просвещение. Взгляд и критерий. Он не признает просвещения без святости и не принимает просветителя без святительства, не потому ли и сербский народ так недоверчив ко многим современным просветителям?

От просветителя наш народ хочет и просит прежде всего святости. Если же не найдет – нет просвещения. Разве вы не чувствуете, что понимание просвещения как святости, как освящения и просветления Христовым светом стало народным самоощущением, которое весьма скоро может стать жгучим самосознанием, полным бунта? И этот бунт уже грохочет в богомольческом движении против дерматинового, кожаного, галантерейного, механического, машинного европейского просвещения, ради святосаввского просвещения, евангельского, Христова. Без Господа Христа Растко навек бы остался всего лишь Растко и никогда бы не стал святым Саввою, то есть святителем и просветителем. Свою чарующую личность он выстроил на подвижническом лозунге: «Господь просвещение мое и Спаситель мой» (*Пс. 26, 1*).

Спасение себя Христом от греха и порока, от зла и смерти – это и есть истинное просвещение себя. Стихийное, богобоязненное, молитвенное почитание Святого Саввы нашим народом свидетельствует о том, что в нашем народе человек не может быть просветителем, не будучи святителем. Вся наша история ясно показывает, что в нашем народе только святители были просветителями. Народ только их и признает. А нас, и священников, и мирян, уже начинает не признавать просветителями разве не потому, что мы предали и бросили евангельское, православное, народное понимание просвещения как святительского подвига и заблудились в дебрях схоластическо-протестантских школ, факультетов, академий?

Просвещение, оторванное от святости, восставшее против Евангелия – это мы и наше трагическое начинание. Самое большее, что это галантерейное, гардеробное просвещение может сделать для человека, это превратить его в обходительного, в хитрого, в замаскированного зверя… Но все бездны нашей народной души говорят голосом своих каскадов: без святительства нет просветительства, без святителя нет просветителя. Разве не в этом Евангелие? Разве не в этом Православие? А если нет, тогда нам не нужны ни Евангелие, ни православие.

Давайте молитвенно, неторопливо прочитаем Евангелие Православия и Православие Евангелия. Господь Иисус Христос – наше освящение и наше просветление, наша светлость и наше просвещение (*Ин. 8, 12; 1Кор. 1,*

30). Он проложил весь путь и сделал возможным весь подвиг освещения и просвещения человека вечной истиной и вечной жизнью. Засомневаешься ли в чем, застынешь ли в недоумении, с любовью всмотрись в Господа Иисуса и спроси себя: так ли бы Он поступил? Если бы Он поступил так, тогда и ты так поступи, ибо это свято, освящает и просвещает; если бы Он так не поступил, не делай этого и ты, ибо это гадко, помрачает и умерщвляет.

В условиях этой жизни человек обретает святость путем восприятия божественной правды как содержания своей личности (*Рим. 6, 19*). Душа освещается и просвещается, когда и себя, и свое тело упражняет в святых мыслях, в святых чувствах, в святых желаниях, в святых делах. А плод этого – жизнь вечная (*Рим. 6, 19, 22*). Рабство греху телом, душою, чувствами приводит к смерти, из которой не воскресают (*Рим. 6, 9, 21, 22*). От рабства греху человек освобождается Господом Христом, если благодатными подвигами веры и любви, молитвы и поста, смирения и кротости, терпения и прощения будет день и ночь преобразовывать себя из грешного в безгрешного, из смертного в бессмертного, из бренного в вечного.

Святость – нормальное состояние боголикой души человеческой, поэтому наша святость – это воля Божия (*1Сол. 4, 3*). Этого Бог хочет от нас, этого требует, в этом вся Его воля о нас. И мы исполняем Его волю, если творим только то, что свято, что освещает и просвещает. Поступая так, мы освещаем себя и просвещаемся. Поступать так возможно всегда и всякому, возможно всем нам, если мы содержим себя в святом расположении благодатным осуществлением евангельских добродетелей и если все свои мысли, и желания, и ощущения, и дела ведем путем евангельской святости и света (*1Сол. 4, 5*)

Все Евангелие собирается в единый наказ Божий всем нам: «святи будите, яко Аз свят есмь» (*1Петр. 1, 16*). В

Своем несказанном снисхождении Бог любви уравнивает людей с Собою: для Бога и для людей действительно одно и то же Евангелие, одна и та же благодать, одна и та же истина, одна и та же правда, одна и та же жизнь, одно и то же добро; и Освещающий, и освещаемые «от единаго вси»[56] (*Евр. 2, 11*). Следовательно, путь христианина есть путь святых (*Евр. 9, 8*). Апостол решительно советует христианам: «по звавшему вы Святому (то есть по Христу), и сами святи во всем житии будите» (*1Петр. 1, 15*). Новозаветная заповедь: «ходити достойно Богу» (*1Сол. 2, 12; Флп. 1, 27; Кол. 1, 10*). Евангелие – это не что иное, как Божий призыв к святости, обращенный к людям (*1Сол. 2, 12; 1Сол. 4, 17*). Иметь святыню со всеми, святое расположение ко всем – это норма всех наших взаимоотношений (*Евр. 12, 14*). Без этого никто не увидит Господа там. «Господь есть свят», поэтому только святые, только освященные и просвещенные могут Его видеть. Те, кто вечную истину усваивают всем своим существом (*Ин. 17, 17*)

Когда ищут вечную истину, вопрос «что есть Истина?» (*Ин. 18, 38*) бывает ошибочен. В этом случае нужно задаваться вопросом: «Кто есть Истина?» Ведь такой истиной может быть только личность, а именно Божественная Личность, а не тварь, только Бог Творец, а не творение и материя. Богочеловек отвечает: «Аз есмь Истина»[57] (*Ин. 14, 6*), но отвечает только тому, кто всем своим сердцем, всею душою, всем существом своим через молитвы и слезы, через пост и бдение, через воздыхания и рыдания вопрошает: «Кто есть Истина?»

Освещенные вечною Истиною и есть единственные истинно просвещенные, ведь «Истина Иисус Христом бысть» (*Ин. 1, 17*). Без Него, помимо Него и вне Него нет Истины и не может быть. Хотите схему? Вот она: Христос – Истина – освящение просвещение. Истина создает в душе святое расположение, а из святой души непрестанно исходят святые мысли, святые желания, святые ощущения, святые дела. Поэтому христиане и называются освященными (*1Кор. 1, 2*). Ты не веришь, потому что тебя задавили грехи, сокрушили страсти, но послушай слово вечного Евангелия: «всякое создание Божие... освящается словом Божиим и молитвою». (*1Тим. 4, 4–5*). Всякое создание: и ты, и я — только при условии, что мы исполняем слово Божие, Евангелие и молимся. Да, молитва освящает и просвещает. Если ты ее не имеешь, то ты далек от освящения, от просветления, от просвящения. Если ты не освящаешь себя Евангелием и молитвою, разве ты Божие создание? Только диавол не может этим освятиться, ибо из-за богоборчества он стал настолько зол, что перестал быть творением Божиим, а может быть, забыл, что и был некогда таковым.

Спасение совершается в освящении себя Духом Святым. К этому через Свое Евангелие нас и призывает Бог (*2Сол. 2, 13*). Спасение — это мучительный и долгий подвиг благодатного самоосвящения совершением евангельских заповедей, при этом подвиг личный, интимный, непрерывный. Цель жизни человеческой на земле — стяжание Духа Святого, о чем боговдохновенно учит святой *Серафим Саровский*. Поэтому Дух Святой и называется Духом святыни, Духом освящения (*Рим. 1, 4*).

Освящение проявляется как просвещенность Духом Святым. Следовательно, Духов день — день просвещения Истиной, светом, огнем. Святость и свет суть одно и то же в Святом Духе, как в Нем, так и в духоносных Апостолах и святых Отцах. Поэтому святители, как духоносцы, — единственные просветители. Они святы светом и в свете. (*Кол. 1, 12*). Своею святостью они изгоняют грех из всех глубин души и тела человеческого, а светом освещают всякому человеку путь из логова смерти в лазоревую синеву бессмертия.

Духоносцу ясно все: и жизнь, и смерть, и радость, и печаль, и смысл человека и мира, ведь Духом Святым он видит логос всего, смысл всего, как святые Апостолы в день Пятидесятницы. Крещение Духом Святым и огнем есть одновременно и освящение, и просвещение, почему и крещение Спасителя называется Просвещением (*Мк. 1, 8*). Рожденные Духом Святым в святость и в свет, христиане становятся и остаются христианами только Духом Святым, из-за чего и называются святыми (*Деян. 26, 10; Рим. 1, 7; Рим. 8, 27; Рим. 15, 31; Рим. 16, 2, 15; 1Кор. 1, 2; 1Кор. 6, 1, 2; 1Кор. 14, 33; 1Кор. 16, 1, 15; 2Кор. 1, 1; Еф. 1, 1, 18, 19; 1Кор. 6, 18; Флп. 1, 1; 1Кор. 4, 22; Кол. 1, 2, 4*).

В крещении и миропомазании человек принимает от Духа Святого закваску святости, которой должны вскиснуть вся душа и тело, подвизаясь в евангельских добродетелях. Богочеловеческое тело Христово через воплощение стало нашим, человеческим, но транссубъективно нашим, а через Святое Причастие оно становится действительно и лично нашим, ведь в Святом Причастии – совершенство освящения, просвещения, просветления. Далее в близости и единении с Богом идти невозможно и некуда, невозможно для человеческой природы (*Евр. 10, 10, 14*)

Святость всегда проявляется как свет. Этой истиной живет Евангелие Христово и в этом, и в ангельском мире. В преображении Спасителя нам подается образец всякого преображения святости в свет (*Мф. 17, 2; Лк. 9, 29*). Преображенные святостью, святые всегда сияют благодатным светом, который иногда, по дару Божию, начинает из них сиять, как солнце. Бесчисленны примеры этому в среде святых подвижников. Скажем только о двух-трех.

«Был Авва, именем Памво, о котором рассказывают, что он три года молился Богу и говорил: «Не дай мне славы на земле!» Но Бог так прославил его, что никто не мог смотреть на лицо его по причине блеска, который он имел на лице своем». «Рассказывали об Авве Памво что, как Моисей получил образ славы Адамовой, когда просияло лицо его (*Исх. 34, 29*), так и Аввы Памво лицо сияло, как молния, и он был, как царь, сидящий на престоле своем. Таков же был и Авва Силуан и авва Сисой».

«Рассказывали об Авве Сисое: перед смертью его, когда сидели около него отцы, лицо его просияло, как солнце. И он говорит отцам: «Вот пришел Авва Антоний». Немного после опять говорит: «Вот пришел лик пророков». И лицо его заблистало еще светлее. Потом он сказал: «Вот, вижу Апостолов». Свет лица его удвоился, и он с кем-то разговаривал. Тогда старцы стали спрашивать его: «С кем ты, отец, беседуешь?» Он же отвечал: «Вот пришли Ангелы взять меня, а я прошу, чтобы на несколько времени оставили меня для покаяния». Старцы сказали ему: «Ты, отец, не имеешь нужды в покаянии». Он отвечал им: «Нет, я уверен, что еще и не начинал покаяния». А все знали, что он совершен. Вдруг опять лицо его заблистало, подобно солнцу. Все пришли в ужас, а он говорит им: «Смотрите, вот, Господь... Он говорит: «Несите ко Мне избранный сосуд пустыни»», – и тотчас предал дух и был светел, как молния. Вся храмина исполнилась благоухания».

Преображая себя благодатными подвигами, человек постепенно становится светлее и светлее. Жить по-евангельски, по сути, значит, светлеть логосным, божественным светом, претворяться в свет, быть светом, ведь в Боге и Богочеловеке жизнь и свет единосущны (*Ин. 1, 4*), а потому и во всех настоящих христианах. Это сияние благодатным светом на святых иконах святителей изображается в виде нимба вокруг головы. Личность святительская тем и отличается, что сияет светом вечной

Истины и правды, доброты и красоты. «И свет во тьме (греха и смерти) светится, и тьма Его не объят» (*Ин. 1, 5*).

Царство смерти ширится до тех же пор, что и человек; расширяя свое влияние, он распространяет смерть – трагичен удел человеческий в мире. Обрати внимание, ничто во вселенной не смертно, кроме человека и того, что около него и ему принадлежит. Гуманизм! Это наивная детская возня на оглушительной мельнице смерти. Грехом, смертью тьмою человек претворил этот мир в страшилище из страшилищ и в ужас из ужасов. Среди этих земных монстров людям с хоть немного пробужденной душою не дает сойти с ума логосный, божественный свет, даруемый всякому человеку, грядущему через ядовитую тьму греха и смерти (*Ин. 1, 9*).

Свет – это Христос, пришедший в мир, но людям более мила тьма (то есть грех, смерть, зло), чем свет. Почему? Потому что их дела злы; потому что «всяк бо делаяй зло, ненавидит света» (и всякий: и я, и ты, когда совершаем зло) «и не приходит к свету, да не обичатся дела его, яко лукава суть» (*Ин. 3, 20*). Некая таинственная тождественность существует между светом и вечным божественным добром, равно как существует и роковое единство между тьмою и сатанинским злом, отсюда происходит и ненависть тьмы и зла ко всему, что божественно светло и добро. «Творяй же истину грядет к свету, да явятся дела его, яко о Бозе суть соделана» (*Ин. 3, 21*).

Весь мир погряз во тьме греха. И в этой страшной тьме только дивный Господь Христос мог сказать о Себе: «Аз есмь свет миру: ходяй по Мне не имать ходити во тьме, но имать свет животный» (*Ин. 8, 12*). Без чудесного Господа Иисуса мир – это тьма, полная привидений. Разве вам не покажутся вещи похожими на фантастические призраки, из которых на вас косится чудовище смерти? Если в вас есть смелость заглянуть в этот ужас, то вы ощутите это, и тогда, тогда, что останется вам, если не мольба ко Христу? Ведь человек не знает, куда идти, бродя без Христа по этой выставке призраков, что зовется миром (*Ин. 12, 35*). Чтобы знать куда идти, каким образом идет путь из этого мира в тот, человек должен стать сыном света. Как? Верою во Христа как в свет, ведь такой верой человек рождается из света, становится чадом света, сыном света. (*Ин. 12, 36*).

Вера в Господа Христа не только извлекает человека из тьмы, но и претворяет его в свет, в сына света. Поэтому Спаситель и говорит о Себе: «Аз Свет в мир приидох, да всяк веруяй в Мя во тме не пребудет» (*Ин. 12, 46*). И действительно, кто истинно поверил в Господа Христа, тот не останется во тьме смертной, и никто подобный никогда не останется. Следовательно, верующие – это просветленные, и божественным светом своей души они освещают все тайны неба и земли. Имея это в виду, апостол Павел пишет христианам: «Бесте бо иногда тма, ныне же свет о Господе: якоже чада света ходите» (*Еф. 5, 8*). Тьма была образована грехом, порочностью, смертностью, свет образовался в Господе, с Господом, который есть сущая святость и свет. О том, что это так, апостол свидетельствует христианам: «Вси бо вы сынове света есте и сынове дне несмы нощи, ниже тмы»58 (*1Сол. 5, 5*), ведь Господь Бог наш – «Отец светов», всех светов (*Иак. 1, 17*).

Богоносные святители суть свет мира, светила мира (*Мф. 5, 14*; *Ин. 8, 12*; *Флп. 2, 15*), потому их и не может объять тьма греховная. Но святые светлы не сами по себе, а через Христа в себе; они только верные обладатели и распространители Христова света. Святители и после смерти – просветители, ведь они светят не только святым словом, но и своими святыми мощами. Самый очевидный пример – мощи святого Саввы. Поэтому они и были сожжены турками. Но разве можно огнем сжечь свет? Свет этим лишь еще более разжигается... «Господь просвещение мое и Спаситель мой, кого убоюся?» (*Пс. 26, 1*).

Бог – совершенная святость и совершенный свет, поэтому и «тьмы в Нем несть ни единыя»59 (*1Ин. 1, 5*). «Аще же во свете ходим, якоже Он Сам Той есть во свете»60 (*1Ин 1:7*), то мы общники с Ним, общники со светом, так как святость хранится светом. Это закон евангельской жизни в Боге: Божественная святость и свет открывают очи нашей души на вечные реальности этого и иного мира, а тьма греха их ослепляет, дабы мы не видели ничего Божиего и ничего вечного ни в мире, ни над миром (*Еф. 1, 18*).

Святость – это подвиг, поэтому и просветительство – подвиг. Человек достигает и того, и другого, если подвизается в евангельских добродетелях. Ибо Господь Истины являет нам эту истину: «Аще убо вы зли суще, умеете даяния блага даяти чадом вашим, кольми паче Отец, Иже с небесе, даст Духа Святаго просящим у Него» (*Лк. 11, 13*). И давал Его стольким духоносцам, и дает, и будет давать. Но при условии, которое красноречиво формулирует святой *Иоанн Златоуст*: «Послушай Бога в заповедях, чтобы Он услышал тебя в молитвах».

Просветительство – это проекция святости. Только освятив себя, человек может освящать других; только став светом, может просвещать других. Богочеловеческое Евангелие все сводится к личному подвигу, всегда исходит из себя, из своей личности. Спасаясь, человек неприметно спасает и окружающих его; просвещаясь, он просвещает и других. Это евангельский путь, верно практиковавшийся, сберегавшийся и сохраненный в Православии и громогласно выраженный словами великого святителя и просветителя вселенной *Григория Богосло-*

ва: «Надобно прежде самому очиститься, потом уже очищать; умудриться, потом умудрять; стать светом, потом просвещать; приблизиться к Богу, потом приводить к Нему других; освятиться, потом освящать».

По воле Провидения мы[61] живем на географическом и религиозном перекрестке Востока и Запада. Наверное, поэтому мы так часто оказываемся на мучительном перепутье. Обратили ли вы внимание на то, как к нашей православной душе не подходит рационально-схоластическое просвещение, просвещение римокатолической и протестантской Европы? Это весьма явно выражено в идейном и моральном заблуждении нашей интеллигенции. Оторванная от народа, она утратила православное ощущение и православные ориентиры в главных вопросах жизни и смерти. Просвещение в стиле европейского Aufklarung'а никогда для нас не может быть просвещением. Православное ощущение, православное сознание только святителей признает просветителями, и только святость – светом. Глубок голод нашей души, глубже, чем это кажется многим представителям нашей интеллигенции, и никто, кроме Христа и Его святителей-просветителей, не может его утолить.

В таинственной и святой Православной Церкви для человека, который искренно ищет смысл и свет жизни, всегда заключены несказанные духовные радости, и утешения, и воодушевления, и полет, и размах, и вызывающие восторг горизонты. Ни во мне, ни в тебе нет такого отчаяния, такой печали, такого недоумения, такого греха, такой тьмы, такой смерти, которых бы мы не могли изжить из себя чудотворными православными молитвами. Если мрак придавил твою душу, и ты, расслабленный духом, лежишь во тьме, вот тебе молитва, выплачь ее, и станет легче: «Просвещение во тьме лежащих Спасение отчаянных, Христе, Спасе мой, к Тебе утреннюю,

Царю мира, просвети мя сиянием света Твоего»[62]. Если ты помрачился многими грехами, вот тебе лекарство: «Иисусе сладчайший, освяти мя темнаго. Иисусе, Свете мой, просвети мя». Если нечистые, несвятые мысли приходят к тебе на сердце, прибегни к молитве, молись долго и с плачем: «Иисусе сладчайший, просвети моя мысли сердечныя. Иисусе, Свете святый, облистай мя». Если красная мгла сладострастия показалась на горизонте твоей души, сразу же припади к чудесной молитве: «Иисусе сладчайший, просвети моя чувствия, потемненная страстьми...» «Иисусе сладчайший, сохрани сердце мое от похотей лукавых». Если же они со всех сторон найдут на тебя, чтобы свалить во тьму, в отчаяние, в смерть, – возопи ко Господу Всемилостивому: «На небо очи пущаю моего сердца к Тебе, Спасе, спаси мя Твоим осенением»[63].

«И сотворил Бог человека по образу Своему, по образу Божию сотворил его; мужчину и женщину сотворил их» (*Быт. 1:27*).

«Был Свет истинный, Который просвещает всякого человека, приходящего в мир» (*Ин. 1:9*).

«Ибо никто не может положить другого основания, кроме положенного, которое есть Иисус Христос» (*1Кор. 3:11*).

«Итак всякого, кто слушает слова Мои сии и исполняет их, уподоблю мужу благоразумному, который построил дом свой на камне; и пошел дождь, и разлились реки, и подули ветры, и устремились на дом тот, и он не упал, потому что основан был на камне» (*Мф. 7:24, 25*).

«Кто отлучит нас от любви Божией: скорбь, или теснота, или гонение, или голод, или нагота, или опасность, или меч? как написано: за Тебя умерщвляют нас всякий день, считают нас за овец, обреченных на заклание. Но все сие преодолеваем силою Возлюбившего нас. Ибо я уверен, что ни смерть, ни жизнь, ни Ангелы, ни Начала, ни Силы, ни настоящее, ни будущее, ни высота, ни глубина, ни другая какая тварь не может отлучить нас от любви Божией во Христе Иисусе, Господе нашем» (*Рим. 8:35–39*).

«Итак, если вы воскресли со Христом, то ищите горнего, где Христос сидит одесную Бога; о горнем помышляйте, а не о земном. Ибо вы умерли, и жизнь ваша сокрыта со Христом в Боге. Когда же явится Христос, жизнь ваша, тогда и вы явитесь с Ним во славе» (*Кол. 3:1–4*).

«ибо мы Им живем и движемся и существуем, как и некоторые из ваших стихотворцев говорили: «мы Его и род»» (*Деян. 17:28*).

«ибо Им создано всё, что на небесах и что на земле, видимое и невидимое: престолы ли, господства ли, начальства ли, власти ли, – все Им и для Него создано; и Он есть прежде всего, и все Им стоит» (*Кол. 1:16, 17*).

«где червь их не умирает и огонь не угасает» (*Мк. 9:44*).

«Иначе, что делают крестящиеся для мертвых? Если мертвые совсем не воскресают, то для чего и крестятся для мертвых? Для чего и мы ежечасно подвергаемся бедствиям? Я каждый день умираю: свидетельствуюсь в том похвалою вашею, братия, которую я имею во Христе Иисусе, Господе нашем. По рассуждению человеческому, когда я боролся со зверями в Ефесе, какая мне польза, если мертвые не воскресают? Станем есть и пить, ибо завтра умрем! Не обманывайтесь: худые сообщества развращают добрые нравы. Отрезвитесь, как должно, и не грешите; ибо, к стыду вашему скажу, некоторые из вас не знают Бога» (*1Кор. 15:29–34*).

«Итак, если вы воскресли со Христом, то ищите горнего, где Христос сидит одесную Бога» (*Кол. 3:1*).

«Ибо в вас должны быть те же чувствования, какие и во Христе Иисусе» (*Фил. 2:5*).

«о горнем помышляйте, а не о земном» (*Кол. 3:2*).

«Итак, если вы со Христом умерли для стихий мира, то для чего вы, как живущие в мире, держитесь постановлений: "не прикасайся", "не вкушай", "не дотрагивайся" [что все истлевает от употребления], по заповедям и учению человеческому? Это имеет только вид мудрости в самовольном служении, смиренномудрии и изнурении тела, в некотором небрежении о насыщении плоти» (*Кол. 2:20–23*).

«Ибо вы умерли, и жизнь ваша сокрыта со Христом в Боге» (*Кол. 3:3*).

«Итак, умертвите земные члены ваши: блуд, нечистоту, страсть, злую похоть и любостяжание, которое есть идолослужение» (*Кол. 3:5*).

«А теперь вы отложите все: гнев, ярость, злобу, злоречие, сквернословие уст ваших; не говорите лжи друг другу, совлекшись ветхого человека с делами его» (*Кол. 3:8, 9*).

«отложить прежний образ жизни ветхого человека, истлевающего в обольстительных похотях» (*Еф. 4:22*).

«и облекшись в нового, который обновляется в познании по образу Создавшего его, где нет ни Еллина, ни Иудея, ни обрезания, ни необрезания, варвара, Скифа, раба, свободного, но все и во всем Христос. Итак облекитесь, как избранные Божии, святые и возлюбленные, в милосердие, благость, смиренномудрие, кротость, долготерпение, снисходя друг другу и прощая взаимно, если кто на кого имеет жалобу: как Христос простил вас, так и вы. Более же всего облекитесь в любовь, которая есть совокупность совершенства» (*Кол. 3:10–14*).

«Смерть! где твое жало? ад! где твоя победа?» (*1Кор. 15:55*).

«и гробы отверзлись; и многие тела усопших святых воскресли и, выйдя из гробов по воскресении Его, вошли во святый град и явились многим» (*Мф. 27:52, 53*).

«сеется тело душевное, восстает тело духовное. Есть тело душевное, есть тело и духовное» (*1Кор. 15:44*).

«впрочем Сын Человеческий идет, как писано о Нем, но горе тому человеку, которым Сын Человеческий предается: лучше было бы этому человеку не родиться» (*Мф. 26:24*).

«Опять говорил Иисус к народу и сказал им: Я свет миру; кто последует за Мною, тот не будет ходить во тьме, но будет иметь свет жизни» (*Ин. 8:12*).

«От Него и вы во Христе Иисусе, Который сделался для нас премудростью от Бога, праведностью и освящением и искуплением» (*1Кор. 1:30*).

«Говорю по рассуждению человеческому, ради немощи плоти вашей. Как предавали вы члены ваши в рабы нечистоте и беззаконию на дела беззаконные, так ныне представьте члены ваши в рабы праведности на дела святые» (*Рим. 6:19*).

«зная, что Христос, воскреснув из мертвых, уже не умирает: смерть уже не имеет над Ним власти. ... Какой же плод вы имели тогда? Такие дела, каких ныне сами стыдитесь, потому что конец их – смерть. Но ныне, когда вы освободились от греха и стали рабами Богу, плод ваш есть святость, а конец – жизнь вечная» (*Рим. 6:9, 21, 22*).

«Ибо воля Божия есть освящение ваше, чтобы вы воздерживались от блуда; чтобы каждый из вас умел соблюдать свой сосуд в святости и чести, а не в страсти похотения, как и язычники, не знающие Бога» (*1Фес. 4:3–5*).

«мы просили и убеждали и умоляли поступать достойно Бога, призвавшего вас в Свое Царство и славу» (*1Фес. 2:12*).

«но, по примеру призвавшего вас Святаго, и сами будьте святы во всех поступках» (*1Петр. 1:15*).

«Только живите достойно благовествования Христова, чтобы мне, приду ли я и увижу вас, или не приду, слышать о вас, что вы стоите в одном духе, подвизаясь единодушно за веру Евангельскую» (*Фил. 1:27*).

«чтобы поступали достойно Бога, во всем угождая Ему, принося плод во всяком деле благом и возрастая в познании Бога» (*Кол. 1:10*).

«Старайтесь иметь мир со всеми и святость, без которой никто не увидит Господа» (*Евр. 12:14*).

«Освяти их истиною Твоею; слово Твое есть истина». (*Ин. 17:17*)

«ибо закон дан чрез Моисея; благодать же и истина произошли чрез Иисуса Христа». (*Ин. 1:17*)

«церкви Божией, находящейся в Коринфе, освященным во Христе Иисусе, призванным святым, со всеми призывающими имя Господа нашего Иисуса Христа, во всяком месте, у них и у нас» (*1Кор. 1:2*).

«Мы же всегда должны благодарить Бога за вас, возлюбленные Господом братия, что Бог от начала, через освящение Духа и веру истине, избрал вас ко спасению» (*2Фес. 2:13*).

«и открылся Сыном Божиим в силе, по духу святыни, через воскресение из мертвых, о Иисусе Христе Господе нашем» (*Рим. 1:4*).

«благодаря Бога и Отца, призвавшего нас к участию в наследии святых во свете» (*Кол. 1:12*).

«Это я и делал в Иерусалиме: получив власть от первосвященников, я многих святых заключал в темницы, и, когда убивали их, я подавал на то голос» (*Деян. 26:10*).

«По сей-то воле освящены мы единократным принесением тела Иисуса Христа. ...Ибо Он одним приношением навсегда сделал совершенными освящаемых» (*Евр. 10:10, 14*).

«и преобразился пред ними: и просияло лице Его, как солнце, одежды же Его сделались белыми, как свет» (*Мф. 17:2*).

«Когда сходил Моисей с горы Синая, и две скрижали откровения были в руке у Моисея при сошествии его с горы, то Моисей не знал, что лице его стало сиять лучами оттого, что Бог говорил с ним» (*Исх. 34:29*).

«В Нем была жизнь, и жизнь была свет человеков» (*Ин. 1:4*).

«ибо всякий, делающий злое, ненавидит свет и не идет к свету, чтобы не обличились дела его, потому что они злы» (*Ин. 3:20*).

«а поступающий по правде идет к свету, дабы явны были дела его, потому что они в Боге соделаны» (*Ин. 3:21*).

«Опять говорил Иисус к народу и сказал им: Я свет миру; кто последует за Мною, тот не будет ходить во тьме, но будет иметь свет жизни» (*Ин. 8:12*).

«Тогда Иисус сказал им: еще на малое время свет есть с вами; ходите, пока есть свет, чтобы не объяла вас тьма: а ходящий во тьме не знает, куда идет» (*Ин. 12:35*).

«Доколе свет с вами, веруйте в свет, да будете сынами света. Сказав это, Иисус отошел и скрылся от них» (*Ин. 12:36*).

«Я свет пришел в мир, чтобы всякий верующий в Меня не оставался во тьме» (*Ин. 12:46*).

«Вы были некогда тьма, а теперь – свет в Господе: поступайте, как чада света» (*Еф. 5:8*).

«Всякое даяние доброе и всякий дар совершенный нисходит свыше, от Отца светов, у Которого нет изменения и ни тени перемены» (*Иак.1:17*).

«Вы – свет мира. Не может укрыться город, стоящий на верху горы» (*Мф. 5:14*).

«чтобы вам быть неукоризненными и чистыми, чадами Божиими непорочными среди строптивого и развращенного рода, в котором вы сияете, как светила в мире» (*Фил. 2:15*).

«чтобы Бог Господа нашего Иисуса Христа, Отец славы, дал вам Духа премудрости и откровения к познанию Его, и просветил очи сердца вашего, дабы вы познали, в чем состоит надежда призвания Его, и какое богатство славного наследия Его для святых» (*Еф. 1:17, 18*).

«Итак, если вы, будучи злы, умеете даяния благие давать детям вашим, тем более Отец Небесный даст Духа Святаго просящим у Него» (*Лк. 11:13*).

III. ВОДОРАЗДЕЛ
МЕТЕРЛИНК ПЕРЕД ВЕЛИКОЙ ТИШИНОЙ

Морис Метерлинк[64] через свои печальные мысли и бурные ощущения всегда стремился к центральной тайне мира. Он непрестанно к ней приближался, а она непрестанно удалялась от него. Таинственная душа реальности, эта чудесная синяя птица, каждый раз выпархивала из гнезда, когда Метерлинк к ней приближался, протягивая к ней свои страстные руки, готовые к вечным объятиям. И Метерлинк остается одиноким в своей тоске, вечно одиноким со своими жаждущими руками, которые каждый день могут свернуться в самоубийственное кольцо. Трепещущее желание и спирающая дыхание любовь к волшебной синей птице буйно росли в высоты бесчисленных бесконечностей и смело погружались в глубины бездонных пропастей. Они жужжали «жизнью пчел», благоухали «разумностью цветка», рыдали «великою тайною», мудрствовали «великим законом», а синяя птица все упорнее скрывалась от Метерлинка. И он, измученный мыслями, израненный чувствами успокаивал сам себя: скорбь лечил скорбью, печаль – печалью, воздыхание – воздыханием.

Мироощущение Метерлинка очень сложно и потому весьма скорбно. Его мысль о мире всегда цветет неизлечимою печалью, ибо вырастает из трагически сложного мироощущения. Человек такого ощущения и таких мыслей не может не быть печальным в этом мире. А если этот человек – Метерлинк, тогда его печаль часто превращается в крик, в ужас, в вопль «слепых», которые безнадежно блуждают по своему обособленному острову смерти, который зовется землею.

Метерлинк, как редко кто в Европе, ощутил, что жизнь и смерть, по сути, составляют одну неделимую проблему и одну неделимую муку. Не может человек жить спокойно, если его жизнь окружена небытием и заминирована смертью. Ведь с какой бы стороны ни приступал Метерлинк к жизни и ни входил в нее, везде он встречал смерть, или ее предтеч, или ее хранителей.

У смерти нет языка, нет слова. Она всегда молчит. Нет более упорного и более вероломного молчальника в человеческих мирах. Потому смерть и является самым страшным чудовищем. Немой враг – самый невыносимый и самый отвратительный враг. О, если бы он заговорил! Человек бы ожил; радость бы громом ударила в его сердце. Но смерть всегда молчит. Ведь слово означает жизнь, означает смысл, Логос. Если бы смерть заговорила, то умерла бы. Слово – отдушина всякой муки и особенно сильнейшей. Представьте себе, если бы Иов не говорил или если бы Иван Карамазов не исповедался Алеше! От молчания Иов бы умер, а Иван сошел с ума.

Через все свои дела Метерлинк на самом деле задавал один-единственный вопрос: в чем смысл жизни или в чем смысл смерти, каков смысл существования мира? Этот триединый вопрос был особенно остро и искренне им поставлен в своем новейшем произведении «Перед великой тишиной».

Как странный знак вопроса, человек идет по этому миру. Чувствительный к таинственности мира, человек неисчерпаем в воображении и в постановке вопросов себе и миру вокруг себя. И на все его вопросы один ответ – великое молчание. Разве только это? Вселенная, справедливость, Бог отвечают молчанием великим и, увы нам, возможно, вечным. Великое молчание есть самый немилосердный ответ измученному мыслителю. О, ему был бы более желателен любой иной ответ, лишь бы не тишина, великая, упорная, жуткая.

По природе своего существа человек – вопрошатель. Но часто весьма трагический вопрошатель, ведь редко, реже всего он спрашивает себя о том, что такое сознание, которое и рождает вопросы, и отвечает на них. Только глубочайшие мыслители задаются этим вопросом. И немо молчат перед ним. Метерлинк же часто весь в этом вопросе. «Сознание, – говорит он, – которым мы столь горды, в котором наше все, без которого бессмертие для нас было бы равнозначно смерти, что оно есть в своей сущности? Может быть, это вид некоей непроницаемой перепонки, новая ткань, паразит нашего мозга, который нас навсегда отделяет от остального универсума? Самый роковой дар наш, который для нас закрывает реальность всего существующего?»

Сознание – это то, что единственно и непосредственно «наше», то, чем мы суть мы, и все-таки в своей загадочной сущности – это некий незнакомый чужеземец внутри нас, чужак, пришедший, кто знает из каких миров, и созданный, кто знает из какой материи. Сознание гораздо нежнее сна, но все же реальнее камня. Человек, если серьезно и искренно задумается над природой своего существа и своего сознания, должен почувствовать, что в его ткань воткáны бесчисленные и бесконечные силы. Как будто весь космос единым, огромным усилием собрался, сжался, сконденсировался в малюсенькое существо и произвел человека. Макрокосмос в микрокосмосе. И наоборот: в малом человеке живут все миры, все их тайны, и действуют все их силы. Кто распутает человека? Расшифрует его шифры? Разгадает его иероглифы? Метерлинк живо ощущал эту макрокосмическую сложность и таинственность человеческого существа. «Мы несем в себе, – заявляет он, – le resume всей истории всех миров». «Человечество, по видимости, ведомо не разумом, даже не чувствами, а силами, инородными и неизвестными. Возможно, оно испытывает влияние определенных космических атмосфер, определенных эфирных зон, через которые оно проходит на своем пути в пространстве и времени. Только его коллективная глупость препятствует тому, чтобы всегда следовать указаниям тех, кто инстинктивно или сознательно понимает, куда ведут эти силы».

Задавленный тайной миров, как некими бесчисленными ночами, Метерлинк болезненно ощущает, что человеческое сознание слишком мало, чтобы осветить своим светом непроглядные тайны: «То, что мы называем сознанием, человеческим сознанием, хотя бы и возведенное до крайней степени силы и совершенства, всегда весьма ограничено, весьма сильно сужено, сведено к одному кругу, неясно освещенному, почти никогда не выходящему за рамки наших повседневных, малых переживаний».

Все существующее настолько сложно, загадочно и таинственно, что не может существовать без некой врожденной разумности. Ибо лишь некая бесконечная разумность может быть не только причиной всего существующего, но и условием его продолжения во времени. Разумность – это постулат бытия и жизни. Извлеките разумность из бытия, и все сорвется в небытие; извлеките разумность из жизни, не сорвется ли все в смерть? Некая премудрая разумность, как нежнейший флюид, разлита по всем существам, от самых низших до высших, и по всем созданиям, от простейших до сложнейших, и поддерживает их в существовании и бытии. Оскорбительная близорукость и холодность – видеть разумность только в человеке и отрицать ее во всем, что ниже и выше человека. Метерлинк чувствует разумность цветка. И он в этом прав. Цветок является цветком благодаря своей разумности. Развейте эту мысль, и она возгласит: соловей есть соловей своей разумностью, пчела является пчелой своей разумностью. Бог есть Бог разумностью, свет есть свет разумностью, минерал есть минерал разумностью; все, что существует, существует только разумностью.

Если бы вселенная не была разумна, – рассуждает Метерлинк, – она давно бы была мертва или лучше – испокон веков мертва, то есть никогда бы не существовала. Универсум существует разумностью. Свет неминуемо разумен, возможно, что он – это сама разумность, во всяком случае, он очевиднейшая манифестация универсальной разумности. Если бы Метерлинк эту свою мысль довел до ее естественного конца, до ее природного совершенства, она должна была бы стать евангельской: Слово – это жизнь; Слово – это свет (*Ин. 1, 4, 9*). А это значит, что Слово, логосность, то есть Разум, разумность есть энтелехия, сущность света, жизни и всего существующего: ведь все, что существует, существует через Слово (*Ин. 1, 3*)

Для Метерлинка непонятна борьба между спиритуалистами и материалистами, ибо обращение материи в дух и духа в материю непонятно и неприметно. Этого обращения попросту не существует. Бесконечно малое не духовнее бесконечно большого; и бесконечно великое не материальнее бесконечно малого... Дух начинается не там, где ограничивается видение, видение микроскопа; он во всем, что видит глаз. И вот еще один громоподобный метерлинковский парадокс: глыба гранита или кварца настолько же духовна, как и мысль Паскаля. А божественная евангельская мудрость благовествует: все осуществилось через Слово (*Ин. 1, 3*), «всяческая Тем и о Нем создашася» (*Кол. 1, 16*). Он и есть духовность духовного, разумность разумного, жизнь живущего, материальность материального. Поэтому только в Нем единственно и возможна теодицея, антроподицея и космодицея.

Одна и та же загадка содержится во всех существах, во всем, что мы называем духом и материей. Если, – говорит Метерлинк, – все материя, то загадка не более ясна, чем если все – дух, тем более, если все – материя и дух, если просто материя и если материя просто дух. Такой спор ни к чему не приведет.

Мысль – это весьма интересный и чрезвычайно мучительный дар. Я бы сказал, что Метерлинку тяжело, что человек наделен мыслью. В огромном космосе, там, где действуют бесчисленные силы, мрачные и светлые, малюсенькая и мельчайшая мысль человека постоянно мучительно умирает и никак не может умереть. Она бессмертна в своем умирании. В этом и заключается трагедия человека. Человек – гуманист. Если бы у него было больше честности и храбрости, то он бы воспользовался трагичностью мысли для одного: чтобы совершить самоубийство. Ибо зачем ему мысль, если она означает непрестанное мучение в бессмертном умирании?

Печальный Метерлинк – последовательный гуманист, искренний человекопоклонник, потому он и трагично смел в своей заключительной мысли: «Если бы человек был одарен менее боязливой разумностью, человечество давно перестало бы существовать, ведь, вероятно, оно не приняло бы жизнь такой, какой она нам навязана».

Да, да, мысль – это, несомненно, самый горький дар, до тех пор пока человек не усладит ее сладчайшим Господом Иисусом. И самый проклятый дар, пока он не облаговестит ее евангельской благодатной вестью. Мысль человека-мыслителя, если не закончится Богом, рано или поздно закончится помешательством.

Мудрую мысль высказал Метерлинк: «Скажите мне, каков ваш Бог, что Он делает, что Он говорит, что думает, как вы Его видите, и я буду знать вас лучше, чем если бы прожил с вами десять лет». И Метерлинк искренно показал нам своего бога, тем самым раскрыв себя полностью. Его бог во всем похож на него. В этом суть всей трагедии мысли и философии Метерлинка. «Бог – это цветок нашей души, вершина нашего Я, в большей степени Я, чем все остальное. Он есть наше непрестанное творение. Он изменяется из века в век, из года в год, изо дня в день. Тот, кто бы в старости имел Бога, подобного Богу его детства или юности, был бы не человеком, а мертвецом. Бог живет, растет, развивается, совершенствуется, питается нашей силой, нашей разумностью и нашими добродетелями. Твой Бог – это ты, то, чем ты был, то, что ты есть, и в особенности то, чем ты надеешься стать».

Жалок бог Метерлинка, если он ничуть не больше человека. Надо иметь чересчур трагическую гордость, чтобы поклоняться богу Метерлинка. Но ни под каким видом, ни под какою маскою человек не может заменить Бога живого и истинного. Причина безысходного отчаяния Метерлинка – в его гуманистическом человекопоклонстве, идолопоклонстве. Замурованный в человеке, он задыхается в нем и должен задохнуться. Человек не может провозгласить себя Богом и при этом не обезуметь (*Рим. 1, 21–22*). Свою метаморфозу к трагическому и неразрешимому Метерлинк красноречиво выражает в словах: «Аркел моей молодости говорил в Пелее: «Если бы я был Богом, я бы имел жалость к людям». Аркел моей старости сказал бы сегодня: «Если бы я был Богом, я бы стыдился того, что сотворил людей».

Это по-ницшевски честно, но и по-ницшевски же безнадежно. Действительно, человеческая мысль о смысле мира, об оправдании человека, если не завершается мыслью о Богочеловеке, Который есть единственный смысл мира и единственное оправдание человека, должна завершиться отчаянием, помешательством, самоубийством. Так она и завершилась в Ницше, в Иване Карамазове, в Ставрогине и также, увы, завершилась и в печальном певце «разумности цветка», в мятежном философе «великой тайны».

Метерлинк – преимущественно поэт смерти и философ смерти. Но в его поэтических ощущениях и философских размышлениях очевидно некое гуманистическое заблуждение и пантеистическая противоречивость, вернейший спутник которых – отчаяние. Хотя и зажатый со всех сторон смертью, Метерлинк рассуждает: зачем жить? Затем, что нет ничего иного, затем, что смерть не существует. Жизнь существует, а смерть не существует. Смерть не нападает на жизнь, а жизнь делает смерть невозможной и даже немыслимой. Жизнь не позволяет ей иметь ни формы, ни прибежища. Жизнь, как кажется, убивает, меняя свое направление, но убить так же невозможно, как и уничтожить. Когда мы режем ягненка, мы обращаем в другую сторону поток, ни одна капля которого не пропадает. Жизнь не имеет другого врага, кроме самой себя, то есть ей невозможно его иметь. Все, что умирает, погружается в жизнь.

Мысль о вечном существовании, о вечном круговороте всего существующего несет в себе невыносимый ужас. Разве возможна более страшная мука для духа человеческого, чем вечное сосуществование с бессмыслицами, гадостями, подлостями, которыми род человеческий осквернил целомудренное лицо этой нашей звезды, золушки? Мы называем Бога вечным, – заявляет Метерлинк. – Но никогда нельзя забывать, что все так же вечно, как и Бог, и не может не быть таковым. Что это была бы за вещь, которая бы началась и могла бы иметь предел? Куда бы исчезла ее сущность, чем бы она стала? Все вечно, ведь ничто не пропадает; все нерушимо, если не по своей форме, то во всяком случае по своей сущности. Прекратим раз и навсегда путать смерть с разорением или уничтожением. Мы все современники Божии и живем так же долго, как и Он. Мертвых нет, ведь все мертвецы живы, и все живые мертвы. Живые живут духовно и материально в мертвых, а мертвые в живых. И те и другие неразрушимы.

«Никогда нельзя говорить, что кто-то мертв или мертвец. Мы говорим: это живое существо, которое больше невидимо. Это справедливее и ближе к истине, потому что, строго говоря, мертвых нет, но есть живые, которые изменили свою форму. Ничто никогда не прекращалось, и ничто никогда не перестанет существовать». Кто говорит «конец», – пишет Метерлинк, – не говорит «небытие». Конец живого человека есть начало мертвого человека, а конец мертвого человека есть начало преображения и эволюции, которую мы не в силах проследить в границах пространства и времени. Мы столь же бессмертны, столь же вечны, как и универсум. Всякая молекула, всякая клеточка нашего тела, всякий флюид или всякая волна нашей разумности существует испокон веков и будет существовать всегда.

Смерть – это естественное продолжение жизни. Жизнь не прекращается. Жизнь видит свое истинное лицо лишь в зеркале смерти. «Чем была бы жизнь, если бы не было смерти? Кто бы осмелился жить? Ведь только страх смерти, вообще-то бессмысленный, помогает нам продолжать свою жизнь до старости». Имеющее предел не существует, потому что ничто не оканчивается во времени. Возможно только то, что бесконечно. У людей есть только одно неотчуждаемое и несомненное счастье: они могут надеяться на смерть.

Наше сознание продолжает существовать и после смерти. Это значит, что мы можем осознавать себя живыми и по ту сторону могилы. Жизнь в неумерщвляемом сознании. «Мы никогда не узнаем, что мы мертвы». «Что была бы жизнь без смерти? Смерть – это то, что придает жизни важность, значение, достоинство, смысл и бескрайние перспективы». «Жизнь – это тайна, смерть – ключ, которым она открывается; но тот, кто поворачивает этот ключ, навеки исчезает в этой тайне».

Но все же смерть – это некое катастрофическое изменение самосознания, в котором утрачивается континуитет нашей личности, нашего Я. Если же так, тогда бессмертие человека как личности онтологически невозможно. Ведь бессмертие – только тогда бессмертие, если в нем сохраняется преемственность личности. Метерлинк не ощущает эту антиномию, поэтому смело выдвигает нелогичный тезис: «Наше нормальное состояние – это смерть, то есть бессознательность, потеря нашего я, нашей личности... Смерть – наше нормальное состояние, ибо означает наше возвращение к универсальной жизни. В великом режиме универсума мы перестаем быть мучительным исключением». Мы можем не существовать, но с того мгновения, когда мы начали существовать, мы окончательно бессмертны.

Книга Метерлинка «Перед великой тишиной» – трагичный баланс его философии. Иначе и быть не могло, ведь и он жертва европейской эпидемии – гуманизма, человекопоклонства. Он хотел все свести к человеку, все объяснить человеком, и, наконец, тот ему опротивел. Это большое отвращение к человеку всегда охватывает человеческое существо, лишь только оно пытается Бога заменить человеком. В гуманистическом порыве Метерлинк не пожелал опереться на Богочеловека, потому и онемел в безумном отчаянии перед неразрешимою загадкой мира.

«Для чего я жил? – спрашивает себя Метерлинк. – Чтобы вместе с миллиардами и миллиардами других существ, бывших до меня, моих современников и тех, которые придут после меня, стать бесполезным кольцом в цепи, которой не будет конца и которая ничему не послужит? Про прошествии тысяч лет вопросов и размышлений человечество, украшающее жизнь на этой земле, не нашло ответа, который можно было бы принять». Нам говорят, что, вероятно, в конце концов ничто не пропадет в духовной сфере и что все усилия, все трагичные победы нашего разума и нашего сердца, собравшись, образуют единый резерв, из которого могут окормляться наши потомки или другие миры и который будет способствовать извлечению сознания универсума из мрака и хаоса. Но все наши усилия, все наши победы никогда не завершались ничем иным, как погружением во все более и более глубокое непонимание; и все, что мы узнавали о цели и причине существования, о начале и конце, о времени и вечности, о материи и духе, о жизни и смерти, становилось все негативнее и негативнее. В общий фонд мы вкладывали только нули, которые ничего из себя не представляют и ни о чем не говорят. Нагромождая ничто на ничто, мы не можем надеяться, что однажды мы сумеем нечто найти и обнаружить.

Мысль человеческая, выпоротая загадками мира, мученически ищет смысл жизни и не находит его. Она непрестанно уходит во все новые и новые бесконечности, которые только увеличивают ее жажду познания. Единственное, что существует в универсуме, это бесконечность, – размышляет Метерлинк. – Бытие не имеет цели. Цель означает границу, единственное же правило бесконечности и бытия в том, что у них нет и не может быть границ. Это причина, которую мы ищем, и всегда будем искать путем вопросов, и никогда ничего не поймем. Единственный совершенный нами прогресс заключается в агностицизме. Страшен итог человеческого прогресса: «Если подвести итог тому, что сделал человек с момента своего появления на земле, мы должны констатировать, что он не открыл ничего нового ни о жизни, ни о смерти, ни о Боге, ни об универсуме, ни о пространстве и времени; несколько неуверенных слов о свете, о теплоте, об электричестве и гравитации и ничего о духе и материи, ничего о вечности, о бесконечности, о добре или зле, о происхождении, о цели или пределе».

Чем закончится человек? А чем такой человек, как Метерлинк? Прикованный к земле, он выкрикивает свои больные вопросы в космические пропасти и пещеры, и ниоткуда ни эха, ни отклика. Отовсюду на человека набегает и наседает тишина, глухая, а может быть, и вероломная. Для Метерлинка, конечно же, глухая и вероломная. Но не для Христова человека. Ведь он в Божием молчании находит красноречивые ответы на свои муки и боли. А отчаявшийся Метерлинк еще сорок лет назад, стуча своими вопросами в неоткрываемую дверь космических тайн, прокричал существу, стоящему за дверью: «Чудовище, я плюю на тебя!»

Болезненно и раздражительно чувствительный к тайнам мира, Метерлинк свои размышления о жизни собрал в безнадежный вывод, по-макбетовски полный отчаяния и по-макбетовски трагичный. Шекспир, всечеловечески широкий и глубокий и при этом гораздо более здоровый душою, чем Метерлинк, высказал устами Макбета ужаснейшее суждение о жизни: «Жизнь – это сказка, рассказанная идиотом, полная ничего не значащего шума и ярости»[65].

Такое суждение о жизни – абсолютно в духе психологии трагического злодея, каким является Макбет. Но бесконечно трагично для Метерлинка, что он усваивает это суждение и говорит, что это, «несомненно, последнее слово нашей истины». И еще приправляет его новыми гуманистическими, декадентскими максимами: «Нет сомнений, все мы живем, как наемные рабочие, машинально, слепо, поверхностно выполняя каждодневную работу». «Мы все вечные каторжники». «Встречали ли мы когда-нибудь живое существо, которое бы пошло не в смерть, а в другую сторону?» И наконец, свидригайловское заключение обо всем: «Жестокость и гадость – очевидный завет, основной закон природы».

Человеческая мысль от природы бесконечна для того, чтобы знать свою цель: полностью соединиться с бесконечным Богом. Если же она обходит Бога, то удаляется в солипсическо-сатанинские бездны, в которых неминуемо завершает самоубийственным отчаянием и безумием. Меланхоличный Метерлинк не может отделаться от этого самоубийственного отчаяния и мысли: «Человечеству, возможно, придет конец, когда человек переработает и исчерпает все изобретения природы, то есть, когда все опробует, все предпримет, все уразумеет. Но гораздо более вероятно, что прежде всего этого человечество убьет себя своими собственными руками».

Прискорбно быть человеком, еще прискорбнее, если этот человек – Метерлинк, а больше всего, если Иван Карамазов. Такой человек горит в огне своего собственного отчаяния, но никак не сгорает, всегда умирает, но никак не умрет. Человек, не расширенный, не углубленный, не продолженный, не обесконеченный Богочеловеком Христом, это не что иное, как со всех сторон герметически закупоренная монада. Он никак не может преодолеть себя, переступить границы своего проклятого одиночества и вступить в транссубъективный мир. Если глаз заключен в черную сферу, зрение ему приносит только сильнейшую муку. Так же и человек, заключенный в этом универсуме, только мучается от того, что он человек. Это мучение претворяется в непреходящую радость только тогда, когда человек уверует в сладчайшего Господа Иисуса, Который горькие тайны миров услаждает вечною сладостью и открывает их волшебные глубины. А до тех пор печальные исполины мысли сходят с ума от разветвленных ощущений и от денного и нощного лицезрения бесчисленных бездн.

ДОСТОЕВСКИЙ КАК ПРОРОК И АПОСТОЛ ПРАВОСЛАВНОГО РЕАЛИЗМА

Я знаю Достоевского как пророка, как апостола, как мученика, как поэта, как философа. Многогранность его гения поражает. Всечеловечески широкий и глубокий, он принадлежит всем, но и все принадлежат ему. Он настолько человек, настолько всечеловек, что родственен всем: и сербам, и болгарам, и грекам, и немцам – всем людям на всех континентах. В нем есть что-то от каждого из нас, то есть каждый может найти себя в нем. Своим всечеловеческим сочувствием и любовью он свой для всех.

Мы, люди, живем в мире двойной реальности, физической и духовной. Что такое реальность физическая? Материя. А что такое материя? Сегодня есть физики, которые утверждают, что материи в действительности не существует, существуют лишь нематериальные праэлектроны и фотоны. А реальность духовная, что это такое? Душа. Что такое душа? Нечто непосредственно данное нашему существу, нечто, ни сущности, ни облика чего не знаем.

Считая материю и душу реальностью, не провозгласили ли мы реальностью нечто призрачное? Как бы мы ни хотели постигнуть реальность материи и духа, наша человеческая мысль и наше человеческое ощущение свидетельствуют об одном и только об одном: и материя, и дух сотканы из чего-то такого, что похоже на тень или на сон; «соние есмы непостоянное», то есть мы – это изменчивый сон. А все, что мы называем творением и существами, – из той же материи, что и сон: все и вся – это тень и сон. Наш земной мир своей реальностью подобен сну, который кому-то снится. И мы, люди, часть этого космического сна, двигаемся в этом мире, как тени среди теней, как привидения среди привидений, как призраки среди призраков.

Но человеческая мысль, природа которой фантастичнее самой природы сна, неустанно вопрошает: что есть то, что делает материю реальностью, и что – что делает реальностью душу? И материю, и душу делает реальностью только всемогущий Творец всех реальностей – Бог Слово. Это евангельский ответ человеческой мысли, единственный ответ, означающий для нее истинное благовестие. Все существующее реально настолько, насколько имеет в себе силы Слова. Реальность на самом деле – это не что иное, как логосность. То, что делает природу природой, человека человеком, душу душою, материю материей, небо небом, землю землею, жизнь жизнью и существо существом, это логосность.

«Слово плоть бысть»[66] (*Ин. 1, 14*). Эти три слова содержат в себе все Евангелие божественного и человеческого реализма. Только воплощением Бога Слова люди познали настоящую, непреходящую, вечную реальность. До воплощения люди в действительности были привидениями. После Воплощения через все человеческое заструилась божественная реальность. И всякий человек настолько истинно реален, насколько соединяет себя с воплощенным Богом Словом. А это значит, насколько он становится членом тела Богочеловека Христа, которое есть *Церковь*. Как тело Бога Слова, Церковь, по сути, единственная непреходящая реальность в этом преходящем мире.

Пророчески вдохновенно и апостольски восхищенно Достоевский прочувствовал всю бесконечную важность воплощенного Бога Слова для нашего земного мира. Это первая и главнейшая реальность и основа всякой прочной реальности. Достоевский заявляет: «Спокойствие для человека источник жизни, и спасение от отчаяния всех людей, и непременное условие, и залог всего мира, и заключается в трех словах: Слово плоть бысть, и вера в эти слова». Все ценности неба и земли Достоевский находит в воплощенном Слове, потому и говорит: «Все дело в том, что Слово в самом деле плоть бысть. В этом вся вера и все утешенье человечества, утешенье, от которого оно никогда не откажется».

Став человеком, Бог Слово сделал реальным для людей божественные ценности, божественные идеалы. Он показал, что люди могут жить Богом и воплощать Божии мысли и желания в этом мире. Достоевский заявляет, что невозможно верить, «что Слово плоть бысть, т.е. что идеал был во плоти», и не верить, что он «возможен и достижим всему человечеству». Да разве человечество может обойтись без этой утешительной мысли? Да Христос и приходил затем, чтобы человечество узнало, что и его земная природа, дух человеческий может явиться в таком небесном блеске, в самом деле и во плоти, а не то что в одной только мечте и в идеале, что это и естественно и возможно. Последователи Христовы, обоготворившие эту просиявшую плоть, засвидетельствовали в жесточайших муках, какое счастье носить в себе эту плоть, подражать совершенству этого образа и веровать в него во плоти. Другие, видя, какое счастье дает эта плоть, чуть только человек начнет приобщаться ей и уподобляться на самом деле ее красоте, дивились, поражались, и кончалось тем, что сами желали вкусить это счастье и становились христианами и уж радовались мукам. Тут именно все дело, что Слово в самом деле плоть бысть. В этом вся вера и все утешенье человечества, утешенье, от которого оно никогда не откажется».

Для Достоевского Богочеловек Христос – это нечто более высокое, чем Истина, Правда, Любовь и все самое возвышенное, о чем только могут помыслить люди. И если бы даже возникла дилемма – Христос или истина, – Достоевский избрал бы Христа и отвергнул бы истину. Такова его вера, вера, с которой может сравниться лишь вера одного апостола Павла. Такая вера и составляет его *«Символ веры»*. Вот его собственные слова, говорящие об этом: «Бог посылает мне иногда минуты, в которые я совершенно спокоен; в эти минуты я люблю и нахожу, что другими любим, и в такие минуты я сложил себе *символ веры*, в котором для меня все ясно и свято. Этот символ очень прост, вот он: верить, что нет ничего прекраснее, глубже, симпатичнее, разумнее, мужественнее и совершеннее Христа, и не только нет, но с ревнивою любовью говорю себе, что не может быть. Мало того, если б кто мне доказал, что Христос вне истины и действительно было бы, что истина вне Христа, то мне лучше бы хотелось остаться с Христом, чем с Истиной».

Христос – это Логос и Логика всего существующего. Он дает смысл и жизни, и миру, и человеку, и всему творению. Если мы отвергнем Его, то отвергнем все то, на чем стоит мир и ради чего он существует. Всем тем, кто отвергает Христа, Достоевский апостольски смело заявляет: «Все в мире без Христа станет грязно и греховно». Покажите «мне что-нибудь лучше Христа»! «Укажите мне ваших праведников, которых вы вместо Христа ставите».

Появление Бога Слова в лице Богочеловека Христа ясно показывает, что в этом мире Бог – единственная истинная реальность, а человек – реальность лишь настолько, насколько воплотит в себе Бога Слова, насколько ологосится. Своими трудами и учением Богочеловек неопровержимо показывает и доказывает, что в этом мире действительно существуют две истинные реальности – Бог и человек. А меж ними находятся все остальные реальности. Но различение реальностей происходит только в свете высшей реальности, Бога. Отпадение от этой реальности срывает мысль в псевдореальность, в антибытие, в небытие. Полнейшая и страшнейшая псевдореальность – это сатана. Ибо он являет собою самое радикальное отпадение и глубочайшую удалённость от Бога.

Для нашего славянского пророка и апостола Достоевского Бог есть величайшая реальность и ближайшая действительность. Для его героев существует одна главная мука – Бог. «Бог лишь мучает», – это их общая исповедь. Если Бога нет, тогда все диавольский хаос, и бессмыслица, и глупость. Тогда мир покоится на абсурдах.

Иная реальность, величайшая после Бога, – это человек, его бессмертная душа, его личность. Наш пророк много богомудрых пророчеств сложил об этой реальности. Он пророчествует: «Без веры в свою душу и в ее бессмертие бытие человека неестественно, немыслимо и невыносимо». Если Бог – это первая реальность, то бессмертие души – это вторая реальность. Бессмертие души есть главный источник всех непреходящих ценностей человеческих. Более того, «идея о бессмертии – это сама жизнь, живая жизнь, ее окончательная формула и главный источник истины и правильного сознания». Без бессмертия души жизнь человеческая не имела бы никакого смысла и оправдания. «Лишь из этой одной веры (в бессмертие души. – Прим. ред.) выходит весь высший смысл и значение жизни, выходит делание и охота жить». «Вера эта есть единственный источник живой жизни на земле – жизни, здоровья, здоровых идей и здоровых выводов и заключений».

Апостол бессмертия человеческой души не может представить человека без Бога. Человек существует, потому что существует Бог. Если бы не было Бога, человек не мог бы существовать. «Бессмертие души и Бог – это все одно и то же, одна и та же идея», – заявляет Достоевский. «Если есть Бог, то и я бессмертен», – справедливо утверждает он. Поэтому для него верить в Богочеловека Христа и в загробную жизнь – величайшее дело на земле.

Всю свою жизнь Достоевский пророчествовал о Богочеловеке и о преображении человека с помощью Богочеловека. Как пророк и прозорливец, он свел человеческое зло и человеческое добро к их праисточникам: зло – к диаволу, добро – к Богу. Ибо главное отличие пророка – видение мира и человека в мире с точки зрения вечности, размышление о мире мыслью Божией, возвещение Божиего промысла о мире, делание Божиего дела в мире.

Православный реализм – это не что иное, как богочеловеческий реализм, то есть благодатное и органичное соединение Божиего и человеческого, небесного и земного. Всякое чувство от сильнейшего до слабейшего, всякая мысль от величайшей до мельчайшей должна ологоситься, обогочеловечиться подобно Богочеловеку и таким образом обессмертиться. Это происходит с человеком, воцерковившимся и оцерковившимся, когда он станет живой клеточкой в богочеловеческом организме Христовом – Церкви. Богочеловеческие силы Христовы в организме Церкви работают непрестанно и все человеческое преисполняют божественной вечностью и жизненностью. Вот и примеры тому: старец Зосима, Алеша, князь Мышкин, Макар и другие созидатели православного богочеловеческого реализма.

В новое время Достоевский – это прозорливейший пророк и самый красноречивый апостол Образа Христова. Образ Христов – это единственный Свет против всякой тьмы, в которую может впасть род людской, единственный выход из всякой смерти, единственное утешение во всех муках, единственный указатель пути из всякого заблуждения. «На земле же воистину мы как бы блуждаем, – говорит Достоевский, – и не было бы драгоценного Христова образа перед нами, то погибли бы мы и заблудились совсем, как род человеческий перед потопом». Совесть человеческая сама по себе не является непогрешимым критерием добра и зла, равно как и верным проводником в прохождении жизненного пути. Достоевский пишет: «Совесть без Бога есть ужас, она может заблудиться до самого безнравственного . Надо еще беспрерывно возбуждать в себе вопрос: верны ли мои убеждения? Проверка же их одна – Христос». «Если мы не имеем авторитета в вере и во Христе, то во всем заблудимся». «Нравственный образец и идеал есть у меня – Христос».

В мире наших трагичных земных относительностей Достоевский – это боговдохновенный пророк и апостол абсолютной Красоты. «Прекрасное есть идеал, – говорит он, – а идеал – ни наш, ни цивилизованной Европы еще далеко не выработался. Но на свете есть одно только положительно прекрасное лицо – Христос, так что явление этого безмерно, бесконечно прекрасного лица уже, конечно, есть бесконечное чудо. (Все Евангелие Иоанна в этом смысле; он все чудо находит в одном воплощении, в одном проявлении прекрасного)». «Красота спасет мир», – пророчествовал Достоевский. Несомненно, абсолютная Красота, которая есть Христос, воплощенный Бог Слово.

Волшебный Образ Христов – это все в Православии. «Вникните в Православие, – советует Достоевский, – это вовсе не одна только церковность и обрядность, это живое чувство . По-настоящему в нем один Христов образ». Все, что православно, сияет таинственным и благим светом Образа Христова. Славянский апостол Образа Христова возглашает: «Утраченный образ Христа сохранился во всем свете чистоты своей в Православии». И, предлагая схему веры, он говорит: «Схема» веры: Православие заключает в себе образ Иисуса Христа».

Я не знаю более краткой и содержательной дефиниции Православия, чем эта. Только пророк божественного вдохновения мог все Евангелие и все Предания православные свести к Образу Христову. И из Него вывести все, что необходимо земле и небу, человеку и человечеству. Живя Образом Христовым, храня все, Его вечные и роскошные дары, Православие несет в себе решение всех личных и общественных проблем. Достоевский утверждает, что все тайны личности, самоусовершенствования и пути к нему открыты Православием и его дисциплиной самоусовершенствования.

В тайне личности сокрыта и тайна общества. Кто решит проблему личности, решит и проблему общества. Это – богомудрое пророчество нашего славянского пророка. Он апостольски сильно благовествует: «Не «начало» только всему есть личное самоусовершенствование, но и продолжение всего, и исход». Но это личное самоусовершенствование возможно, только если верить в бессмертие души и в ее таинственную связь с Богом. Идея личного самоусовершенствования «исходила из убеждений, что человек вечен, что он связан с другими мирами и с вечностью». Лучший пример личного самоусовершенствования мы имеем в святых. «Святые, – говорил Достоевский, – сами светят и всем нам путь освещают».

Они суть «положительные характеры невообразимой красоты и силы». Они идеал для всех, они вожди и ведут нас, как блудных детей.

В своих пророческих видениях Достоевский видит всех людей всех времен, связанных между собою единою судьбой. Таинственным, но в то же время весьма реальным образом все люди присутствуют во всяком человеке и всякий человек – во всех людях. Отсюда происходит ответственность каждого человека за всех и вся на земле. Достоевский учит: «Каждый единый из нас виновен за всех и за вся на земле несомненно . Сие сознание этого есть венец пути всякого на земле человека». Человек является истинным человеком, если чувствует чужие грехи, как свои, и кается в них. «Одно тут спасение себе, – благовестит Достоевский, – возьми себя и сделай себя же ответчиком за весь грех людской. Друг, да ведь это и вправду так, ибо чуть только сделаешь себя за все и за всех ответчиком искренно, то тотчас же увидишь, что оно так и есть в самом деле и что ты-то и есть за всех и вся виноват».

Вопрос вопросов: как прийти к убеждению, что существуют лишь две наивысшие ценности – Бог и бессмертие души? «Опытом деятельной любви, – отвечает Достоевский. – Постарайтесь любить ваших ближних действенно и неустанно. По мере того как будете преуспевать в любви, будете убеждаться и в бытии Бога, и в бессмертии души вашей. Если же дойдете до полного самоотвержения в любви к ближнему, тогда уже несомненно уверуете, и никакое сомнение даже и не возможет зайти в вашу душу». Где небольшая любовь, там и небольшая вера в Бога и в бессмертие души. Где нет любви, там абсолютный мрак неверия, ад. Ведь «что есть ад? – спрашивает Достоевский и отвечает: – Страдание о том, что нельзя уже более любить».

Любовью достигается не только тайна Бога и бессмертия души, но и всякого творения вообще. «Любите все создание Божие, – советует Достоевский, – и целое, и каждую песчинку. Каждый листик, каждый луч Божий любите. Любите животных, любите растения, любите всякую вещь. Будешь любить всякую вещь и тайну Божию постигнешь в вещах. Постигнешь однажды и уже неустанно начнешь ее познавать все далее и более, на всяк день. И полюбишь наконец весь мир уже всецелою, всемирною любовью».

Со своих пророческих высот Достоевский ясно разглядел трагедию Европы и открыл ее причину. Причина в том, что Европа через римокатолицизм и протестантизм обезобразила и утратила образ Богочеловека Христа. И все там из-за этого замутилось и превратилось в хаос. Но это лишь одна половина того, что увидел Достоевский, другая в том, что величайшее сокровище всех миров, образ Богочеловека Христа, совершенно сохранен лишь в Православии. И христолюбивый апостол благовествует: «Утраченный (в Европе. – Прим. ред.) образ Христа сохранился во всем свете чистоты своей в Православии». «Надо, чтобы воссиял в отпор Западу наш Христос, Которого мы сохранили и Которого они и не знали!» «Россия несет внутри себя драгоценность, которой нет нигде больше, – Православие, она – хранительница Христовой истины, настоящего Христова образа, затемнившегося во всех других верах и во всех других народах». «И, может быть, главнейшее предызбранное значение народа русского в судьбах всего человечества и состоит лишь в том, чтобы сохранить в себе этот божественный образ Христа во всей чистоте, а когда придет время, явить этот образ миру, потерявшему пути свои!»

В Европе сила и мощь приписывается всевозможным вещам, но для Достоевского нет иной силы кроме Христа. Поэтому он пророчески убедительно высказывается: Христос – наша сила, наша русская сила. «Сущность русского призвания в разоблачении перед миром русского Христа, миру неведомого и которого начало заключается в нашем родном православии. По-моему, в этом и вся сущность нашего могучего будущего цивилизаторства и воскрешения хотя бы всей Европы и вся сущность нашего будущего бытия».

В новое время Россия благодаря своей таинственности стала самой загадочной страной в мире. Этому больше всего способствовал Достоевский. Но он в то же время больше всего способствовал и тому, чтобы эту загадку в некоторой степени отгадать, чтобы обнаружить ее основные созидательные силы, и сверх того, ее величайшую ценность и ее величайшую святыню. Эта ценность и эта святыня – Православие. Достоевский заявляет: «Русская вера, русское Православие есть все, что русский народ считает за свою святыню; в ней его идеалы, вся правда и истина жизни». «Все народные начала у нас, в сущности, вышли из Православия».

А что составляет сущность Православия? Истинную сущность Православия составляет служение всему человечеству. Православие предназначено к этому. Все другие народы, более или менее, живут для себя и в себе, а «мы, – говорит Достоевский, – начнем теперь именно с того, что станем всем слугами, для всеобщего примирения. И это вовсе не позорно, напротив, в этом величие наше, потому что все это ведет к окончательному единению человечества. Кто хочет быть выше всех в Царствии Божием – стань всем слугою. Вот как я понимаю русское предназначение в его идеале».

По пророчеству Достоевского, новое слово, которое Россия скажет миру, – это Православие. Когда это новое слово будет сказано, произойдет «настоящее воздвижение Христовой истины, сохраняющейся на Востоке, настоящее новое воздвижение Креста Христова и окончательное слово Православия, во главе которого уже давно стоит Россия. Это будет именно соблазн для всех сильных мира сего и для торжествовавших в мире доселе, всегда смотревших на все подобные «ожидания» с презрением и насмешкой и даже на понимающих, что можно серьезно верить в братство людей, во всепримирение народов, в союз, основанный на началах всеслужения человечеству и, наконец, на самое обновление людей на истинных началах Христовых».

Для Достоевского формула русской и славянской будущности – это Православие и православное дело. Что это такое? «Это вовсе не какая-нибудь лишь обрядная церковность, а с другой стороны, вовсе не какой-нибудь религиозный фанатизм» (как уже и начинают выражаться об этом всеобщем теперешним движении русском в Европе), а это именно есть прогресс человеческий и всеочеловечение человеческое, так именно понимаемое русским народом, ведущим все от Христа, воплощающим все будущее свое во Христе и во Христовой истине и не могущим и представить себя без Христа». «Величайшее из величайших назначений, уже осознанных русскими в своем будущем, есть назначение общечеловеческое, есть общеслужение человечеству, – не России только, не общеславянству только, но всечеловечеству».

Но что же будет с Россией, которая такими тяжкими путями грядет к своей всечеловеческой цели? «Россию, – пророчествует Достоевский, – спасет Господь, как спасал уже много раз. Из народа спасение выйдет, из веры и смирения его». «Народ верит по-нашему, – заявляет старец Зосима, – а неверующий деятель у нас в России ничего не сделает, даже будь он искренен сердцем и умом гениален. Это помните. Народ встретит атеиста и поборет его, и станет единая православная Русь. От народа спасение Руси».

В славянском мире Достоевский – это величайший пророк и самый ревностный апостол Всеславянства. Славянская идея – это одно из главных его пророчеств и одно из главных его благовестий. Согласно ему, «славянская идея в высшем смысле ее – это прежде всего жертва, потребность жертвы даже собою за братьев с тем, чтоб тем самым основать впредь великое всеславянское единение во имя Христовой истины, то есть на пользу, любовь и службу всему человечеству, на защиту всех слабых и угнетенных в мире». Всякое дело, мысль, слово и чувство, которым человек смиряет себя и становится слугою своему слуге, «послужит основанием к будущему уже великолепному единению людей, когда не слуг будет искать себе человек и не в слуг пожелает обращать себе подобных людей, как ныне, а, напротив, изо всех сил пожелает стать сам всем слугою по Евангелию».

Вершину пророческого вдохновения и апостольского благовестия Достоевского представляет его «Речь о Пушкине». Это воистину самое пророческое Евангелие и самое евангельское пророчество о России и славянстве. Евангелие и пророчество о всечеловеке и всечеловечестве. Призвание русского человека, по словам этого пророчества и этого Евангелия, всеевропейское и всечеловеческое. Стать настоящим русским – значит стать братом всем людям, стать всечеловеком. Всечеловечность – это главнейшая личная черта и призвание русского человека. Всечеловечность – это национальная русская идея. В духе русского народа существует живая потребность ко всеединению человечества, всеединению с полным уважением к национальным особенностям, к сохранению полной свободы людей. Это единение любовью обеспечивается делом, живым примером, потребностью на дела истинного братства, а не гильотиной и не миллионами отрубленных голов. «Для настоящего русского, – проповедует Достоевский, – Европа и удел великого арийского племени так же дороги, как и сама Россия, как и удел своей родной земли, потому что наш удел и есть всемирность, и не мечом приобретенная, а силой братства и братского смирения нашего к воссоединению людей. О, народы Европы и не знают, как они нам дороги! И впоследствии, я верю в это, мы, то есть, конечно, не мы, а будущие грядущие русские люди, поймут уже все до единого, что стать настоящим русским и будет именно значить: стремиться внести примирение в европейские противоречия уже окончательно, указать исход европейской тоске в своей русской душе, всечеловечной и всесоединяющей, вместить в нее с братскою любовью всех наших братьев, а в конце концов, может быть, и изречь окончательное слово великой, общей гармонии, братского окончательного согласия всех племен по Христову евангельскому закону!»

Пламенный пророческий идеализм Достоевский своим апостольством претворил в православный реализм. То, что Достоевский провидел как пророк, он осуществлял как апостол. Многие из его пророчеств осуществляются на наших глазах. Существуют психологические и онтологические предпосылки к тому, что и все остальные его пророчества сбудутся. Ведь все они проникнуты евангельским духом. А и небо, и земля не прейдут до тех пор, пока не исполнится сказанное в Евангелии и пророченное на его основании.

Как духовные потомки пророка православного реализма, мы, славяне, пророческий род. Наша миссия – всею своею душою, всем своим сердцем, всею своею мыслью, всею своею силою исполнять Евангелие Христово. Если мы будем так трудиться, то исполним завет нашего славянского пророка Достоевского и явимся достойными православного Образа Христова, этого величайшего сокровища во всех мирах, видимых и невидимых.

О РАЕ РУССКОЙ ДУШИ

Человек – это единственное существо во всех мирах, разрывающееся между раем и адом. Проследите за человеком на всех его путях, и вы увидите, что все его пути ведут или в рай, или в ад. В человеке нет ничего, что не завершалось бы или раем, или адом. Диапазон человеческих мыслей, человеческих чувств, человеческих настроений шире и ангельского и диавольского. Шире диавольского, ибо человек может пасть ниже диавола; шире ангельского, ибо человек может достигнуть Бога. А это значит, что человеческое зло и добро беспредельны, вечны, ведь добро ведет человека в вечное царство добра, в рай, а зло – в вечное царство зла, в ад.

Человек – существо всегда вечное, хочет он того или нет. Через все, что ему свойственно, струится некая загадочная вечность. Если человек делает добро, хоть какое-нибудь, он вечен, ведь всякое добро своим внутренним нервом связано с вечным Божественным добром. И если делает зло, хоть какое-нибудь, человек и тогда вечен, ведь всякое зло своей таинственной сущностью навечно связано с диавольским злом.

Человек никогда не может свести себя к конечному бытию, преходящему, смертному. Сколько бы он этого ни желал, человек не может совершить абсолютного самоубийства, ведь самоубийство – это зло, предоставляющее душу самоубийцы вечному царству зла. По самой своей природе человеческое самоощущение и самосознание бессмертно, нетленно и вечно. Самим своим существом человек осужден на бессмертие и вечность. Только это бессмертие и вечность могут быть двоякими: добрыми или злыми, Божиими или диавольскими. Человеку предоставлена свобода и право выбора между этими двумя бессмертиями и двумя вечностями. Он может избрать одно или другое, но не может отречься от бессмертия и вечности. Ибо его существу предопределено бессмертие и вечность. Он не располагает ни внутренними органами, ни внешними средствами, с помощью которых мог бы устранить из себя или уничтожить в себе бессмертное и вечное. Для этого он должен был бы иметь нечто, что бессмертнее бессмертного и более вечно, чем вечное. А он этого не имеет.

Когда начинается человеческое бессмертие? С самого его зачатия в утробе матери. А когда начинается человеческий рай или ад? С его свободного выбора Божиего добра или диавольского зла, Бога или диавола. И рай и ад человека начинаются еще на земле, чтобы после смерти продолжаться вечно в той жизни и на том свете. Поэтому Спаситель определенно и ясно говорит о вечной жизни и праведников, и грешников: праведников – в раю, грешников – в аду.

Человеку дана безмерная созидательная сила, сила созидать вечность, какую он желает. В этом и устрашающая величественность человеческого существа. В этом – проклятие и благословение. Дивно и страшно быть человеком, ведь человек по всему и во всем бессмертен и вечен. Вечен и телом, ибо и оно воскреснет в день Страшного Суда.

Что есть рай? Рай – это ощущение Бога. Если человек чувствует в себе Бога, то он в раю. Где Бог, там и Царство Божие, там и рай. С тех пор, как Бог Слово сошел на землю и стал человеком, рай стал самой непосредственной земной и человеческою действительностью. Ведь где Господь Христос, там и рай. Если человек желает ощутить и познать, что такое рай, тогда пусть исполнит душу свою евангельским добром, евангельскою любовью, евангельскою правдою, евангельскою истиною, евангельскою молитвою и остальными евангельскими добродетелями. Практикуя евангельские добродетели, человек вносит в свое существование божественную истину, божественное добро и таким образом переживает рай еще здесь, на земле.

Что такое ад? Ад – это ощущение диавола. Если человек ощущает в себе диавола, он уже в аду. Ведь там, где диавол, там и ад. Впереди диавола всегда поспешают грехи, а за ним – ад. Всякий грех оставляет зло в человеческой душе, образующее малый ад. Если человек умножает в себе грехи, приручает их, то его малый ад постепенно превращается во все больший и больший, пока наконец не охватит всю душу. Что такое ад, если не царство греха, зла, диавола? Где царствует грех, там уже начинается ад. Грех от диавола, поэтому и уводит человека в вечное царство греха и зла, в ад.

И рай, и ад прежде всего психические реальности, психические переживания, субъективные и индивидуальные, и лишь во вторую очередь трансцендентные, объективные реальности этого мира. Можно сказать, что на земле и рай, и ад по-земному относительны и ограничены, но и тот, и другой уводят человека после смерти в свои вечные царства, в Царство Божие и в царство диавола. На земле и человеческое добро, и человеческое зло – это введение и приготовление человека к вечной жизни или в Царстве вечного Божиего добра – в раю, или в царстве вечного диавольского зла – в аду.

Русская душа имеет свой рай и свой ад. Нет нигде более страшного ада и более дивного рая, чем в душе русской. Ни один человек не падает так глубоко, до крайнего зла, как русский человек; но в то же время и ни один человек не взмывает так высоко, до вершин, превышающих все вершины, как русский человек. История свидетельствует: русская душа мечется между чернейшим адом и самым светлым раем. Мне кажется, что русская душа из всех душ на земле имеет самый жуткий ад и самый чарующий рай. В драме русской души принимают участие не только все ангелы небесные, но и все бесы ада. Русская душа – это самое драматичное поприще, на котором беспощадно сражаются ангелы и демоны. За русскую душу ревниво борются миры, борются вечности, борются сам Бог и сам сатана.

Что есть то, что составляет и представляет собою рай русской души? Рай русской души представляют и им являются богоносцы и христоносцы земли русской, русские святые, от святого князя Владимира и до патриарха Тихона Исповедника. Огромен, чудесен, беспределен рай русской души, ибо огромна, чудесна и беспредельна святость славных святителей земли русской. Всякий святой – это не что иное, как возвращенный рай. А это значит, что душа отнята у греха, смерти и диавола и соединена с Богом, Его светом и вечностью.

Где же рай русской души? Вот же он, в святых Сергии Радонежском и *Митрофане Воронежском*, в святых Филиппе Московском и Владимире Киевском, в святых *Серафиме Саровском* и *Иоанне Кронштадтском*, во всяком подвижнике, во всяком мученике, во всяком исповеднике, во всяком праведнике земли русской. Дивен Бог во святых русских. Смотри, сколь дивен в отце *Иоанне Кронштадтском*! Настолько дивен, что святой отец Иоанн стал святителем земли русской.

В новое время русская душа обрела в лице преподобного отца *Иоанна Кронштадтского* свой совершеннейший рай. Несомненно, он стал раем для измученной души русской. Каким образом? Тем, что своими евангельскими подвигами он вселил в себя Господа Христа, а с Ним и весь рай, и все райское очарование. Очевидно, что всякая евангельская истина понемногу возрождает рай в душе человеческой, а когда они соберутся все вместе, тогда возникает весь рай со всеми своими вечными совершенствами. Где же еще евангельские добродетели настолько живы, настолько деятельны и настолько бессмертны, как в христоносцах? Поэтому они суть рай Христов на земле.

И все-таки что такое рай? Не что иное, как осуществленное Евангелие, прожитое Евангелие. Более того, рай – это пережитый человеком Господь Христос в полноте Его богочеловеческой личности. Согласно апостольскому опыту, «живу же не ктому аз, но живет во мне Христос» (*Гал. 2:20*). А Христос живет в человеке через Свои богочеловеческие добродетели. Эти добродетели постепенно проникают в душу и постепенно вытесняют из нее грех, зло, смерть и диавола и утверждают добро, любовь, истину, бессмертие и Бога.

Проверьте мое утверждение: святитель *Иоанн Кронштадтский* – это рай для русской души. Сообразуйте свою мысль с его святой мыслью. Разве она не рай для вашей мысли? Погрузите свои чувства в его святые чувства. Разве они не рай для ваших чувств? Коснитесь своим сердцем его святого сердца. Разве для вашего сердца это не рай? Его евангельское милосердие, его евангельская кротость, его евангельская любовь, разве это не вечный рай и не вечная радость для вашей души?

Не стоит обманываться: там, где господствует Христос, там и рай. Если Он господствует в твоих мыслях, то ты в раю. Если Он господствует в твоих чувствах, в твоих желаниях, в твоих делах, то ты в раю. Второе имя рая – Царствие Божие. Святой кронштадтский подвижник говорит: «Когда Бог будет во всех мыслях, желаниях, намерениях, словах и делах человека, тогда приходит, значит, к нему царствие Божие; он во всем видит Бога: в мире мысли, в мире деятельности, в мире вещественном».

Страх охватывает наши сердца: ад в нас, ад вокруг нас. Когда же мы наш ад превратим в рай? Изгнав из него все грехи, все пороки, всех бесов и вселив в него евангельское добро, евангельские подвиги, евангельские силы. Чем больше вносится Евангелие в жизнь, тем жизнь все более становится раем. Этот мир некогда был раем, люди же своевольно претворили его в ад. Но святители возрождают рай силою своей чудотворной святости. Святой кронштадтский подвижник трудился над этим всю свою жизнь, прежде возрождая рай в своей душе, а затем своей святой жизнью возрождая рай и в людях вокруг себя. Там, где стоял кронштадтский христоносец, земля становилась раем. Там, куда он входил, зло тотчас отступало, а добро вселялось.

Своими евангельскими подвигами он повсюду воссоздавал рай в русской душе. Разве он не воссоздавал рай в русской душе, когда исцелял мучимых бесами, изгонял из них злых духов? Вспомни: он исцелил мучимого бесами, во всем напоминавшего гадаринского бесноватого. Он исцелил бесноватую женщину властными, евангельскими, божественно всемогущими словами: «Изыди вон!» И еще исцелил человека, в которого очевидно вселился бес.

Сумасшествие – страшнейшее проклятие, наложенное грехом на человеческую природу. И кронштадтский святитель исцеляет людей от сумасшествия. Потрясающие примеры таковых исцелений описывает для нас в своей книге И.К. Сурский. Достаточно было, чтобы святитель помолился Богу, как бес сумасшествия покидал человека. Исцеление от сумасшествия, разве это не возвращение человека в состояние райское, в состояние до грехопадения? Чудотворная сила кронштадтского молитвенника равна апостольской. Он не только лично исцелял от всевозможных болезней, но исцеление происходит и от его одежд. Всего несколько лет назад в Белграде от его шейного платка получила исцеление сумасшедшая женщина. Не напоминает ли вам это событие Деяния Апостольские, те места, в которых говорится о чудесах, совершенных убрусом апостола Павла?

Бесчисленны чудеса кронштадтского чудотворца. Кто их исчислит? Он исцеляет от всевозможных болезней. Евангельские чудеса шествуют перед нами, одно грандиознее другого. Но остановимся лишь на двух из них, которые, словно из Евангелия, перенесены в наше время. Одно из них – заочное исцеление святым чудотворцем смертельно больного юноши, отцу которого св. Иоанн сказал: «Ну, ничего, иди... сын твой здоров». Другое чудо, в котором участвовал отец болящей девушки, – человек живущий среди нас. Его дочь святитель исцелил также заочно, евангельским образом, сказав отцу: «По вере вашей да будет вам».

Во многом кронштадтский чудотворец похож на св. Николая Чудотворца. Ведь еще при жизни на земле он являлся на дальние расстояния и исцелял от различных болезней: сумасшествия, дифтерии, немоты.

Нам, православным, необязательно возвращаться на две тысячи лет назад, чтобы увидеть евангельские чудеса. Вот они, среди нас. Кронштадтский апостол творит чудеса на наших глазах. Он и мертвого ребенка воскрешает. Разве это не как в Евангелии? Разве на наших глазах не проявляются многочисленные божественные силы, которые Спаситель давал и дает Своим апостольским последователям, заповедуя им: «болящия исцеляйте, прокаженныя очищайте, мертвыя воскрешайте» (*Мф. 10:8*).

Своей евангельской жизнью и делами кронштадтский апостол как бы пишет пятое Евангелие. Более того, он обрел дар прозорливости, он читает мысли человеческие, видит в душе человеческой то, что может видеть только всевидящий Бог.

В чем же тайна такого евангельского, апостольского чудотворства и силы? В пережитом Евангелии, в исполнении евангельских заповедей. Кронштадтский подвижник омилостивил себя евангельским милосердием, смирил себя евангельским смирением, омолитвил себя евангельскою молитвенностью, олюботворил себя евангельскою любовью, освятил себя евангельской святостью. И так исполнил себя чудотворной, божественной силой, которой не может противиться ни грех, ни смерть, ни диавол.

Если проникнуть в сущность личности святителя, то можно увидеть, что около него все происходит в категории Божественной Троичности: от Отца через Сына в Духе Святом. Вот что он говорит об этом: « Вседержавной, безначальной и живоначальной Троицы, Которою мы непрестанно все живем, дышим, мыслим и о Которой – скажу о себе – я непрестанно помышляю. Которую созерцаю, непрестанно призываю, прославляю. Которою просвещаюсь, освещаюсь, избавляюсь от всех зол. Которою хвалюсь, радуюсь, Которою торжествую над всеми врагами видимыми и невидимыми. Которою обоготворяюсь – ибо Троица мое обожение, мое срастворение, когда я делаюсь искренним причастником Св. Христовых Таин и твердо стою во всякой правде».

В преподобном отце *Иоанне Кронштадтском* осуществлен идеал христианина – обоготворение. Ведь в обоготворении – спасение. Невозможно человеку вдоволь надивиться величиною этого подвижника земли русской. Он – ходячее Евангелие. Через него шествует то святое божественное чудо, которое явилось в этот мир в день Пятидесятницы, и вот проходит среди нас в его чарующей личности. Наше призвание – святость. По святому апостолу Павлу, призвание христианина – стать святым. Если мы христиане, значит, мы кандидаты в святые. Между святыми и нами различие не в природе, а в воле и решительности.

Православие имеет свою специфическую апологетику. Это святительство. И своих специфичных апологетов. Это святители. Наиболее удачно Православие защищает себя именно святительством, потому что через святительство святых являет Себя, проповедует Себя, объясняет Себя Господь Христос. «Дивен Бог во святых Своих». Дивен и в Своем святом служителе – отце *Иоанне Кронштадтском*, настолько дивен, что неодолимо привлекает к Себе все живые сердца и всякую разбуженную совесть. Нужно ли и после кронштадтского подвижника искать новых доказательств о всеистинности и всеспасительности Православия? Имеющий уши да слышит, как Бог через Своего нового апостола проповедует Свое вечное Евангелие. Меня особенно поражает милосердие святого кронштадтского апостола. Он милостив ко всем и всему. Движимый евангельским милосердием, он все, что имел, отдавал бедным. Даже рясу и обувь свою отдавал и возвращался домой голым и босым. Его милосердие распространялось на все существа. Он имел то самое «милующее сердце», о милосердии которого трогательно говорит святой *Исаак Сирин*: ко всякому человеку должно приступать милостиво, нежно и с любовью. Вот правило, которое прописывает кронштадтский святитель: «Смотри на человека и думай: Сам Господь человека по всему подобен был этому человеку, кроме греха».

Эту нежную всемилостивость святой приобрел своей молитвенностью. Можно смело утверждать, что он жил и дышал молитвою. Поэтому он очень много говорит о молитве как дыхании души. На вопрос, как он проводит свободное время, он ответил: «Я молюсь, я постоянно молюсь. Я даже не понимаю, как можно проводить время без молитвы. Воистину – молитва есть дыхание души».

Преподобный отец *Иоанн Кронштадтский* – это райская дверь для русской души, выводящая ее из всех трудностей. И не только для русской, но и для сербской, и, вообще, для всякой человеческой души. Какая проблема – русская, сербская, человеческая – не найдет в нем свое райское, свое совершенное, свое вечное решение? Какая тяжелая и трагичная дума не найдет в нем своей райской перспективы, глубины, бессмертия? Какое мучительное и горестное чувство не найдет в нем своего райского преображения, просветления, освежения?

Жесточайший вопрос нашей хаотичной современности – как русская душа может вернуть свой потерянный рай? Только если русская душа со всеми своими болями, проблемами, бедами, ранами поверит и предастся кронштадтскому апостолу, отцу Иоанну, чтобы он провел ее сквозь хаос современности и вывел в вечность Христовой истины и правды. Что важно для русской души, то важно и для сербской: только ведомые Святителями они могут спастись от ада и войти в рай вечной жизни Христовой. В самом деле, душа воссоздает в себе рай, общаясь со Святыми и живя в молитвенном единении с ними. Ибо Святые вытесняют из души ее грехи, пороки, страсти – то, что ее превращает в ад, и преисполняют душу божественною, истинною любовью и правдою, тем самым превращая ее в рай.

Вся жизнь и труды святого кронштадтского подвижника показывают нам и учат нас, как человек создает в себе и вокруг себя рай, а разрушает в себе и около себя ад. Если бы мы желали свести Евангелие святого *Иоанна Кронштадтского* к одной мысли, то она бы гласила: грехами и пороками человек созидает свой вечный ад, а евангельскими добродетелями – свой вечный рай.

НА ВОДОРАЗДЕЛЕ КУЛЬТУР

Мы живем на географическом и духовном водоразделе между двумя мирами, между двумя культурами, между Востоком и Западом. Душа нашего народа послана в этот загадочный мир с напутствием: живи на острие меча! Может ли кто-нибудь из нас в безопасности жить на острие меча? Не необходимо ли для этого, чтобы все атомы нашего существа превратились в недремлющие очи, а все мысли нашей души – в неослепляемые зеницы? С одной стороны, нашу душу, словно магнитом, влечет к себе мятежный Запад, а с другой – нас манит свой таинственной красотою спокойный Восток. Под полированной корой Запада слышатся громогласные вулканические противоречия, а под шероховатой корой Востока шумят жаждущие Бога подземные реки духа. И оба мира тянут нас каждый в свою сторону.

Куда мы пойдем – на Восток или на Запад? Наша душа должна обладать херувимским видением и серафимским слухом, чтобы могла пойти и идти путем, который бы не закончился ее смертью. Не говори: пусть разделится душа нашего народа и половина пойдет на Восток, а другая половина на Запад. Друг, может ли твое око видеть, если его разорвать? Может ли сердце твое чувствовать, если его рассечь? Может ли царство сохраниться, если его разделить (*Мф. 12, 25*)? Сами факты неопровержимо доказывают и свидетельствуют, что такого быть не может. Как же тогда может жить душа нашего народа, не умереть и стать бессмертной, если разделится?

Не надо обманываться, положение души нашего народа весьма критично; только оппортунисты могут относиться к этому несерьезно. Базисный принцип психологии народа в том, что всякий человек несет в себе не только судьбу свой души, но и судьбу души всего народа. Каждый отвечает за всех. В теле нашего народа наши души переплетены, как корни в земле, из которых растет единый ствол, единое древо. В каждом есть что-то от души каждого, а все души составляют единый, неделимый организм. Если моя душа загноилась фурункулом эгоизма, разве ее ядовитый гной не разольется по всему организму народной души? Если сердце твое заражено самолюбием, разве ты не стал гангреной для организма народной души, гангреной, которую необходимо немедленно отсечь?

Приучай себя к мысли: народная душа это не нечто отделенное от нас, индивидов, это органическое единство всех душ всех индивидов. Что бы ты ни делал, что бы ни мыслил, что бы ни чувствовал, твой труд, твоя мысль, твое чувство пронизывают всю народную душу, проникают в нее всеми своими пороками и добродетелями, гадостями и радостями. За здоровье нашей народной души ответственен каждый из нас, и величайший и наименьший, и самый образованный и самый неграмотный, и самый высокопоставленный и самый униженный.

Едва лишь наша народная душа впервые вступила на перекресток меж двух миров, святой Савва решительно повел ее путем Богочеловека Христа. До него она была слепа, благодаря ему она прозрела и впервые увидела вечную Истину и вечный смысл жизни. Святой Савва обратил нашу душу от смертного к Бессмертному, от временного – к Вечному, от человеческого – к Богочеловеческому. Куда ты пойдешь, друг, когда душа твоя, твоя синяя птица, начнет метаться в клетке твоего тела, начнет метаться, мучимая вопросом, который задавал себе Растко: что есть жизнь? Что есть смерть? Для чего человеку дается жизнь, если она оканчивается смертью? Если на тебя хлынут эти жуткие вопросы, то кто тебе на них ответит, европейский человек или Богочеловек, обретаемый Растко?

Если человек не задавал себе этих вопросов, будьте уверены, он еще не вышел из животной стадии развития, еще не стал человеком, ведь только животные и скотоподобные люди не задают себе этих вопросов. Если кто-то считает себя выше животных, потому что роскошно одевается и питается, то покажите ему животных и травы. Разве лилия в поле не более красиво одета, чем преславный Соломон (*Мф. 6, 28–29*)? Разве оно не более роскошно украшена, чем царица Савская? Разве пчела не питается лучше всякого Креза, кормясь цветочной пыльцой? А если по-святосаввски серьезно рассмотреть некоторых представителей нашей интеллигенции, то можно будет увидеть, что они еще не вышли даже из неорганического состояния, так как живут телом и ради тела, ради этой временной, бренной оболочки своей души.

Кто хоть однажды, подобно Растко, серьезно подумал о таинственном существе, что зовется человеком, тот должен или, как Растко, поверить в Господа Христа, или совершить самоубийство, неизбежное самоубийство духовное, а может быть, и физическое. Живя на судьбоносном водоразделе двух культур, наш человек, охваченный вопросами, которые задавал себе Растко, не может успокоиться до тех пор, пока не пойдет или путем европейского человека, или путем святосаввского Богочеловека. Что ждет его на одном и что на другом пути? Чем заканчивается один путь и чем – другой? На чем основана культура европейского человека и на чем — культура Богочеловека святого Саввы?

Европейская культура своим основанием имеет человека. Человеком исчерпывается ее программа и цель, ее средства и содержание. Гуманизм — ее главный архитектор. Вся она выстроена на софистическом принципе и критерии: человек есть мера всех вещей, видимых и невидимых, и этот человек — европейский человек. Он верховный созидатель и распределитель ценностей. Истина — это то, что он провозгласит истиной; смысл жизни — то, что он провозгласит смыслом жизни, добро и зло — то, что он провозгласит добром и злом. Кратко и откровенно: европейский человек провозгласил себя богом. Неужели не видно, как он неизмеримо любит жить, как бог, пусть и мечом и огнем, пусть и троглодитством и людоедством? Языком своей гуманистическо-позитивистской науки он объявил, что Бога нет. И из этого сделал смелый вывод: раз Бога нет, тогда бог — это я!

Ничто так не любит европейский человек, как представляться богом, хотя в этой вселенной он как мышь в мышеловке. Чтобы показать и доказать свою божественность, он объявил, что все иные миры над нами пусты, там нет Бога и нет живых существ. Он, во что бы то ни стало, хочет овладеть природой, чтобы подчинить ее себе, для этого он организовал систематическое наступление на природу и назвал его культурой. В него он запряг свою философию и науку, свою религию и этику, свою политику и технику. Ему удалось отшлифовать некоторый участок на поверхности материи, но не преобразить. Борясь с материей, человеку не удалось ее очеловечить, зато она сумела ограничить и обмелить человека, свести его к материи. И он, обнесенный ею, как стеной, осознает себя как материю, только как материю.

Так кто же победил? Ирония отняла победу, ибо культура сделала человека рабом материи, рабом вещей. Очевидна истина: европейский человек – раб вещей, а не бог над ними. Самозваный бог рабски склоняется перед вещами, перед идолами, которых сам сотворил. В своем походе против всего сверхъестественного он достижениями своей культуры подменил все идеалы, все надматериальные стремления: подменил небо, душу, бессмертие, вечность, подменил Бога, живого и истинного. И провозгласил богом культуру, ибо на этой помраченной звезде человек не может выдержать без бога, хоть какого-нибудь, хотя бы даже и ложного, такова фатальная ирония так устроенного человека.

Разве вы не замечаете, что европейский человек в свое культуромании превратил Европу в фабрику идолов? Почти всякий объект культуры здесь стал идолом. Поэтому наше время – это прежде всего время идолопоклонства. Ни один континент так не наводнен идолами, как современная Европа. Нигде так не пресмыкаются перед вещами и нигде столько не живут ради вещей и для вещей, как в Европе. Это идолопоклонство худшего рода, ведь это поклонение грязной глине. Скажите, разве человек не поклоняется рыжей глине, когда самолюбиво целует земное, бренное тело свое и упорно твердит: я плоть и только плоть?

Несомненно, Европа страдает не от атеизма, но от политеизма, страдает не от отсутствия богов, но от переизбытка их. Потеряв истинного Бога, она восхотела насытить свою жажду Бога созданием многочисленных ложных богов, идолов. Она создала себе идолов из науки и ее гипотез, из философии и из ее систем, из техники и ее открытий, из религии и ее представителей, из политики и ее партий, из моды и ее спутников. А посреди всех идолов на вселенский трон эгоизма усадила европейского человека, европейского далай-ламу.

По своей сути, европейская культура – это превратившийся в вампира фетишизм, фетишизм в европейском оформлении, в европейском костюме. «Гурманство по отношению к вещам» – главное отличие европейского человека. Но фетишистская метафизика европейской культуры практически выражается в фетишистской этике. Старому языческому фетишизму свойственно людоедство. А разве новый европейский фетишизм не отличается таким же людоедством, только замаскированным, культурным людоедством?

Разве европейская культура устами своей науки не провозгласила главным принципом жизни борьбу за существование? Что это, как не призыв к людоедству? Не значит ли это: человек, борись за выживание всеми средствами, борись, если надо, и людоедством! Главное – жить! Главное – сохранить свою жизнь! Как? Это не подчиняется контролю совести. Жизнь – это бойня, на которой сильный имеет право заколоть слабейшего. Более того, слабые люди – это материал для более сильных. Поскольку же нет ни Бога, ни бессмертия, то человеку ради самосохранения все дозволено. Допустим грех, допустимо зло, допустимо преступление. Позитивистская наука объявила, что все происходящее происходит по естественным законам. В природе как верховный закон господствует закон необходимости. Он господствует и над людьми, и над всеми их мыслями, чувствами, стремлениями, поступками. Если люди грешат, то грешат по необходимости. Человек, ты не виноват даже в самом страшнейшем своем преступлении, так как все, что бы ты ни делал, ты совершаешь по необходимости… И в самом деле, грех не может существовать для человека, для которого не существует Бога, ибо грех есть грех перед Богом. А если Бога нет, тогда нет и греха, ни зла, ни преступления.

Метафизический нигилизм европейской культуры, выраженный в принципе: «Бога нет», должен был проявиться как практический нигилизм, принцип которого: «нет греха, все дозволено!» Обратите внимание: своей философией и наукой, своей техникой и политикой европейская культура систематически вытесняет из человека все бессмертное и вечное, виртуозно парализует ощущение бессмертия, умаляет душу, пока наконец не сведет ее к полному нулю.

Надо освободиться от Бога – вот явное или тайное желание многих творцов европейской культуры. Они пытаются осуществить это через гуманизм и ренессанс, через натурализм Руссо и растрепанный романтизм, через позитивизм и агностицизм, через рационализм и волюнтаризм, через парламентаризм и революционизм. А более смелые из них выдвинули лозунг: надо убить Бога! Наконец, и самый последовательный творец и искуснейший исповедник европейской культуры Ницше с высоты пирамиды человекомании и эгоизма объявил: «Бог умер!»

Когда нет ни вечного Бога, ни бессмертной души, тогда нет и ничего абсолютного, ничего всеценного, тогда все относительно, все преходяще, все смертно. И действительно, отвергнуты все абсолютные ценности и утверждены относительные. Несомненно, релятивизм – это и логика, и природа, и душа гуманизма. Теория относительности Эйнштейна – это конечный, суммарный результат гуманизма и всех его философских, научных, технических и политических ответвлений. В конце концов гуманизм является ничем иным, как нигилизмом.

Разве может человек не быть нигилистом, если не признает никакой абсолютной ценности? Идите по руслу логики до конца, и вы должны будете прийти к заключению, что релятивизм – это отец анархизма. Поскольку все существа относительны, то ни одно из них не имеет права навязывать себя другим. Подобная попытка требует борьбы на уничтожение. Если все ценности относительны, то какое право имеет хоть какая-то из них выдавать себя за величайшую и верховную?

На каком основании твоя истина, друг, вытесняет мою, если обе они относительны? Поскольку в человеческих мирах нет ничего абсолютного, то не существует ни иерархии существ, ни иерархии ценностей, существует лишь анархия.

И очевидна истина: нигилизм и анархизм – это логический финал европейской культуры, неминуемая и заключительная форма европейского гуманизма и релятивизма. Гуманизм неминуемо развивается в атеизм, проходит через анархизм и заканчивается нигилизмом. Если сегодня кто-то атеист, знай, завтра он будет анархистом, а послезавтра – нигилистом. А если кто-то нигилист, знай, что он пришел к нигилизму из гуманизма и через атеизм.

Что остается от человека, когда из его тела выходит душа? Труп. А что останется от Европы, когда из ее тела уйдет Бог? Труп. Если изгнать из вселенной душу, разве не станет она трупом? Что такое человек, отрицающий существование души в себе и в мире вокруг себя? Не что иное как одетая в униформу земля, ходячий гроб из глины. Результат поразителен: влюбленный в вещи, европейский человек и сам в конце концов стал вещью. Его личность обесценена и разорена, человек стал вещью. Цельного, бессмертного человека не осталось, лишь одни обломки человека, телесная скорлупа человека, из которой изгнан бессмертный дух. Правда, отполированная, начищенная до блеска, татуированная скорлупа, но всего лишь скорлупа. Европейская культура обездушила человека, овеществила его, механизировала. Она мне напоминает чудовищную машину, которая глотает людей и перерабатывает их в вещи. Финал же трогательно печален и потрясающе трагичен: человек – это бездушная вещь среди бездушных вещей.

Такова в своих характерных чертах культура европейского человека. А какова же культура Богочеловека святого Саввы? На чем она основана? Она вся основана на личности Богочеловека Христа. Бог стал человеком, чтобы человека вознести к Богу. Вот начало и завещание, между которым движется православная культура. Ее девиз – да будет Богочеловек первый во всем, да будет все во всем. Не просто Бог и не просто человек, а Богочеловек. Здесь олицетворено и осуществлено теснейшее единство Бога с человеком, здесь ни Бог не недооценивается в пользу человека, ни человек – в пользу Бога. Здесь достигается идеальное равновесие и осуществляется совершенная гармония между Богом и человеком. Полноту и совершенство своей личности человек достигает через соединение с Богочеловеком. Богочеловечность – это единственная категория, через которую проявляется вся многообразная деятельность православной культуры. Она начинается Богочеловеком, а завершается идеальным, целостным, обогочеловеченным человеком. Богочеловек стоит в центре мироздания. Он стержень, вокруг которого двигаются все миры, горние и дольние. Он таинственный центр душ, к которому тяготеют все души, жаждущие вечной Истины и Жизни.

Богочеловеческая культура преображает человека изнутри, идет от внутреннего к внешнему, из души к телу; перерождая душу, а душою – тело. Для нее тело – это близнец души, близнец, который душою живет, движется и существует (*Деян. 17, 28*). Отнимите у тела душу, что останется, как не смердящий труп? Богочеловек прежде преображает душу, а затем и тело. Преображенная душа преображает тело, преображает материю.

Цель богочеловеческой православной культуры – преобразить не только человека и человечество, но через них и всю природу. Как же достигнуть этой цели? Единственно Христовыми, богочеловеческими средствами. А это суть православные подвиги, православные добродетели: вера и любовь, надежда и молитва, пост и смирение, кротость и сострадание, умиление и терпение, боголюбие и братолюбие. Практическим применением этих добродетелей созидается богочеловеческая, православная культура. Упражняясь в этих благодатных подвигах, человек перерождает свою душу: из безобразной в прекрасную, из мрачной в светлую, из грешной в святую, из темноликой в христоликую. И тело свое превращает в рамку, которой обрамляет свою христоликую душу.

Через упражнение в христианских добродетелях человек обретает власть над самим собою и над природой вокруг себя. Изгоняя из себя и из мира вокруг себя грех, человек изгоняет и дикую и разрушительную силу, постепенно преображая и себя, и мир, укрощая природу и в себе, и в мире вокруг себя. Святые – лучшие примеры этому: освятив, преобразив себя практическим исполнением христианских добродетелей, они освящают, преображают и природу вокруг себя, как некогда Адам до падения и как Господь Христос во время Своей земной жизни. Многочисленные святые, которым служили дикие звери, которые одним своим появлением укрощали львов, медведей, волков. Их обращение с природой – молитвенно, благодатно, любовно, благо, нежно, не грубо, не жестоко, не враждебно, не алчно.

В богочеловеческой, православной культуре нет ничего механического и безличного. На всех своих ступенях она личностная и подвижническая. В ней все достигается единственно личным опытом и личным подвигом. Она прежде всего богочеловеческий организм, тело Христово, святая *Церковь* Христова. Не внешнее, насильственное, механическое навязывание, а внутреннее, добровольное, личное усвоение Христа непрестанным подвизанием в христианских добродетелях созидает Царствие Божие на земле, созидает православную культуру. Ибо Царствие Божие не приходит внешними, видимыми путями, но внутренними, духовными, невидимыми. «Не приидет Царствие Божие с соблюдением, – говорит Господь Иисус, – ниже рекут: се, зде, или: онде. Се бо Царствие Божие внутрь вас есть». (*Лк. 17, 20–21*), оно внутри души, Богом сотворенной и боголикой, в душе, освященной Духом Святым. Ибо «Царство Божие... правда и мир и радость о Дусе Святе» (*Рим. 14, 17*). Да, в Духе Святом, а не в духе человеческом. Оно может быть в духе человеческом лишь настолько, насколько человек исполняет себя Духом Святым, посредством благодатных подвигов. Поэтому первая и высшая заповедь православной, святосаввской культуры: «Ищите же прежде Царствия Божия и правды Его, и сия вся приложатся вам» (*Мф. 6, 33*), то есть дано будет вам все, что вам потребно для поддержания телесной жизни: пища, одежда, жилище (*Мф 6, 25–32*). Все это лишь приложение к Царствию Божию. Но западная культура ищет прежде всего этого приложения. В этом ее язычество, ибо, по слову Спаса, язычники ищут прежде всего этого приложения. В этом трагизм западной культуры, ведь она истощила душу в заботе о вещах. А безгрешный Господь сказал раз и навсегда: «не пецытеся душею вашею, что ясте, или что пиете; ни телом вашим, во что облечетеся... Всех бо сих язы́цы ищут, весть бо Отец ваш небесный, яко требуете сих. Ищите же прежде Царствия Божия и правды Его, и сия вся приложатся вам». (*Мф. 6, 25, 32–33*; *Лк. 12, 22–31*).

Огромен реестр потребностей, который жадно измышляет современный человек. И ради удовлетворения своих многочисленных бессмысленных потребностей люди превратили эту золотую Божию звезду в бойню. А человеколюбивый Господь давно через Свое божественное Евангелие открыл то, что есть «едино на потребу» человеку, каждому человеку и всему человечеству. Что же это? Богочеловек Христос и все, что Он приносит с Собой и дарует: святость, бессмертие, абсолютную Истину, Правду, Любовь, Доброту, Блаженство, Вечность и все остальные божественные совершенства и всего Бога. Это и есть «едино на потребу» и человеку и человечеству. Другими словами, Сын Бога Живаго, Богочеловек Христос, Победитель смерти и Спаситель (*Лк. 10, 38–42*). Все остальные человеческие потребности в сравнении с «единым на потребу» настолько незначительны, что почти и не нужны.

Когда человек по-святосаввски серьезно задумается над тайной своей жизни и мира вокруг себя, тогда он должен прийти к заключению, что единственное, что есть на потребу, это отказаться от всех потребностей и решительно последовать за Господом Христом, последовать и соединиться с Ним, упражняясь в православных подвигах. Не совершив этого, человек остается бесплодным, бессмысленным, безжизненным. Его душа сохнет, распадается на части, рассыпается, и он постепенно мертвеет, пока наконец не умрет весь, весь без остатка. Ибо изрекли божественные уста Христовы: «Якоже розга не может плода сотворити о себе, аще не будет на лозе, тако и вы, аще во Мне не пребудете. Аз есмь лоза, вы (же) рождие: (и) иже будет во Мне, и Аз в нем, той сотворит плод мног, яко без Мене не можете творити ничесоже. Аще кто во Мне не пребудет, извержется вон, якоже розга, и изсышет: и собирают ю и во огнь влагают, и сгарает» (*Ин. 15, 4–6*).

Только через органическое единство с Богочеловеком Христом человек может продлить свою жизнь в жизнь вечную и свое существо – в вечное существо. Человек богочеловеческой культуры никогда не одинок: когда он мыслит, то мыслит Христом, когда действует – Христом действует, когда чувствует – Христом чувствует. Он никогда не одинок, но всегда с Богом, он непрестанно соработает Богу, а Бог ему (*1Кор. 3:9*). Ибо что такое человек без Бога? – Сначала получеловек, а в конце – нечеловек. Только в Богочеловеке человек обретает полноту своего бытия, обретает свой оригинал, свою бесконечность и беспредельность, свое бессмертие и вечность, свою абсолютную ценность и незаменимость. Господь Иисус – единственный из людей и существ, провозгласивший человеческую душу величайшим сокровищем во всех мирах, горних и дольних. «Кая бо польза человеку, аще мир весь приобрящет, душу же свою отщетит? Или что даст человек измену за душу свою?» (*Мф. 16:26; Мк. 8, 36–37; Лк. 9, 25*).

Все звезды и планеты не столь ценны, сколь единственная душа. А посмотри, сколько сегодня людей, продавших души свои за еду и одежду, за наслаждения и страсти, за золото и вещи! Если человек растратит душу свою в пороках и грехах, то он не сможет ее выкупить, хотя бы и стал хозяином всех солнечных систем... Здесь человеку остается одни-единственный выход и другого не существует. Вот он: Господь Христос – гарантия души человеческой, гарантия бессмертия и вечности. Вещи душе не обеспечивают бессмертие и вечность, но порабощают ее. Богочеловек освобождает человека от тирании вещей. Над Христовым человеком вещи не имеют власти, но он имеет власть над ними. Всем вещам он дает их настоящую цену, так как оценивает их Христовою ценою. А поскольку в Христовом прейскуранте душа человеческая имеет высшую, несравненно большую ценность, чем все существа и все вещи мира, то православный человек всю свою заботу, все свое внимание обращает к душе. Потому что православная культура – это преимущественно культура души. К преображению общества она грядет через преображение личности. Как свою главную истину она исповедует, что преображенное общество может собраться только из людей, преображенных Христом, совершенное общество может выстроиться только из личностей, совершенных во Христе.

Человек велик только Богом – это двигатель православной богочеловеческой культуры. Без Бога человек – это не что иное, как семьдесят килограммов кровавой глины. Что такое люди без Бога, если не гроб на гробе? Европейский человек осудил Бога и душу на смерть. Не осудил ли он этим и себя самого на смерть, на смерть, за которой не стоит воскресение? Подведите искренно и беспристрастно баланс европейской философии, науке, политике, культуре, цивилизации, и вы увидите, что все это в европейском человеке убило Бога и бессмертие души. Но если серьезно вглядеться в трагику человеческой истории, то вы должны увидеть, что богоубийство всегда завершается самоубийством. Вспомните Иуду. Это неотвратимый закон, который правит историей этой планеты.

Здание европейской культуры, выстроенное без Христа, должно разрушиться, очень быстро разрушиться, – пророчествовал прозорливец Достоевский за 70 лет, а печальный Гоголь за 90 лет (до второй мировой войны. – Прим. пер.)...Пророчества славянских пророков сбываются на наших глазах. Десять веков создавалась европейская вавилонская башня, и вот перед нами трагическая картина: выстроен огромный нуль! Началась всеобщая смута: человек не понимает человека, нация – нацию. Восстал человек на человека, и царство на царство, и народ на народ, а вскоре, глядишь, восстанет континент на континент (*Мф. 24, 7*; *Мк. 13, 8*; *Лк. 21, 10*).

Европейский человек дошел до своего рокового головокружения. На вершину своей вавилонской башни он возвел сверхчеловека и уже желал завершить им свое здание, но сверхчеловек сошел с ума на самом верху и сорвался с башни, а за ним рухнула и башня. За ним – в мировую войну и другие войны. Европейский человек в конце своей культуры должен был сойти с ума. Богоубийца должен был стать самоубийцей. «Воля к власти» превратилось в «Желание ночи»[67].

Ночь, тяжкая ночь опустилась на Европу. Постепенно рушатся идолы Европы, и не далек тот день, когда не останется камня на камне от европейской культуры, которая строила города, а души разоряла, которая вещи обожала, а Творца отвергала…

Влюбленный в Европу и долгое время проживший там русский мыслитель Герцен под конец своей жизни, восемьдесят лет назад, написал: «Мы довольно долго изучали хилый организм Европы, во всех слоях и везде находили вблизи перст смерти» … Европа приближается к страшной катастрофе… Политические революции рушатся под тяжестью своей немощи; они сотворили великие дела, но не выполнили свою задачу; разрушили веру, но не обеспечили свободу; разожгли в сердцах желания, которые были не в состоянии исполнить… «Я первый бледнею, трушу перед темной ночью, которая наступает… Прощай, отходящий мир, прощай, Европа!»

Пусто небо, ведь там нет Бога, пуста земля, ведь здесь нет бессмертной души; европейская культура превратила своих рабов в мертвецов. И сама стала кладбищем. «Я хочу в Европу отъездить , – говорит Достоевский, – и ведь я знаю, что поеду лишь на кладбище…».

До первой мировой войны падение Европы предчувствовали и предсказывали только горестные славянские провидцы. После нее это видят и чувствуют и многие европейцы. Самый смелый и искренний из них – Шпенглер, недавно взбудораживший мир своей потрясающей книгой «Закат Европы». В ней он всеми средствами, какие ему предоставили европейская наука, философия, политика, техника, искусство, показывает и доказывает, что Запад падает и пропадает. Со времени первой мировой войны Европа находится при смерти. Западная, или фаустовская, культура, по Шпенглеру, началась в десятом веке по рождеству Христовом, а теперь распадается и исчезает, чтобы совершенно прекратить свое существование к двадцать второму веку. После европейской культуры, рассуждает Шпенглер, придет культура русская, культура Достоевского, культура православная.

Во всех своих культурных изобретениях европейский человек внезапно мертвеет и умирает. Влюбленность европейского человека в себя – вот могила, из которой он не желает, а потому и не может воскреснуть; влюбленность в свой разум – вот та роковая страсть, что опустошает европейское человечество. Единственное спасение из этого, как утверждает Гоголь, – Христос. Но «развлеченный миллионами блестящих предметов, раскидывающих мысли на все стороны, свет не в силах встретиться прямо со Христом».

Тип европейского человека обанкротился перед основными проблемами жизни; православный же Богочеловек решил их все до единой. Европейский человек решил проблему жизни нигилизмом, Богочеловек – жизнью вечною. Для европейского дарвиновско-фаустовского человека главное в жизни – самосохранение, для Христова человека – самопожертвование. Первый говорит: «Жертвуй другими ради себя!» А второй: «Жертвуй собою ради других!»… Европейский человек не решил злополучную проблему смерти, а Богочеловек решил ее Своим воскресением. Бурною рекою времени по руслу пространства плывет душа православного человека в ладье своего тела к волшебному пристанищу Христовой чудесной вечности…

К кому же идти, к европейскому человеку или к православному, святосаввскому Богочеловеку? Если пойдешь вслед за первым, превратишься в бренную моль; если пойдешь вслед за вторым, то претворишься в бессмертного творца, творца православной богочеловеческой культуры. Практикуя евангельские православные добродетели, человек преобразует себя в непреходящего и вечного. Друг, ты продолжаешь святое дело святого Саввы, ты созидаешь православную культуру, ты строишь, украшаешь, увековечиваешь и свою душу, и душу нашего народа, если православно веруешь в Господа Христа, если Его любишь, если Ему молишься, если постишься, если творишь милостыню, если каешься, если изгоняешь из себя грехи, если любишь врагов своих, если благословляешь тех, кто клянет тебя, если творишь добро тем, кто тебя ненавидит, если молишься Богу за тех, кто гонит тебя (*Мф 5:44; Лк.6:27*). Поступая так, ты перерождаешь себя в существо вечное и богочеловечное, ибо через евангельские подвиги ты обессмерчиваешь свою душу, увековечиваешь ее, преодолеваешь пространство и время и освещаешь себя. И так достигаешь цели православной культуры – святости и спасения.

Знаете ли, что значит быть по-святосаввски православным? Это значит, непрестанно бороться со страстями и грехами в себе и в мире вокруг себя. Бороться против сребролюбия бедностью, против сладострастия бороться постом и молитвою, против гнева бороться кротостью, против гордости бороться смирением, против смерти бороться бессмертием, против диавола бороться Христом Богом!.. Если мыслишь мысль чистую и святую, знай, ты созидаешь православную культуру. Всякое твое святое ощущение, всякое святое желание, всякое святое слово, всякое святое дело – это зодчий православной культуры. Святой Савва у нас – величайший зодчий богочеловеческой, православной культуры, так как он на Святой Горе двадцать лет перерождал свою душу устремленными ко Христу подвигами и выстроил из себя величайшую, самую светлую, самую волшебную, самую бессмертную, самую незаменимую личность в истории нашего народа. Он проложил душе нашей путь из смерти в бессмертие, из времени в вечность, из человека в богочеловечность и повел ее путем православной богочеловеческой культуры. Но видишь, в наши злосчастные дни многие потомки святого Саввы оставили его путь, понеслись путем европейской культуры, денно и нощно служа ее идолам.

Чем же они заменили святого Савву и его незаменимого Бога и Господа – Христа, чем? Гнилым европейским человеком, его гуманизмом и релятивизмом, его анархизмом и нигилизмом, его идолопоклонством и гардеробом. Разве внешняя, шкурная, поверхностная, галантерейная культура не заразила большую часть нашей земли и не поработила ли многие души, не отравила ли их, не разорила ли? Разве мало среди нас таких, кто о человеке судит по его гардеробу и столу? Нашего человека европейская культура задушила своим гардеробом, он похож на комара, на которого надели тысячу зимних пальто. А то, что было самым главным для святого Саввы, Богочеловек Христос, для них стало самым заурядным Privat-

Sache («личное дело» – нем.). Отпав от святосаввской веры, большая часть нашей интеллигенции отпала и от святосаввской точки зрения на мир и жизнь, этим она отпала от народа, отделилась от него и служит теперь никчемным идолам европейской культуры.

Несомненно, догматы европейской культуры и цивилизации носят христоборческий характер. Долго вырабатывался тип европейского человека, пока не заменил Богочеловека Христа своей философией и наукой, своей политикой и техникой, своей религией и этикой. Европа использовала Христа «лишь как мост из варварства бескультурного в варварство искусное».

«Человек, будь горд и счастлив» – завещает европейскому человеку подводящий итог европейской культуры Ницше. «Смирись, гордый человек!» – завещает славянскому человеку апостол православной культуры Достоевский. Смирись, гордый человек, перед вечной Христовой истиной и правдой!

Европейский человек или святосаввский Богочеловек! В ответ на христоборческие акции некоторой части интеллигенции в нашем народе явилась святосаввская реакция, выразившаяся в богомольческом движении. Это – святосаввской движение за православную культуру, за спасение народной души от европейского нигилизма. Это – народное движение за святосаввское Христопоклонство, против европейского идолопоклонства. Вооруженные святосаввскими православными подвигами богомольцы неустрашимо борются с идолами европейской культуры, которых наша европеизированная интеллигенция непрестанно ввозит из Европы.

В моих выводах о европейской культуре есть много катастрофического, но это и неудивительно, ибо я говорю о самом катастрофическом периоде человеческой истории, об апокалипсисе Европы, ужасы которого раздирают и ее тело, и ее дух. Несомненно, вся Европа заминирована вулканическими противоречиями, которые, если их не устранить, вскоре могут разорваться окончательным уничтожением европейской культуры.

Судьба Европы – это одна из главных славянских тем. Когда же настоящий славянин мыслит о судьбоносных, вечных темах, он забывает обо всем преходящем и временном. Посмотри, разве дивный Растко, самый лучший и самый типичный славянин в нашем народе, не отрекся от царского престола, только бы разрушить мучительную проблему жизни? Разве он не спал двадцать лет на земле с камнем вместо подушки под головою? Разве он двадцать лет не питался только растениями и травою? Разве он двадцать лет день и ночь не молился чудесному Господу Иисусу, чтобы Он разрешил его вековечные проблемы?

Воздвигнутую на опасном водоразделе между двух культур зеницу нашей души жжет огненный вопрос: европейский человек или святосаввский Богочеловек? От ответа на этот вопрос зависит судьба нашей народной души и во времени, и в вечности. Если вы желаете, чтобы душа нашего народа заблистала неугасимым светом, если вы желаете, чтобы она из бренной стала непреходящей, из бесславной – славной, из смертной – бессмертной, из временной – вечной, из человеческой – богочеловеческой, тогда изберите святосаввского Богочеловека. Если вы выберете Его, что вам сотворит человек? Что смерть? «Где ти, смерте, жало? Где ти, аде, победа?» (*1Кор 15, 55*). Выбрав Его, вы станете в ряду славянских бессмертных, в ряду лучших и высших представителей славян, в ряду главных зодчих православной культуры: святого *Саввы Сербского* и святого Сергия Радонежского, святого Симеона Мироточивого и святого *Димитрия Ростовского*, святого Прохора Пчиньского и святого *Ти-*

хона Задонского, святого Гавриила Лесновского и святого *Серафима Саровского*, святого Иоанна Рыльского и святого Иоакима Осоговского, исповедника Тихона, Патриарха Вероссийского, и исповедника Варнавы, Патриарха Сербского, митрополита *Антония Храповицкого* и епископа Николая Охридско-Жичского, святого Иоанникия Девичского и преподобного *Иоанна Кронштадтского*, Гоголя и Достоевского, Хомякова и Флоренского. И когда вы будете с ними и с их незаменимым Господом Иисусом Христом, тогда вас никто не сможет победить ни в этом мире, ни в ином, тогда вы станете непобедимыми победителями в любой битве, тогда вы душу свою и душу нашего народа воздвигнете из смерти в жизнь вечную, туда, где царит и господствует Своей бессмертной Истиной и милостивою Правдою чудесный Господь Иисус.

ПАСХА И СЕРБСКИЕ БЕССМЕРТНЫЕ

Пасха – это праздник, которым празднуется то, что в человеке бессмертно и вечно. То, что делает человека исключительным существом среди всех видимых существ. То, чем человек превосходит все видимые миры и погружается в невидимый. То, чем земля со смиренною радостью может похвалиться небу. То, чем человек связан со всеми светлыми бессмертными существами и безгрешными тварями. То, чем человек является настоящим человеком во всех видимых и невидимых мирах. Пасха – это праздник широчайших и огромнейших горизонтов, ибо рассматривает и видит человека во всех его бескрайностях и бесконечностях. Прежде всего Пасха имеет первостепенное общечеловеческое значение. Ведь Своим воскресением Богочеловек решил главную проблему человеческого существа – проблему смерти, а тем самым и проблему жизни. Решил ее по-божественному мудро и по-человечески реально. Человек – это бессмертное существо, а не бренный червь, которого любой, Бог или человек, смерть или природа может раздавить и уничтожить. Воскресением Богочеловек ввел в человеческую природу сыворотку бессмертия и провозгласил людей бессмертными.

По этим общечеловеческим причинам воскресение Христово стало основной творческой силою нашей народной философии, нашего народного взгляда на смерть и жизнь. И прежде всего так случилось благодаря деятельности святого Саввы. Он основатель и творец нашей народной философии, нашего народного мировидения. Основной принцип этой философии в том, что человек – это существо бессмертное и вечное, поэтому следует поступать с человеком, как с бессмертным. Род человеческий – сообщество бессмертных. Человек за человеком, бессмертный за бессмертным. А сербский народ? Также, бессмертный за бессмертным. Как? Верой в воскресшего Богочеловека.

Видение человека и народа святым Саввой – это пасхальное видение, ибо он смотрит на людей, как на бессмертных. Поэтому Пасха есть по преимуществу праздник Святосаввья, праздник святосаввского видения мира и жизни. Его отличительная черта в том, чтобы рассматривать и любить всякое человеческое существо, как своего брата. А главная обязанность святосаввского рода и народа в том, чтобы сделать это ощущение и осознание этого вождем всех своих мыслей, ощущений, стремлений, начинаний и дел.

Пасха – более великий праздник, чем Рождество. Ибо Христос, победив смерть, которую никто из людей не мог победить, доказал, что Он Бог. И показал, что в Рождество на земле среди людей родился действительно Бог. Поэтому в святосаввской философии жизни Пасха называется «праздников Праздник». Мы, сербы, имеем особые национальные причины считать Пасху самым любимым и радостным праздником, самым символичным. За время многовекового рабства, когда силы народной души цепенели и замирали в муках и страданиях, она всем своим существом жаждала воскрешения и освобождения. Освободиться от тьмы и мрака, воскреснуть из мрачной могилы рабства было всенародным желанием и молитвою.

Зачем жить, зачем страдать, зачем жертвовать собою, зачем погибать за Крест честный и златую свободу – все это объяснимо пасхальным, святосаввским пониманием мира, человека и народа. Жить и умирать ради бессмертного и вечного, ибо это делает и человека, и народ бессмертным и вечным.

Только вечные ценности делают великими и человека, и народ. А проблема вечных ценностей решена воскресением Христовым. Только начиная с воскресения Христова человеческая совесть и сознание точно и ясно усвоили, что в мире человеческой действительности и происходящего величайшей ценностью является то, что бессмертно и вечно, то, что обессмерчивает и увековечивает человека и его дело. С этой верховной ценностью сообразуются все остальные ценности в роде человеческом. И в сербском роде, как нас научил и учит величайший наш бессмертник – святой Савва.

В чем практическое значение воскресения Христова для каждодневной человеческой жизни, чему оно нас учит? Вот чему: человек – это не просто животное, которого смерть может совершенно и навсегда уничтожить, человек самим своим существованием связан с вечностью и с другими мирами, его жизнь начинается здесь, на земле, а продолжается в других, более широких и таинственных мирах и, кто знает, в каких формах и измерениях. А из этого следует высшая мораль, мораль бессмертная и вечная. Мораль, которая актуальна и для горних миров. По ней, все, что человек делает, имеет значение для всех миров и влияет на все существа во всех мирах. Поэтому человек и ответственен за все и за вся. Без этого невозможно правильно и праведно решить никакую проблему, личную или общественную, народную или общечеловеческую. Если кто попробует, он погрузится в кровь и хаос, как сегодня уже погрузилось в него европейское человечество, всеми силами напрягаясь без Богочеловека и вопреки Богочеловеку, решить свои проблемы.

Сила и правда нашей народной морали в том, что все в ней – от Христа через святого Савву:

Милый Марко, сын ты мой единый!
Если ты моей боишься клятвы,
Не скажи ты криво государям,
Ни в отцову пользу и не дядей,
Но по правде истинного Бога.
Не губи души, родное чадо:
Лучше жизни, головы лишиться,
Чем сгубить грехом, неправдой душу.

Отрывок из известной сербской эпической песни (былины).

Кто это Бог истинный? Святой Савва говорит нам: Богочеловек Христос. Его-то насадил святой Савва в сердце и душу нашего народа. И сделал Его своим в нашей истории. Величие нашего народа в том и состоит, что через святого Савву он усвоил евангельскую правду и претворил ее в свою. В течение веков он настолько сроднился с этою правдою, что она стала его ежедневным, его обычным евангелием. Только этим можно объяснить то, что наш народ во все судьбоносные мгновения своей истории всегда предпочитал небесное земному, бессмертное – смертному, вечное – преходящему. Если бы было не так, что бы тогда вело нашего человека из подвига в подвиг, из мученичества в мученичество, из борьбы в борьбу за Крест честный и за свободу златую? Что? Если только не то, что «серб Христов радуется смерти!»

«Серб христов радуется смерти!» – это лозунг нашей мученической истории. Лозунг, провозглашенный христолюбивым диаконом Аввакумом, но всегда носимый в сердце народом. Что он значит? Он означает, что серб радуется смерти, ибо он Христов, а Христос победил смерть и обеспечил праведникам бессмертие и жизнь вечную. Жизнь человеческая имеет смысл и становится радостью человека, если человек живет и умирает ради Христовой правды, если живет и умирает за Крест честный и свободу златую. Христов человек радуется смерти, ибо ощущает и знает, что смерть – это переход в бессмертие и вечность.

Диакон Аввакум – это символ и образец нашего народного человека, символ борца, мученика и страдальца на небесную правду, за Крест честный и свободу златую. Философия жизни и смерти диакона Аввакума – это наша народная философия.

Аввакумовский оптимизм – это наш народный оптимизм: его вера в бессмертие человеческого существа всегда жива и сильна, особенно когда его вере предстоит мученичество за Христа и Его правду. Через все вздохи и муки в нашей народной душе звенит гимн аввакумовского оптимизма: «Серб Христов радуется смерти!»

Бессмертен аввакумовский национализм: народ имеет непреходящую ценность только как носитель и защитник Христовой истины и правды, Христова бессмертия и вечности, Христова Небесного Царства и Его вечных ценностей.

Аввакумовский героизм беспримерен по энтузиазму и неустрашимости: я бессмертен, ибо я Христов, поэтому я с радостью жертвую тело свое за небесную истину и правду, за Христово и народное достояние.

Аввакумовский сербизм – это критерий истинного, величественного и возвышенного сербизма. Серб является сербом лишь потому, что он Христов, ибо в таком качестве он ощущает, что бессмертен и вечен в этом и ином мире.

В чем же сила сербской души? В этой аввакумовской, святосаввской вере в бессмертие человеческого существа и народной души. Здесь источник всевозможного народного творчества, народной неустрашимости, жертвенности и борьбы за бессмертные ценности нашей истории. Наш народ ради этого жил и страдал, ради этого был в рабстве и воскресал. Посмотрите: святые монастыри не являются ли памятниками бессмертия и свидетелями нашей народной веры в бессмертие и вечность человека?

Посмотрите на дивную процессию святых монахов: одни цари и короли! А с ними вельможи и люди незнатные! Не является ли это доказательством нашей всенародной веры в бессмертие и в жизнь вечную? Это трогательные живые памятники бессмертия и вечности. И еще премудрые учители бессмертия и вечных ценностей. Все в нашей истории – памятник бессмертия, памятник за памятником, бессмертник за бессмертником. Таковы святосаввские реалии, и идеалы, и мысли, и пути. Святой Савва – первый воскреситель и украситель нашей народной души, первый, воскресивший ее из тьмы смертной, первый, украсивший ее дарами Бессмертного.

На путях и перепутьях истории нашего народа многие смерти поджидают нашу душу в засадах, хитро устроенных и искусно замаскированных. Как же их преодолеть, если не верою в бессмертие и силою Бессмертного? Кто ведет нашу народную душу и премудро проводит ее через бесчисленные засады и неприметные западни? Несомненно, святой Савва и его бессмертный дух. А в нем и через него – воскресший Богочеловек.

История нашего народа – достаточно красноречивое доказательство воскресения Христова и силы Его. Ибо только верою в Воскресшего и силою Его можно объяснить удивительную динамичность и плодовитое творчество нашей народной души в ходе столь мучительной истории. Историю созидают герои бессмертия, а остальные участвуют в ней. У нас каждому дана возможность стать героем бессмертия. Как? Аввакумовской верой в Бессмертного и силою Его. Подобно святой народной истине: «Серб Христов радуется смерти!»

Сегодня Европа более, чем когда-либо, превратилась в фабрику смерти. Поэтому сегодня как никогда необходима вера в бессмертие и жизнь вечную, а это значит, в воскресшего Христа и в Его Евангелие. Сегодня нам, сербам, необходимы как никогда аввакумовские бессмертники и оптимисты. Более, чем когда-либо, сильнее, чем когда-либо, требуется, чтобы над нашей землей и в нашей народной душе прогремело аввакумовское евангелие и призыв к воскресению: «Серб Христов радуется смерти!»

Эту радость от встречи со смертью и в смерти никто не может даровать нашему человеку, кроме Бога святого Саввы и диакона Аввакума – воскресшего Господа Христа. Если это не правда, то есть ли вообще правда, в нашей истории, в истории всего мира? Без этого все настолько бессмысленно и бесцельно, что все надо просто сжечь. Разве homo europaeicus не изобретет скоро такой динамит, который, взорванный глубоко под землею, разнесет всю нашу планету вдребезги?

Бессмертие, которое дает Христос человеку Своей победой над смертью, обеспечивает переход в жизнь вечную всему, что добро, возвышенно и красиво в человеке. Только таким образом наше человеческое добро становится небесным, бессмертным и вечным. Только таким образом человек обессмерчивается и распространяется во все небесные миры и всегда видит себя существом бессмертным и вечным, а благодаря этому – и всех остальных людей. И знает вечную ценность, и достоинство, и бессмертие всякого человека. Поэтому и ведет себя со всяким человеком как с существом бессмертным и вечным, с которым будет жить в ином мире.

Поэтому настоящее человеколюбие невозможно без веры в человеческое бессмертие и вечность. Если любовь не бессмертна и не вечна, разве она необходима, разве нужно лелеять ее, мучиться ею и из-за нее? А мы, тогда мы всего лишь бренные насекомые, только вот на чьем трупе? А наша планета – это похотливый клещ, только вот на чьем организме?

Все это и даже большее этого сводится к одному неопровержимому и всеубедительному свидетельству: единственный смысл человеческого существа – в его бессмертии и вечности, единственная истинная радость – в его вере в Победителя смерти, в воскресшего Богочеловека Христа. История сербского народа – это одно из самых драматичных свидетельств этой веры и этой радости. Поэтому святосаввский и аввакумовский девиз нашей истории «серб Христов радуется смерти!» внушительнее всего звучит во всепобедном пасхальном приветствии: «Христос воскресе!» и во всерадостном пасхальном отзыве: «Воистину воскресе!»

О НЕПРИКОСНОВЕННОМ ВЕЛИЧИИ ЧЕЛОВЕКА

Чем больше я размышляю о загадочности и занимательности этого мира, тем все чаще меня преследует мысль: действительность этого мира фантастичнее всего самого фантастичного и загадочнее всего самого загадочного. Никакая самая одаренная человеческая фантазия, да еще возведенная в квадриллионную степень, не смогла бы придумать мира более фантастического и загадочного, чем тот, в котором мы, люди, живем.

Представьте себе, что этого мира не существует. И некое сверхкосмическое Существо по своей всесильной воле и необъяснимому желанию поручило вам создать мир по своему замыслу. При этом вам предоставляется полная свобода и замысла, и действий. Высшее Существо снабдило бы вас материалом, который был бы вам необходим для сотворения мира. Согласились бы вы стать архитектором такого мира? Что бы вы положили в основание, что бы взяли за материал, что поставили бы целью? Какие бы вы изобрели существа, в какие бы среды и атмосферы вы их поместили? Дали бы вы некоторым существам возможность мыслить и чувствовать или же вместо мысли и чувств дали бы им нечто иное? Неужели бы вы некий род существ наделили печалью, болью, слезами, любовью? Сколько бы, например, вы дали органов чувств существу, которое бы походило на человека? Не ошиблись ли бы вы, если бы дали ему меньшее число чувств, чем имеет человек, и подавно не ошиблись бы, если бы дали их ему гораздо больше? А что бы было, если бы вы вложили ему в грудь вместо одного сердца десять? И когда вы в деталях создадите и подробно разработаете план этого мира, будете ли вы уверены в том, что ничего главного не упустили? О, вы уверены, уверены и вы, и я, что вы должны были хоть что-то да упустить, из-за чего ваш мир и разрушился бы еще прежде, чем был бы готов!

Будем конкретны, прежде всего вы бы положили основание своему миру. Но на чем бы вы основали его? Посмотрите, наша планета лежит на воздухе, как на фундаменте. А воздух покоится на безвоздушном пространстве. А безвоздушное пространство – на неких невидимых частицах, которые наука называет атомами. А атомы – на электронах. А электроны – на праэлектронах. А праэлектроны – на фотонах. А фотоны – на нематериальном эфире. А нематериальный эфир – на чем-то еще более нематериальном и невидимом. И так до бесконечности. Ибо человеческая логика и через науку, и через философию, и через искусство жадно спешит из меньшей загадки в большую, погружается из одной невидимости в другую, до тех пор пока не утонет, кто знает, в какой невидимости. Не надо из-за этого осуждать человеческую логику. Оно по самой своей природе не в состоянии помыслить предел тому, что невидимо, то есть тому, что бесконечно. И наша логика, и наша планета, и наша вселенная – все это окружено некими бесчисленными невидимостями и некими безмерными беспредельностями. Все наше знание о мире и человеке, все наши пророчества о них собираются в одно знание и одно пророчество. Это знание и это пророчество гласит: этот видимый мир стоит и существует на невидимостях, которым нет ни счета, ни предела.

Ах, да! Вам оказывается божественная честь быть творцом и архитектором нового мира. Есть ли у вас для этого достаточно воображения, достаточно ума, достаточно сердца, достаточно сил? Вот одна деталь: в молнии надо сочетать огонь с водою. Это парадокс, не так ли? Но никуда не деться, на таких парадоксах почивает этот мир. Они здесь всюду, вокруг нас, несмотря на то, что мы, люди, мы, бедные млекопитающие, почти что совсем ничего не понимаем во всем этом. Наше млекопитающее величество имеет право сердиться на то, что нас не спрашивали, когда создавали этот мир, не так ли? Но вот вам предоставляется удобный случай получить сатисфакцию[68], извольте, создайте новый мир по своему замыслу и плану!

Если же вашим человеческим силенкам тяжеловато сотворить вселенную, тогда спуститесь из мира большого космоса в наш малый, земной мир. Может быть, вы сможете стать архитектором столь малого мира. Ведь наш земной мир по отношению ко вселенной как целому не только мал, но и бесконечно мал, до невидимости мал. Великий современный астроном, профессор Кембриджского университета Джеймс Джинс утверждает, что наша планета относительно вселенной столь же мала, как «миллионная частица одной песчинки по отношению ко всему количеству песка на всех морских побережьях этого мира».

Но всмотритесь пристальней в этот наш столь малый земной мир. Здесь все для нас весьма таинственно и весьма загадочно. Во всем таится нечто необычное и чувствуется течение чего-то невидимого. И человек не может уйти от вопроса: что же самое главное в этом мире? И если он серьезно, мученически серьезно размышлял об этом, то должен ответить, что в этом видимом мире самое важное то, что невидимо, неощутимо, ненаблюдаемо. Радиация – страшнейшая сила, но сила невидимая. Гравитационная сила удерживает и сохраняет в чудесном порядке бесчисленные солнечные системы, но и она невидима. И бедный homo sapiens со скорбью или со скрежетом зубов признает, что основанием всего видимого является нечто невидимое. Всякая видимая вещь своим внутренним нервом связана с чем-либо невидимым. О, скажите, как совершить переход из видимого в невидимое? И как из невидимого в видимое? Как невидимые фотоны, праэлектроны и электроны сгущаются и создают этот видимый, материальный мир? А то, что видимо в мире, бесконечно меньше того, что невидимо в мире и вокруг мира. «Новейшие открытия астрономов показывают, что небесные тела (планеты, кометы, звезды), которые покоятся в нематериальном эфире, есть, так сказать, малые, едва приметные материальные островки в космосе. Материя, как показали опыты немецкого астронома Рима, представляет собою исключительное явление во вселенной. Отношение целой материальной массы всех небесных тел ко всему нематериальному пространству равно отношению двенадцати булавок ко всему пространству немецкой империи. Материя, таким образом, – это исключение в космическом пространстве, равно как и в атоме».

Итак, невидимое – это сердце видимого, ядро видимого. Видимое – это не что иное, как оболочка невидимого. Бесчисленные формы, в которое облечено невидимое, одето и переодето. Видимо солнце, но невидима та сила, которая его разогревает. Видимы бесчисленные созвездия, но невидима сила, которая ими премудро движет и ведет их через бескрайние пространства, так чтобы они не сталкивались. Видим магнит, но сила его невидима. Видима земля, но притяжение ее невидимо. Видим соловей, но невидима та животворная сила, что поддерживает его в бытии. Видимы многие существа на земле, но невидима сила, которая оживотворила их и поддерживает в границах жизни. Видима трава, видимы растения, видимы цветы, но невидима сила, которая из одной и той же почвы производит разнообразные травы, цветы, плоды.

Так выглядит мир около человека. А что сказать о самом человеке? О, в нем только разыгрываются интереснейшие и драматичнейшие соревнования между невидимым и видимым. В нем невидимое с видимым обнялись самым страстным объятием, объятием, которому нет ни конца, ни края, ни в этом мире, ни в другом. Посмотрите, человек жертвует своим видимым телом из-за каких-то убеждений своей совести. А ведь совесть – это нечто невидимое. Если же не так, то покажите мне ее, чтобы я увидел её своими глазами. Человек идет на смерть за некую мысль, за некую идею. А ведь мысль – это нечто невидимое, идея – нечто невидимое. Если же не так, то покажите, чтобы я увидел её своими глазами. Мать своим видимым телом защищает свое дитя в опасности и жертвует своим видимым телом. Ради чего? Ради любви. Но ведь любовь – это нечто невидимое. Если же не так, то покажите мне любовь вашу, чтобы я увидел её своими глазами. Что такое мысль, что такое ощущение, что такое совесть, покажите мне их, чтобы я увидел их своими глазами в их самостоятельной и вещественно очевидной реальности. Но вы их не можете мне показать, ибо они по своей природе невидимы.

Итак, самое основное в человеке невидимо. И еще: человек действительно живет тем, что в нем невидимо. Когда невидимое покидает человека, тогда его тело умирает. Если бы было не так, то и мертвец, по крайней мере пока он лежит на столе, мог бы осуществлять жизненные функции, ведь он имеет те же органы чувств, те же физические компоненты, что и живой человек. Нет только одного: нет души в теле, души, которая поддерживает тело в жизни, души, которая смотрит через глаза, слышит через уши, чувствует через органы чувств, мыслит через мысли. Эта невидимая душа и есть источник всей наблюдаемой жизни человека. Вам не нравится, что душа невидима? Но и в нашем теле что мы видим? Только кожу, а все главные жизненные функции нервов, сердца, легких, мозга сокрыты от наших глаз. В нас ползают или вьются всевозможные невидимости, всевозможные фантомы. С этой точки зрения просто гениальна мысль, которую недавно изрек о человеке Алексис Карел в своей уже ставшей знаменитой работе: «Человек, этот незнакомец». Эта мысль гласит: «Каждый из нас является лишь вереницей привидений, через которые движется непонятная реальность». Человек – это действительно есть нечто, что мы знаем менее всего, с чем мы меньше всего знакомы. Карел пишет: «Надо открыто признать, что из всех наук наука о человеческом существе вызывает наибольшие затруднения».

Будем искренни, все три мира, и космос, и земля, и человек – представляют собою некие невидимые силы, облеченные в материю. Раскрой что-либо или кого-либо – отовсюду на тебя посмотрит своими таинственными глазами какой-то невидимка. Но если мы смелые и последовательные люди, то доведем свою мысль до конца. Так я и сделаю. Все три видимых мира: космос, земля и человек – всего лишь проекция невидимого в видимом. Видимая природа – это материальная проекция нематериальных, невидимых мыслей Божиих. А человек? Человек – это то же самое и нечто гораздо большее, человек – это видимая проекция невидимого лика Божиего.

Всякая вещь в этом мире – это рамка, в которую Бог вложил по единой своей мысли. А все вещи вкупе составляют роскошную мозаику мыслей Божиих. Следуя от вещи к вещи, мы идем от одной мысли Божией к другой, от одной Божией фрески к другой. А следуя от человека к человеку, мы идем от одной иконы Божией к другой. Ибо если в вещи Бог вложил Свои мысли, то в человека – Свой образ, Свою икону. Писано в Священном Писании: «И сотвори Бог человека, по образу Божию сотвори его» (*Быт. 1, 27*)

Смотри, превеликий Бог вложил образ Свой, икону Свою в илистое человеческое тело. Поэтому всякий человек – малый бог в грязи. Да, малый бог в грязи. Эта боголикость есть то, что человека возвышает превыше всех существ и вещей, превыше всех Ангел и Архангел, возносит его к Самому Богу. Ни одного человека Бог не посылает в этот мир без своего лика. Поэтому всякий человек – богоносец от утробы своей матери. На таинственной границе меж двух миров стоит благой Господь Христос и всякую душу, что посылает в этот мир, одаряет прекраснейшим Своим образом (*Ин. 1:9*). Поэтому всякий человек христолик по природе, христоносец по природе.

Человек в своей душе разбил грехом икону Христову, помрачил ее страстями, обезобразил пороками. И дивный лик Христов измарал черною смолою страсти и гадким гноем наслаждений. Поэтому многомилостивый Господь Христос и стал человеком, «да Свой паки обновит образ, истлевший страстьми». Он стал человеком, чтобы напомнить человеку об образе Божием в нем, чтобы напомнить ему о его божественном происхождении, чтобы икону Божию в нем очистить от смердящей мути греха, от черной смолы страсти и отвратительного гноя наслаждений.

Он, бестелесный Бог и Господь, взял на Себя человеческое тело и вложил в него Свое Божество, чтобы показать людям, что тело – это оклад иконы Божией. Он, неописанный Бог и Господь, воплощается и воплощением описывает Себя, изображает Себя. Невидимый Бог, воплотившись, сделал Себя видимым; неописанный Господь, воплотившись, описал Себя телом. Соединив в Себе Бога и человека, Господь Христос обновил икону Божию в человеке. Всю Свою жизнь на земле Он только тем и занимался, что шел от человека к человеку, от грешника к грешнику и божественною Своею добротою находил и обновлял в них истлевшую от грехов икону Божию.

Апостолы Духом Святым продолжили дело Спасителя, которое священно и апостольски исполняет до сего дня Православная *Церковь*. Через все свои молитвы, через все свои посты, через все свои милостыни, через все свои подвиги православные христиане стремятся к одному, воздыхают об одном: «древнею добротою возобразитися». Подвизаясь постом и молитвою, человек обновляет в себе, обезображенном грехом, икону Божию. Ревнуя добру, практикуя евангельские добродетели: веру и любовь, кротость и смирение, боголюбие и братолюбие, милосердие и воздержание, – человек постепенно уподобляется Господу Христу, формирует в себе образ Христов (*Гал. 4, 19*), пока образ Христов не осуществится в нем (*Рим. 8, 29*).

Всякая евангельская добродетель в руках православного христианина становится кистью, которой он пишет в своей душе икону Христову, пока не напишет ее полностью. И если посмотришь в душу такого человека, то увидишь Христову икону и скажешь себе: действительно, человек в свое тело вложил икону Христову, достиг высшего смысла жизни и обогатился непреходящим богатством. Ибо, образ Христов – это величайшая драгоценность в этом мире, это небесное благо, зарытое в вонючую жижу этой нашей гнилой планеты. Если обретешь Его, ты обретешь все, ибо в Нем весь Бог и весь человек со всеми своими совершенствами. В Нем, единственно в Нем, и сияние, и высота, и божественное величие каждого человека. Поэтому Православная *Церковь* чудесный лик Христов хранит как зеницу своей души, за Него православные всегда шли и всегда идут на страдание и смерть. В Нем Православие видит свою славу. Ведь что такое торжество Православия? Это пречистый образ Богочеловека Христа, ибо в личности Богочеловека Христа – вся сила и мощь, вся апология и всесилие Православия.

Только в личности Богочеловека обрела свою вечную ценность личность всякого человека вообще. Ибо сущность личности всякого человека содержится в образе Божием. Человек по происхождению – существо не от мира сего, не от Ангел, не от Архангел, но от Самого Бога. Человек – это настолько значительное существо, что и Сам Бог, чтобы провести человека через этот загадочный и таинственный мир, вложил в его душу пресветлый Свой образ. Эта боголикость души и составляет божественное величие всякого человека. Поэтому человек – это величайшая ценность этого мира, его душа более бесценна, чем все миры, вместе взятые, ибо, если он потеряет душу свою, то ничем не сможет ни возместить, ни откупиться, по всеистинному слову Богочеловека: «Кая польза человеку, аще мир весь приобрящет, душу же свою отщетит? Или, что даст человек измену за душу свою?» (*Мф. 16:26*). Человек столь ценен в глазах Божиих, что и Сам Бог, когда потребовалось, стал человеком ради человека. Поэтому православие всегда непоколебимо стоит за божественное величие человека, за его неприкосновенность, неуязвимость и незаменимость. Оно неустрашимо борется против всего, что обезображивает, умаляет, уничтожает это божественное величие человека.

По учению Богочеловеческой Церкви, Церкви Православной, главное – это обнаружить образ Божий в человеке. Если отыщешь в человеке этот образ, то обнаружишь и его непреходящую ценность, его абсолютность, его незаменимость, его бессмертность и вечность. Часто лик Божий в человеке полностью покрыт мутью наслаждений и тернием страсти, слюдою грехов и сорняками пороков. Но ты на то и православный христианин, чтобы снять все это с образа Божиего в душе человеческой, чтобы этот образ вновь заблистал своей божественною красотою. Если ты сотворишь так, если возлюбишь человека в его грехе, то никогда не будешь отождествлять грех с грешником и преступление с преступником, ты всегда будешь отделять грех от грешника, осуждать грех, милуя грешника.

Если ты спросишь, кто научит меня этому, то ответ может быть только один: Господь Христос. Ибо если ты с Его светом войдешь в душу какого бы то ни было человека, то легко найдешь в ней образ Бога, и отделишь Божие от греховного, и возлюбишь грешника в грехе его. Видишь, это благовестие, которое принес миру только Богочеловек Христос. Он во всяком человеке, и в великом грешнике, искал и находил образ Божий, осуждая грех, миловал грешника.

Вот злорадные книжники и фарисеи привели к Христу женщину-грешницу, схваченную в прелюбодеянии, и по закону Моисееву она должна быть побита камнями. «Ты же что глаголеши?» – вопрошают они Иисуса. «Иисус же долу преклонься, перстом писаше на земли...», этим словно желая сказать им: вы земля, земная мыслите, земная и вопрошаете, а посмотрите, душа этой женщины несравненно больше ее греха, не может ее боголикая душа уравняться с грехом ее. «Якоже прилежаху вопрошающе Его, восклонься рече к ним: иже есть без греха в вас, прежде верзи камень на ню... Они же слышавшее и совестию обличаемии, исхождаху един по единому, наченши от старец до последних: и оста един Иисус, и жена посреде сущи. Восклонься же Иисус и ни единаго видев, точию жену, рече ей: жено, где суть, иже важдаху на тя? Ни кийждо ли тебе осуди? Она же рече: никтоже, Господи. Рече же ей Иисус: ни Аз тебе осуждаю: иди и отселе ктому не согрешай» (*Ин. 8, 5–7, 9–11*).

Вот всемилостивый Господь осуждает грех, но не осуждает грешницу. Он как бы говорит: «Я не осуждаю твою боголикую душу, но осуждаю твой грех, ты и грех это не одно и то же, в тебе есть божественная сила, которая может освободить тебя от греха, иди и с этих пор больше не греши».

А что скажем о Закхее? Смотри, Господь Христос и в нем нашел образ Божий и спас его, хотя по законам человеческой логики, будучи великим грешником, он заслуживал всевозможного осуждения (*Лк. 19, 2–10*). А Мария Магдалина? Смотри, человеколюбивый Господь изгнал из нее семь нечистых духов, нашел и в ней образ Божий, и она своими евангельскими подвигами стала святительницей. А разбойник на кресте? О, здесь вершина человеколюбия Спасителя. Он и в нем открывает образ Божий и по вере его вводит его в рай.

Божественное величие и божественная неприкосновенность человеческой личности есть основная догма Христова Евангелия и Православия. Что принципиально для Православия, то принципиально и для Святосаввья. Святосаввье это не что иное, как Православие, только в сербском духе, в сербской редакции. Православие – это душа нашего народа. Кто дал эту душу сербству? Святой Савва. Мы, сербы, знаем: Святосаввье нас учило и учит, что всякий человек – наш брат, ибо всякий человек имеет образ Божий в своей душе и тем самым имеет вечную божественную ценность, поэтому нельзя ни на одного человека смотреть как на материал, как на средство, как на инструмент. Вся наша история это не что иное, как борьба нашего народа за душу народа, за его вечные ценности. В этой многовековой борьбе нашего народа за народную душу кто наш главный воевода? Несомненно, святой Савва. Он первым повел борьбу за Православие и непрерывно ведет ее вместе с нами и через нас.

Святосаввская борьба – это прежде всего борьба против всего, что грязнит, обезображивает и убивает душу нашего народа. А ее убивают грехи. Борьба с грехами в нас и вокруг нас – это святосаввская борьба.

Милый Марко, сын ты мой единый!
Если ты моей боишься клятвы,
Не скажи ты криво государям,
Ни в отцову пользу и не дядей,
Но по правде истинного Бога.
Не губи души, родное чадо:
Лучше жизни, головы лишиться,
Чем сгубить грехом, неправдой душу.

Это святосаввское евангелие матери Евфросинии[69]. Ибо всякий грех потихоньку убивает душу в человеке, а тем самым – и в народе. Сражаясь против своих личных грехов, человек борется за свободу и правду народной души, борется за ее бессмертие и вечность, борется за ее непреходящие ценности.

Борьба за сербскую, святосаввскую душу – это борьба за божественное величие человека. Без него наш человек обесценен, без него он всего лишь бренная, обмундированная глина. Чем серб велик и славен? Святым Саввой.

Чем святой Савва велик и славен? Господом Христом. Ибо верою в Богочеловека Христа и жизнью во Христе Растко преобразился в святого Савву и стал величайшим святителем и величайшим просветителем рода сербского. А тем самым стал непобедимым духовным вождем нашего народа во всех сражениях. Облаченный во всеоружие Божие: в евангельскую истину и правду, в евангельскую любовь и смирение, в евангельскую молитву и милосердие, в евангельскую веру и терпение – он веками вел наш народ от победы к победе. Сербы всегда были непобедимы, если только боролись за свою душу, за свою свободу и правду святосаввским оружием.

Вот и недавно сербы, только ведомые святым Саввою, одержали победу над конкордатным чудовищем. Победив это чудовище, сербы одолели главного неприятеля своей души – черный интернационал. Победив же черный интернационал, они показали, что имеют духовные святосаввские силы и могут победить и два других интернационала: красный, коммунистический, и коричневый, капиталистическо-фашистский. Ведь не надо обманываться, папизм – это отец и фашизма, и коммунизма, и всех организаций и движений, которые желают обустроить и осчастливить человечество путем насильственных или механических средств. Фашизм превращает в идол народ, а коммунизм – класс. И тот и другой желают обустроить и осчастливить человечество огнем и мечом; и тот и другой отождествляют грех с грешником и из-за греха убивают человека. А знаете ли, кто их этому научил? Их родной отец, папизм. Ибо средневековый папизм первым изобрел это и первым осуществил через «святую» инквизицию: грешников убивали за грех, еретиков сжигали за ересь, и все это – ad majorem Dei gloriam[70]. С одной целью: выстроить всемирную папскую монархию. Но надо быть справедливым: папизм хуже и чем фашизм, и чем коммунизм, ибо фашизм уничтожает своих противников во имя народа, коммунизм – во имя класса, а папизм – во имя кроткого и благого Господа Иисуса.

Сербы сердцем почувствовали опасность, угрожающую им от папского интернационала, и восстали как один человек, ведомые кем? Святосаввским духом через святосаввского священника. Он апостольски неустрашимо, златоустовски убедительно и святосаввски мудро вел наш народ на борьбу с конкордатным чудовищем. И безоружный народ одержал победу над организованным насилием. Чем? Святосаввским оружием: православною верою, православною правдою, православною истиною, православною ревностью, православной неустрашимостью, православным терпением, православным мученичеством и страданием «за крест честный и свободу златую».… И после этой черной грозы святосаввский дух через истинных святосаввских священников мудро правит кормилом судна нашей народной души, ведя ее Святосаввием через бури и грозы нашей горестной и несчастливой современности. Дела его воистину святосаввские. А это потому, что в них живет неисчерпаемая и неуничтожимая творческая сила, святосаввский дух, который всем существом своим исходит из бессмертного, всесильного и всемудрого Духа Христова, Духа богочеловеческого.

Что делает сербов сербами? Святосаввье и Православие. Без Святосаввья, без Православия сербы не что иное, как труп на трупе, мертвец на мертвеце. Только святосаввской верой и святосаввской жизнью сербы показывают и доказывают, что они настоящие сербы. Только так они исполняют завет святого Саввы. В чем заключается этот завет? Вот в чем: смотреть на грешника, как на больного, которого надо лечить от греха, как от болезни, никогда не отождествлять грешника с грехом и преступника с преступлением, никогда не убивать грешника из-за греха, стараться во всяком человеке отыскать образ Божий, ибо это вечная ценность всякого человека, то, что составляет божественное величие всякого человека, то, ради чего надо любить и величайшего грешника, а более всего любить человека и во грехе его. Особо запомните: ни человек, ни народ, ни человечество не могут и никогда не смогут обустроить и осчастливить себя без Христа, тем более против Христа; все таковые попытки заканчиваются и всегда будут заканчиваться междоусобной резней, самоедением, людоедством; кто сеет ветер – пожнет бурю, кто живет грехом и возвеличивает грех – претворяет этот мир в безысходный ад.

Из-за густой завесы видимого тянутся бесчисленные бескрайности невидимого. В самом деле, нет четкой границы между видимым и невидимым, между посюсторонним и потусторонним, между естественным и сверхъестественным. Во всем и через все видимое и невидимое царствует Он – чудесный и таинственный Бог и Господь, Богочеловек Христос. Во всем видимом и невидимом Он разлил Свои божественные ценности, и все – от бесконечно малого до бесконечно великого – имеет свою божественную ценность. Особенно человек. Ибо, одаренный боголикой душой, он в малом представляет собой мир всех божественных ценностей. В этом – божественное величие и божественная неприкосновенность его личности.

Божественное величие и божественная неприкосновенность человеческой личности – это ценнейшая истина в нашем человеческом мире. Поэтому всякий человек – наш брат, наш бессмертный брат, ибо всякий человек имеет образ Божий в душе своей. И тем самым имеет вечную, божественную ценность. Следовательно, нельзя ни одного человека считать материалом, средством, инструментом. И самый незначительный человек представляет собой абсолютную ценность. Поэтому, когда бы ты ни встретил человека, скажи себе: смотри, малый бог в грязи! Мой милый, мой бессмертный брат и вечный собрат!

«Но как они, познав Бога, не прославили Его, как Бога, и не возблагодарили, но осуетились в умствованиях своих, и омрачилось несмысленное их сердце; (*Рим. 1:21*)

«и уже не я живу, но живет во мне Христос. А что ныне живу во плоти, то живу верою в Сына Божия, возлюбившего меня и предавшего Себя за меня. (*Гал. 2:20*)

«больных исцеляйте, прокаженных очищайте, мертвых воскрешайте, бесов изгоняйте; даром получили, даром давайте. (*Мф. 10:8*)

«Но Иисус, зная помышления их, сказал им: всякое царство, разделившееся само в себе, опустеет; и всякий город или дом, разделившийся сам в себе, не устоит. (*Мф. 12:25*)

«ибо мы Им живем и движемся и существуем, как и некоторые из ваших стихотворцев говорили: «мы Его и род». (*Деян. 17:28*)

«Быв же спрошен фарисеями, когда придет Царствие Божие, отвечал им: не придет Царствие Божие приметным образом, и не скажут: вот, оно здесь, или: вот, там. Ибо вот, Царствие Божие внутрь вас есть. (*Лк. 17:20, 21*)

«Ибо Царствие Божие не пища и питие, но праведность и мир и радость во Святом Духе. (*Рим. 14:17*)

«Ищите же прежде Царства Божия и правды Его, и это все приложится вам. (*Мф. 6:33*)

«Посему говорю вам: не заботьтесь для души вашей, что вам есть и что пить, ни для тела вашего, во что одеться. Душа не больше ли пищи, и тело одежды? …потому что всего этого ищут язычники, и потому что Отец ваш Небесный знает, что вы имеете нужду во всем этом. Ищите же прежде Царства Божия и правды Его, и это все приложится вам. (*Мф. 6:25, 32, 33*)

«В продолжение пути их пришел Он в одно селение; здесь женщина, именем Марфа, приняла Его в дом свой; у неё была сестра, именем Мария, которая села у ног Иисуса и слушала слово Его. Марфа же заботилась о большом угощении и, подойдя, сказала: Господи! или Тебе нужды нет, что сестра моя одну меня оставила служить? скажи ей, чтобы помогла мне. Иисус же сказал ей в ответ: Марфа! Марфа! ты заботишься и суетишься о многом, а одно только нужно; Мария же избрала благую часть, которая не отнимется у неё. (*Лк. 10:38–42*)

«Пребудьте во Мне, и Я в вас. Как ветвь не может приносить плода сама собою, если не будет на лозе: так и вы, если не будете во Мне. Я есмь лоза, а вы ветви; кто пребывает во Мне, и Я в нем, тот приносит много плода; ибо без Меня не можете делать ничего. Кто не пребудет во Мне, извергнется вон, как ветвь, и засохнет; а такие ветви собирают и бросают в огонь, и они сгорают. (*Ин. 15:4–6*)

«Ибо мы соработники у Бога, а вы Божия нива, Божие строение. (*1Кор. 3:9*)

«какая польза человеку, если он приобретет весь мир, а душе своей повредит? или какой выкуп даст человек за душу свою? (*Мф. 16:26*)

«ибо восстанет народ на народ, и царство на царство; и будут глады, моры и землетрясения по местам; (*Мф. 24:7*)

«А Я говорю вам: любите врагов ваших, благословляйте проклинающих вас, благотворите ненавидящим вас и молитесь за обижающих вас и гонящих вас, (*Мф. 5:44*)

«И сотворил Бог человека по образу Своему, по образу Божию сотворил его; мужчину и женщину сотворил их. (*Быт. 1:27*)

«Был Свет истинный, Который просвещает всякого человека, приходящего в мир. (*Ин. 1:9*)

«Дети мои, для которых я снова в муках рождения, доколе не изобразится в вас Христос! (*Гал. 4:19*)

«Ибо кого Он предузнал, тем и предопределил быть подобными образу Сына Своего, дабы Он был первородным между многими братиями. (*Рим. 8:29*)

«а Моисей в законе заповедал нам побивать таких камнями: Ты что скажешь? Говорили же это, искушая Его, чтобы найти что-нибудь к обвинению Его. Но Иисус, наклонившись низко, писал перстом на земле, не обращая на них внимания. Когда же продолжали спрашивать Его, Он, восклонившись, сказал им: кто из вас без греха, первый брось на нее камень. И опять, наклонившись низко, писал на земле. Они же, услышав то и будучи обличаемы совестью, стали уходить один за другим, начиная от старших до последних; и остался один Иисус и женщина, стоящая посреди. Иисус, восклонившись и не видя никого, кроме женщины, сказал ей: женщина! где твои обвинители? никто не осудил тебя? Она отвечала: никто, Господи. Иисус сказал ей: и Я не осуждаю тебя; иди и впредь не греши. (*Ин. 8:5–11*)

IV. СКОРБИ И ЖЕЛАНИЯ
РОЕНИЕ БЕСКОНЕЧНОСТЕЙ

Так или иначе, оказаться в этом загадочном мире в качестве человека – это первое и самое удивительное событие! Я умолкаю перед ним. И никак не могу прийти в себя от этого удивительного события. Прийти в себя? Что это? Что означает: быть собою, быть «я», быть личностью? Ощущать себя как себя и все же, и все же не быть в состоянии провести резкую границу между собою и не-собою, ибо неким необъяснимым образом все переливается в нас и мы во все. Какой-то постоянный прилив и отлив, постоянное волнение и переливание всего во все и вся. А через все это и во всем этом вечно кружится человеческое ощущение и осознание себя как себя, как личности, как существа неделимого и простого.

Нас, людей, не спрашивая, вплетают в эту грандиозную тайну существования. Вселенная вокруг нас, словно тело, а мы в ней, словно душа. А все в мире как-то округло-округлено. Округленное же не имеет ни верха, ни низа. И во всем бездонно. Посмотришь ли ты с вершины космической перспективы или с космического дна – с земли, все едино: бездна есть бездна, тянется она снизу вверх или сверху вниз. Человеческое сознание осознает это. Каким образом? Мы не знаем, ибо не знаем, что делает сознание сознанием. Окруженный разнообразными и бесчисленными существами и вещами, человек ощущает себя как чудо среди них. Ощущать – разве это не чудо? Мыслить – разве это не чудо? Желать – разве это не чудо? Не ищи чуда вне себя, ибо ты сам – величайшее чудо. Не ищи ничего удивительного вне себя, ибо ты сам – величайшая неожиданность. Существовать – разве не есть это нечто само по себе бесконечно удивляющее и непонятное?

Человек бы хотел сковать себя крепкой и массивной земной действительностью. Иногда ему приятно быть окованным ею, потому что душе его таким образом возможно хоть на что-то опереться. Тут же, вокруг все какие-то бездны, все какие-то бескрайности, которые немилосердно тащат тебя и гонят по своим пропастям и ущельям. И тогда вздох за вздохом: о, если бы было чуть меньше сознания! И еще бы поменьше ощущений! Легче было бы быть человеком и менее неожиданно… Человеческое сознание, человеческое ощущение – две крошечные свечки в страшном мраке безмерной тайны миров, как тяжело с ними! Может быть, их нужно было бы погасить, чтобы человек был спокойнее, не боялся многих бесконечностей, что со всех сторон разевают на него пасть? Или две свечки превратить в два солнца, свет от которых осветил бы все мрачное в человеке и в мирах вокруг человека? При такой фантастичности природы человеческого сознания и ощущения есть ли для человека лекарство от фантастичности? Разве не сотканы миры в нас и вокруг нас из чего-то фантастического, непонятного, ненаблюдаемого? Именно из-за этого ощущение грусти никогда не устаревает в человеке. И все человеческие муки спешат собраться в гром, что проносит через все миры вопль и причитание человеческое: зачем я сотворен человеком, зачем, зачем, зачем?..

Большей противопоставленности, более жуткой противоположности, более непримиримой противоречивости не переживает кроме человека ни одно существо: ни Бог, ни ангел, ни диавол. Ибо человек переживает и жизнь и смерть, и небытие и всебытие, и добро и зло. И все, что в них и между ними. Ведь ни перед кем не лежит столь долгий путь из небытия к всебытию, от диавола к Богу. А также страшное разнообразие ощущений, мыслей, желаний, переживаний. В человеке все смешалось, все: от ничего до всего, от безумия до всепонимания, от преходящего до вечного, от смертного до бессмертного, от адского до райского, от диавола до Бога. В нем всегда есть много непонятного и беспредельного, а тем самым, бессмертного и вечного, поэтому он никаким образом и никогда весь не умирает, даже если упорно желает этого. И никаким образом и никогда он не уничтожит себя абсолютно, даже если бы и желал этого всем сердцем. От него и в нем всегда много остается для бессмертия и вечности.

Тяжко человеку, если его мысль охватывает метафизическая паника. Ибо она преследует и гонит его из хаоса в хаос, из ужаса в ужас, из потрясения в потрясение, из стона в стон. Тогда все трясется, разламывается и трещит во всех сферах человеческого существа. Возникают трещины, и сквозь них измученная душа усматривает бесчисленные миры. А там, в космической мгле и мраке белеет и светлеет какой-то манящий, тихий, мягкий свет. И таинственный магнетизм миров неодолимо привлекает мысль и вовлекает ее в какую-то страстную игру, вихрь… Человек? Праужас, желая отдохнуть, вселился в человека мыслью. В небольшое количество теста положено много дрожжей.

Мысль цепенеет: многие противоречия сплелись в человеке объятиями, в которых они задыхаются и из которых они никак не освободятся. Как змеиный клубок, который нельзя расплести. В такой ситуации для человека метафизической тоски и самое комичное становится трагичным. Иногда для него человеческий смех похож на безумие, даже на сумасшествие. Смех? Чье-то безумие... Разве можно смеяться в мире, где есть смерть? Ах, в глиняном тесте нашего существа имеется и эта закваска. Кто знает, чья рука ее положила, кровью нашей замесила и пустила по этому миру свою упрямую усмешку?

Иногда мысль задумчиво кружит по золотой кромке вселенной, а чувство судорожно всхлипывает в глубоком беспокойстве. И сгибается разум, сгибается в поиске Бога до грани сумасшествия. О, если бы душа была только коридором для влияния внешнего мира! Но она, как ненасытное чудовище, все, что к ней прикасается, впитывает в себя, преобразует, претворяет в свое, оживляет какою-то чудною жизнью, обессмерчивает каким-то необычным бессмертием. Если же что-то и умрет, это дорогие покойники...

Душа? Самый гениальный и самый сильный чудотворец. В ней взгляды превращаются в мысли, звуки – в ощущения, разнообразные влияния – в разнообразные переживания, или идеи, или страсти, или соблазны. Разве не замечаешь, Невидимый, как Твои слова в море моей души претворяются в драгоценный жемчуг? Вода, гонимая чувствами, истекая из очей становится жемчужною слезою... О, художник над художниками! Чувство, что пропускается сквозь сердце, становится светом, громом и молнией. Если мысль молитвою погрузится по ту сторону звезд, то найдет Бога. Бога и себя. Себя, надзвездную и потустороннюю, во всем небесную. Ибо там ее настоящие истоки и прародина.

Смертный страх нападает на человека, когда он бдительно следит за своею душою на всех ее путях, когда проникает во все ее мраки и сумраки, мглы и окраины, бездны и пропасти. Нигде, Господи, я не погибал так опасно и отчаянно, как внутри себя! И никогда, и нигде так отчаянно не умирал, как в себе... Самая страшная смерть не около меня, но во мне. Ад за адом, соревнующиеся в самых страшных ужасах. Только это не абстракция, не иллюзия, не фикция, не привидение, а суровая действительность. Их неудержимый ужас – в их непосредственной близости. А все райское под ударом зла превращается в некую прозрачную, сумеречную иллюзию и сны. О, сколько вокруг меня тайн обо мне! Заснув в новой тайне, я пробуждаюсь в более новой, а день провожу в еще более новой. О, Господи, неужели для того Ты дал нам душу, чтобы нас же самих сокрыть от нас? А сознание, а ощущение, а слово неужели Ты дал нам для того, чтобы мы Тебе сказали, что не знаем себя? И сколько источников слез в моем крошечном сердце! И каждая капля больше моего сердца...

Чем бывает движима душа, что непрестанно входит во все новые мысли и во все новые ощущения? Что есть то, что в моей душе рождает мысль, чувство, желание? А тело обносит душу стеной, замуровывает ее в материю не для того ли, чтобы она не сошла с ума от бесчисленных бесконечностей, что со всех сторон разрывают ее и разворовывают?.. Очи души не имеют ресниц и век. Поэтому они никогда не могут заснуть. А то она бы их уже неоднократно радостно и трепетно закрыла и вошла бы в покой и отдых от жестоких тайн, что немилосердно бьют ее, худенькую, нежную, тонкую, более тонкую, чем свет и сон... Господи, напои мое сердце нектаром Твоей благодати, дабы оно исполнилось миром, что превосходит всякий ум, человеческий и ангельский! Господи, излечи его Собою!

Если человек заглянет в тайну мира, он не может не заметить, как через все миры идут какие-то легенды и сказки, идут к чему? Каков смысл этих страшных легенд и роскошных сказок? А если остановиться взглядом на глазе человеческом – какая жуткая пропасть! Глаз! Наименьшая, но самая продуктивная лаборатория в наших мирах. Нет меньшего органа и нет большего чудотворца! Разве глаз это не чудотворец, раз видит свет! Ибо что такое свет в своей сущности? Нечто неощутимое, а это значит, нечто невидимое, разве не так? Это первый парадокс: с помощью невидимого, с помощью души, око видит то, что невидимо… А слепые что-то бормочут и бредят, дескать в этом мире нет чуда. О, слепая наивность и слепая простота!

Что это, что произвело пламя в душе, в сердце, что разжигает и раздувает огонь под мыслью, под чувством, под желанием? И до какого градуса поднимается и до какого предела доходит эта воспламененность? Наверняка, она измеряется детонометром, а не термометром. Чувства – это огонь для мысли, мысль для совести, а для совести – кто, кто, о люди? Несомненно, только Бог. Ибо Бог есть огонь опаляющий. Человек Божий полон огня и извне, и изнутри. Поэтому его мысли, ощущения и желания светят, излучают свет и тепло. И он всем своим существом переходит в бессмертное и вечное…

Эгоистичные, хоминистически эгоистичные люди считают и утверждают, что способность к мышлению, чувствам и желаниям имеют только люди. Разве столь беден этот Божий мир, населенный столькими существами? Всмотритесь в кроткое и дивное око задумчивого вола. Разве оно не отражает некие необычные внутренние миры? Если не большее, то за ним стоит интеллектуальный, духовный эмбрион, во всяком случае, чувственный, который имеет свои чудесные миры.

Но только человеческая аналитическая мысль не может проследить его до конца и отыскать его первобытную движущую силу. Кто знает, может быть, и его пракорень где-то там в синеющих созвездиях, там, где ангелы роятся, как пчелы, и светлые духи составляют все новые и новые вселенные и миры… Разве вы не примечаете, как из кроткого воловьего ока на вас смотрит некая бесконечная печаль, грустно вас вопрошающая: зачем? И этот вопрос в сердце всего живого, в ядре всего существующего. Этот вопрос появляется после всех ответов, которые может дать человеческий ум на свои бесконечные вопросы. На последнее «зачем?», что исходит от всякого существа и всякого создания, человеческий ум не может ответить. Посмотри на человека, он за собою тянет все свое биологическое, геологическое и духовное прошлое: весь растительный, весь животный и весь минеральный мир, но также и весь ангельский, весь духовный, весь божественный мир. А из всех этих миров то гармонично, то хаотично звенят и жужжат бесчисленные вопросы, тягостный припев, который всегда один и тот же: зачем, зачем, зачем?

Человек на полпути меж Богом и диаволом. Поэтому его разрывают и светлая Божественная бескрайность, и мрачная бескрайность диавольская. Человек на полпути между материей и духом. Поэтому его разрывают их загадочные бескрайности. Мысль человеческая на полпути между конечным и бесконечным, меж временным и вечным, поэтому его и притягивают к себе их больные противоречия. Ощущение человеческое на пути меж раем и адом, поэтому его распинают их заманчивые противоположности. Око человеческое на полпути меж слепотою и всевидением. Поэтому оно неизмеримо страдает на пути от одного к другому. Ухо человеческое на полпути меж глухотою и всеслышанием. Поэтому оно невыносимо страдает, зажатое их противостояниями. Человек на полпути между небытием и всебытием, между незнанием и всезнанием, между несовершенством и совершенством, поэтому его и давят бесчисленные противоречия всех известных и неизвестных миров.

Для человека и капля – океан. Но и океан – капля. Ибо и в самом малом он видит самое большое, и в самом большом – самое малое. Таково человеческое существо. Весь дух человека, вся мысль, все ощущения тонут не только в мистерии величайшего, но и в мистерии наименьшего. О, я не хочу бескрайности, не хочу по крайней мере той бескрайности, что скрывается в капле воды, уничтожьте их, смилуйтесь над нами, жалкими человеческими существами!.. Смотри, под супермикроскопом человеческого духа из всякого атома, из всякого электрона, из всякого праэлектрона, из всякого фотона, роясь, вырываются бесчисленные бесконечности. В современной физике и астрономии нет ничего более беспредельного в своей таинственности, чем фотоны и электроны. Всякий электрон и всякий фотон излучает бесконечность. О, наши миры выстроены из одних только бесконечностей. А человек – это носимый волнами остров в безбрежном океане бесчисленных бесконечностей... Твои бесконечности, Величайший, пугают меня и в самом малом.

Бесконечности вырываются из всякого атома, как и из всякого солнца; из всякого цветка, как и из всякого созвездия; из всякого насекомого, как и из всякого существа. Во всем, что Твое, Господи, роятся бесконечности. Это самое многочисленное и очевидное во всех Твоих мирах, о несказанный Господи! Разве око человеческое – это не матка, к которой слетаются все бесконечности неба и земли? Разве свет – это не матка, и всякая травинка, и всякая птица, и всякое существо, и всякая вещь? Матка, матка, матка, от которой и вокруг которой роятся чудные и дивные, страшные и величественные бесконечности? И материя вся запечатлелась в каких-то необозримых бесконечностях. А люди – печальные пленники бесчисленных бесконечностей. Там же, за всеми этими бесконечностями и проступает Творец всех бесконечностей и главная их матка – Бог, всемудрый и всеблагой. Только с Ним и в Нем всякая бескрайность претворяется в радость. Без Него всякая бескрайность для меня – это и падение, и пропасть, и смерть, и ад! Именно ад, ад, ад!

Рои бесконечностей пустил Ты среди нас, Господи! Что бы мы делали с ними, если бы не Ты, их матка, Ты, Сладчайший Иисусе, Иисусе Ненаглядный! От соприкосновения с Тобой всякая наша мысль и ощущение тонет в бескрайнем восхищении, и радости, и восторге. Твоею благостью, нежностью и любовью Ты всякую бескрайность претворяешь в мою радость, в мою бесконечную радость и в мой рай, в мой бесконечный рай. И я всем своим существом ощущаю и знаю, что только Тобою все бескрайности претворяются в чудесные благовестия, о Господине всех дивных бескрайностей и вечных радостей!...

НА ТЕРРАСЕ АТОМА

Ничто так не необходимо человеческому сознанию, как свет. Внешний или внутренний, все равно. Так как мы видим мир только в свете и с его помощью познаем все разнообразные миры, от самого духовного до самого материального. А чем мы видим свет? Светом. Во свете видим свет. Без света нам и глаз не поможет. Огромна гносеологическая ценность света, на ней в наибольшей степени основано человеческое сознание. Неужели свет, необходимый всякому зрению, сам не видит?

Не удивляйтесь парадоксальности моего вопроса. Меня ошеломляют чудеса вселенной. Как получается, что я постоянно держу их на булавке человеческой мысли и не срываюсь в бесчисленные бездны вокруг нее, над ней и под нею? Как получается, что, заключенный в молекулу человеческого ощущения, я задыхаюсь в его тесноте, в то время как надо мною полыхают новые созвездия и роятся новые вселенные? Мне было велено: крепко держись за перила атома человеческой мысли, несмотря на то что ураганы космических тайн дуют на тебя со всех сторон. Ведь человеческая мысль проста, как атом, а вокруг нее все не познано, все необычно, все бесконечно. О, уменьшите чудеса, укротите их, вы, невидимые чудотворцы! Вы задавили наше крошечное человеческое сознание. Как под развалинами многих мертвых солнц, ощущает себя душа человеческая под этим небом… Прислушайтесь, это нежный свет горюет, что проходит сквозь черную земную грязь.

Свет и глаза! Что их связывает? Какое меж ними родство? Кто делает их необходимыми друг для друга? О, здесь речь идет о тайне, которая превосходит все человеческие умы и все человеческие знания. Нам же остается только задавать вопросы царству света, а ответы оставлены, вероятно, для каких-то иных существ, с более высоким уровнем сознания и беспредельности ощущений. Мне кажется, что свет и глаза – загадочные тайники неких божественных тайн. Я знаю, что свет и глаза высаживают нас на все берега всех миров. С их помощью мы преодолеваем пространство и время около себя, себялюбие и эгоизм в себе. Глаза – это, возможно, сложнейший орган чувств, потому что они скрывают в себе наибольшее число тайн, но и открывают их. Слезы и те даны глазам, ибо они в наибольшей степени созерцают тайны миров и печаль. А когда человеческие слезы заливают горестные миры, тогда они начинают блестеть праисконной красотой, логосною красотой, красотою божественною.

В этом горестном и печальном мире дар слез есть самый трогательный и самый чудесный дар. Плакать над горестной тайной миров дано лишь избранным. А через самых избранных плачет вся тварь. Она плакала через омолитвенные, печальные очи святого *Исаака Сирина*, святого *Ефрема Сирина* и святого *Симеона Нового Богослова* и через всех на свете печальников рода человеческого. Они плакали и плачут за всю тварь и вместо всей твари, особенно за тех, что имеют очи, а слез не имеют. Они, святые сопечальники и всепечальники, ощущают, как вся тварь воздыхает и страдает, вся, от первой до последней (*Рим. 1, 16*). А в их нежных и жалостливых сердцах не иссякают слезы.

Грусть в душе происходит от таинственности мира. И в ней – слеза. Существовать и в то же время не знать, ради чего существуешь – вот праисточник грусти. Это и первоначальный источник слез. Иметь способность мышления и мыслить, а не знать, откуда эта способность, откуда мысль и для чего, – это второй неисчерпаемый праисточник человеческой печали. Иметь способность ощущения и ощущать, а не знать, откуда эта способность и для чего, – это еще один неисчерпаемый источник печали человеческой. А вершина печали – не иметь возможности освободиться ни от самоощущения, ни от самосознания. Не является ли это неким вечным заточением? Ведь вечно мыслить и вечно ощущать и все же не иметь возможности до конца домыслить мысль о себе и о мире, не иметь возможности до конца прочувствовать ощущение себя и мира – не есть ли это тоска самая тоскливая и мука самая мучительная? Человек может отдохнуть от всего, но никогда – от себя, от самоощущения и самосознания. Это соломоновская усталость от существования и соломоновская мука от бытия. Человеческий чувственный аппарат настолько сложен и запутан, что его мог создать только Бог. То же самое можно сказать и о мыслительном аппарате человека. Нет ничего сложнее этого ни в человеке, ни в существах около человека. А тем, что само по себе сложно, запутано и таинственно, разве можно упростить и объяснить что-то из того, что сложно, запутанно и таинственно в мирах около человека? Как кажется, человеческое ощущение мира и человеческая мысль о мире еще больше усложняет мир, который и сам по себе очень сложен и очень загадочен.

На стезю человеческого сознания легла ночь, а до ее начала и после ее конца – только ночь и ночь, глубокая полночь. Чувства человека – как стоящие насмерть слепые часовые. Бесчисленные ночи своей тьмой, принимающей устрашающие облики фантастических привидений, пугают человеческое сознание и бросают человеческие чувства в лихорадку. Кто даст им необходимые солнца, чтобы разрушить жуткий мрак и осветить таинственные миры? Тоска бывает еще тяжелее: человек иногда ощущает землю как свое тело, как свою судьбу, а ее лучи как свои нервы, ее взгорья как свои воздыхания, ее бездны как свои падения, ее болезни как свои печали.

Куда исчезают и в чем утопают человеческие мысли, отталкиваясь от границы времени и пространства? Не на запад ли, в сумерки и сумрак, уводящие во тьму, переходящую в темную ночь и в безысходную пропасть? Алая заря радости не украшает их черных ресниц. Разве это последнее пристанище человеческого ума на пути его существования? А человеческие чувства, когда они стремительно улетают за грани времени и пространства, куда улетают, в какие миры и в какие реальности? Следует ли мысль чувству или чувство мысли? О, печальное паломничество и еще более печальное шествие: печаль за печалью, вздох за вздохом. Человек, ты постоянно находишься на своих похоронах. Ибо бесчисленны твои смерти…

Если пойдет мысль человеческая на восток, то встретит распутья, если двинется на запад – еще более страшные распутья, если отправишься на юг – снова распутья; и на север – кругом одни распутья. Самое страшное в том, что все они сходятся и никогда не расходятся. Где? В человеческом самосознании и самоощущении. Поэтому человек – это самое скорбное существо среди всех существ. Везде, в любом мире он первый в скорби. Это первенство никто по праву не может у него забрать. Как же тогда его душе не взвиться воплем причитаний и отчаяния?

О ночи! О все ночи всех миров, как случилось, что вы все вместе бросили якорь в зенице человеческого сознания? И как случилось, что вы вселились во все бездны человеческой души, так что даже еще осталось место для новых ночей и новой полночи? Кажется, что когда где-то там, в небесных высотах, начнут рождаться солнца и станут разгонять мрак, тогда он бросится на нашу планету и скроется в человеческом существе. Можно сказать, что все полночи, когда их теснит заря, без оглядки бегут и водворяются прямо в человеческом сердце. Ночь, убегая от дня, норовит спрятаться в человеке и затвориться в нем и никогда даже не выходить из него: здесь ей и ночлег, и пристанище, и самое милое прибежище. Человек! Прибежище всех ночей и полночей. Он как бы бесповоротно влюблен в них, а они в него. Только здесь печаль настигает печаль и причитание сворачивается вокруг причитания. Есть ли для человека лекарство от этой тоски и надрыва? Есть ли? Есть ли?..

В этом мире все грустно, так грустно, что и сказать невозможно. Если этот мир обладает душою, то это грусть. В мире так много боли, так много горести, так много смерти, так много греха, неужели Бог когда-нибудь перестает грустить об этом мире? Грех, всякий человеческий грех, разве не покрывает печалью и не заливает скорбью светлый лик Божий?

«Печаль моя всегда со мною», – вот исповедь псалмопевца (*Пс. 37, 18*), а также всякого настоящего человека. Этот мир стоит на печалующихся душах. Человек ценен настолько, насколько он имеет способность скорбеть. Если скорбишь ты скорбью какого-либо человека, ты стоишь двоих, если скорбишь скорбью многих людей, ты стоишь, сколько и все они, а если скорбишь скорбью всей твари и всех существ, стоишь столько, сколько все миры, вместе взятые, и еще более, несравненно более. Чтобы душа человеческая могла довольно наплакаться над больною тайною этого мира, надо в каждой поре иметь глаз и в каждом глазу по источнику слез. А когда в сердце ударят все громы жизненных страданий, вся душа вскипит сочувствием и все очи человеческого существа взволнованно зарыдают, тогда кроткий Иисус голубиными стопами нежно и невидимо войдет в растосковавшуюся душу, а с Ним, дивным и чудотворным, и все благие чудеса Его. И Он, самый нежный и самый чувствительный, постепенно претворит человеческую чувствительность во всечувствительность, а сострадание – во всесострадательность. Христов человек чувствует всякую печаль, как свою печаль, и всякую боль, как свою боль. И с правом он мог бы сказать: «Печаль всего создания всегда со мною».

Без Господа Иисуса душа человеческая – ужас, и проклятие, и глупость. Только на огненных колесницах христолюбия человеческая душа может вознестись туда, где печаль миров претворяется в милую печаль и где горькие тайны одичавших земных фабрикантов и смерти прекращаются и настает вечная радость.

В Иисусовом мире господствует волшебная вечность. Здесь всякая мысль человеческая начинается какой-то милой безначальностью, а заканчивается некоей сладкой бескрайностью. И всякому человеческому ощущению границею служит божественная безграничность. И всецелое существо человеческое исполняется вечной божественной логосностью, вечной божественной логичностью, вечным божественным смыслом. И с помощью божественной логосности, божественной логичности, божественного смысла Христов человек находит вечную божественную логосность, вечную божественную логичность, вечный божественный смысл во всех тварях и существах во всех Божиих мирах. О, уберите все миры, останется только Он, единственный, никем не заменимый, всесладчайший Господь и Бог мой – Иисус, вседивный, всечудесный, всемилый!.. Столкните все вселенные в бездны небытия, останется только Он над всеми бедными человеческими существами, ибо Он, единственно Он, Единый Человеколюбец, воскрешает из всех смертей во все божественные вечности и сверхвечности, радости и всерадости...

БУНТ КЛЕЩЕЙ

Когда я вижу человека в его огреховленной действительности, я говорю себе: для Бога нет большего ада, чем человек. А человек, влюбленный в греховное сладострастие, скрежещет зубами и шелестит: страшнейший ад, который люди придумали для себя, – это Бог... Ему бы хотелось, чтобы не было Бога, живого и истинного, что всемилостиво спасает от греха и справедливо осуждает за упорство в грехе. А над этим размышлением пылает истина: если бы все земные горы и холмы превратились в ладан и загорелись, смогли бы они перебить этим благоуханием смрад земной, что гноем течет из многих тварей и прежде всего из людей?

Треклятый ужас охватывает меня, когда я наблюдаю беспредельность человека без Бога. Ибо нет ничего страшнее этого. Беспредельность без Бога, что это, если не бессмертие без света и радости? Нет большего чудовища ни в одном из известных миров, чем человек без Бога. Нет и более страшного ада. Ибо самый страшный ад – это человек без Бога. Когда мысль человеческая оторвется от Бога, чем она завершится? Чем станет? Черной бесконечностью. А это ад. Потому что мысль без Бога – это страшнейший ад. А чувство, которое ничем не связано с Богом, разве это не ад для человека? А мои богоборческие мысли, а мои мрачные чувства распинают меня и раздирают, и я, обессилевший, горько вопрошаю: «Господи, если ад не во мне, то где же он, где, где?»

Природа греха в том, чтобы возбуждать себя и людей вокруг себя против Безгрешного. Праисконное отвращение ко всему божественному и небесному опустошает грехолюбивого человека. Он бы хотел приблизиться к небу, чтобы презрительно плюнуть в него и затем стремглав сладострастно сорваться с неба в муть земных наслаждений. Вы заметили: все бунты против Бога исходят из желания оправдать грех. А грех, которому нет равных и который не прощается ни в одном из существующих миров, следующий: «Мой бунт, Господи, отнюдь не Адамов, ибо я не желаю ни знать, как Ты, ни быть, как Ты, ни жить, как Ты, но совершенно утратить память о Тебе и представление о себе. Мой бунт даже не Иудин, Господи! Ибо я хочу не предать Тебя, не убить Тебя, а просто не знать Тебя. Не правда ли, это не великий бунт, не великий грех? Никаким путем я не желаю идти к Тебе, мне милее пути, что уводят от Тебя. Зачем Ты меня вывел на многие пути и завлек в Свои сети? Кто дал Тебе право? Я же не хотел и не хочу…».

Этот мир населен растениями, животными, минералами, а на вершине всего поставлен человек. Для того ли, чтобы ощущать все воздыхания попираемых, все муки придавленных, все боли огорченных и через трупы спокойно и решительно устремляться к своему бессмертию? О, трагичное бессмертие на трупах ближних! Даны ли человеку чувства, которые могли бы это вынести, и душа, которая бы не сошла с ума от этого, и сердце, которое могло бы от этого не разрываться? Но все же человек сущностно и судьбоносно зависит от всех тварей, а все твари от него. Есть что-то в человеке, что его делает судьбою времени и пространства, судьбою всех поданёльстких существ во всех мирах. Поэтому он смело вздымается духом над всеми безднами, рассеянными по пространству и времени. Но все же это маленький, крошечный, малюсенький человек. Извлеките из земли силу притяжения, которой она нас держит в своих страстных объятиях, куда бы мы, люди, разлетелись и куда бы попадали? Есть ли дно такому падению с земли, и куда нам упасть, и на что мы упадем?

Грехолюбивый человек имеет свою логику, которой оправдывает свой грех и свое зло. Вот она: этот мир сотворен эпилептиком. Разве душа в теле не находится постоянно в эпилептических припадках? Разве тело в мире не находится постоянно в эпилептических конвульсиях? Разве земля в объятиях солнца не находится в эпилептических муках? Разве зрачок в глазу не находится в эпилептическом припадке? Наша звезда – это отвратительная коростная жаба среди звезд, а люди, а существа, живущие на ней, всего лишь коросты, короста на коросте. Поэтому наша звезда находится в постоянной лихорадке, а человек на ней – в постоянном бреду. Какая-то проклятая жуть струится со всех звезд на нашу звезду. И все боли больных существ сливаются на нашу планету, как будто она есть единое сердце всех миров. И она корчится, трясется и бредит в каком-то космическом бреду, и рыдает под мрачными вершинами и над грозными глубинами, не понимая ничего из того, что с ней происходит...

Нет ничего отвратительнее, чем грехолюбивый человек. Он носит в себе страшнейшее пугало – огреховленное сознание и огреховленное ощущение. И еще одно пугало – огреховленную волю. А его явь? Это непрерывные и необозримые шествия отвратительных монстров. Из-за такого человека грустят над человеком все миры, страшатся его и опасаются за свою судьбу. Если же когда-нибудь, где-нибудь в космосе будут искать страшнейшее пугало, чтобы сделать из него божество, то только наша планета будет в состоянии подарить его космосу. Чтобы устрашать космос и космические существа, достаточно быть человеком – человеком греха и зла.

Что такое природа? На каком основании она существует? Из чего она состоит? Где ее основание? Где дно? Где вершина? Где ее начало? Где конец? Все, что ей принадлежит, необычно и удивляет наше крошечное человеческое сознание и ошеломляет наше мелкое человеческое чувство. Ибо и бесконечно малое так же удивляет, как и бесконечно большое. Страх охватывает человека и от бесконечно малого, и от бесконечно большого. Что только ни проходит и что только ни тянется между бесконечно малым (праэлектроном) и бесконечно большим (универсумом)? Человек и бесчисленные существа и вещи. Какие только процессы не ткутся на удивительном ткацком станке, растянутом между бесконечно малым и бесконечно великим! Бросается в глаза, что везде одна и та же тайна: и в самом большом и в самом малом, и во всем, что между ними. «Везде один и тот же план, одна и та же мысль… Одни и те же законы управляют и жизнью атома и жизнью звезд».

Но где бы человек ни был, он всегда находится или на рубеже бесконечно малого, или на рубеже бесконечно большого. И его сознание дрожит и трепещет, приблизившись к жутким пропастям бесконечно великого или бесконечно малого. А чувство в них трепещет и цепенеет. Увлеченная заманчивой таинственностью бездны, человеческая мысль всегда недалека от безумия, а человеческое ощущение – от отчаяния. Здесь и для человеческой мысли, и для человеческого ощущения только одно спасение – Богочеловек Иисус. Ибо Он, мудростью и любовью проводя человеческую мысль и человеческое ощущение через пропасти бытия и существования, незаметно претворяет человеческую мысль в богомыслие и человеческое ощущение – в богоощущение. И так вводит их в райскую, божественную вечность, где никакие противоречия не нарушают их богочеловеческий мир.

А без Богочеловека человеческая мысль ощущает себя на этой планете, как в космическом леднике, где все замерзает от какого-то неизбывного ужаса. Замерзают мысли, замерзают чувства. Без Богочеловека человек катится из безумия в безумие из бунта в бунт. Вроде такого безумия и вроде такого бунта: что это за шпионы вокруг нас и над нами? Все эти высшие существа: и Бог, и ангелы, и демоны; кто дал им право, это страшное право контроля и суда над нами? Они прилепили нас какими-то силами и гравитациями, как клещей, к этой помойной яме, нашей планете, так что некуда деться. Даже когда мы зовем на помощь, когда мы бунтуем, это всего лишь бунт клещей. Наши голоса – голоса клещей, наши вопли – вопли клещей, далеко ли они слышны? Все равно, пусть бы они были слышны хоть на миллиметр от земли, главное то, что нам больно, больно оттого, что мы являемся тем, что мы есть. А это значит, что и у нас, клещей, есть сердце. Наверняка есть, раз мы ощущаем боль. Пусть наша боль столь мала, что невидима сверху для высших и больших существ. Но в том-то и мука наша, что наша боль, пусть и маленькая, охватывает все наше клещиное сердце. Разве существует малое сердце и малая боль? Даже и бесконечно малая боль для него бесконечно велика. Вот в том-то и состоит эта проклятая привилегия, что навязана нам, клещам, не знаем, по какому праву и чего ради...

Всякая человеческая мысль, гонимая инстинктом сознания, уводит в бессмыслие, если не причастится Всесмыслу. Так же и всякое человеческое ощущение. И такие мысли, и такие ощущения не что иное, как черные демоны в царстве человеческой души, сама же душа в таком случае не что иное, как ад.

Причастить мысль божественному Всесмыслу, божественной Логосности – значит преобразить ее в богомыслие. Так же и ощущение, если оно причастится божественному Всесмыслу, то преобразится в богоощущение. А богомыслие и богоощущение подобны ангелам. Преисполненная ими, душа полна ангелов. Это и делает ее раем. Постоянно ощущать и постоянно осознавать божественную логосность и божественную всеценность мира – это и есть рай для человеческой души. Не иметь этого ощущения и этого сознания – ад для души. Постоянность и бессмертие в ощущениях и в сознании божественной логосности мира характерны для ангелов и святых. Совершенное отсутствие этого ощущения и такого осознания характерно для демонов и погрязших во зле людей. Колебания в этом ощущении и в таком осознании – удел человека полуверного. Рай состоит в постоянном и бессмертном чувстве и осознании божественной логосности мира. А ад – в полном отсутствии этого ощущения и этого осознания. Диавол тем и диавол, что полностью и навечно отрицает логосность и логичность мира. Для него все бессмысленно, все глупо, поэтому и надлежит все уничтожить. Человек же стоит на полпути меж раем и адом, меж Богом и диаволом.

Всякая мысль и всякое ощущение потихоньку ведут душу или в рай, или в ад. Если мысль логосна, то связывает человека с Богом Словом, со Всесмыслом, со Всеценностью, а это и есть рай. Если же она нелогосна, противологосна, тогда она неминуемо связывает человека с бессмысленным, с обессмысливателем, с диаволом, а это уже ад. Что действительно для мысли, в той же мере действительно и для ощущений. Все начинается еще здесь, на земле: и человеческий рай, и человеческий ад.

От жизни души с Богом и в Боге в человеке зачинается и рождается все, что бессмертно, вечно и богочеловечно; от жизни же души с диаволом в человеке зачинается и зарождается все, что смертно, грешно и инфернально. Жизнь человеческая на этой планете – это грандиозная драма: здесь постоянно сталкиваются бренное с вечным, смертное – с бессмертным, зло – с добром, диавольское – с Божиим.

Ничто так не преследует человека, как грех. Так проявляет себя даже самый малый грех. Грех гонит человека по пустыням бессмысленного, глупого, отчаянного, самоубийственного. Через всякий свой грех человек, по сути, гонит себя из боли в боль. Из страдания в страдание, из отчаяния в самоубийство, из праздного в пустое, из смертного во всесмертное. Каин – это прототип самопреследования. Грех прежде всего преследует человека как мысль, потом как ощущение и, наконец, как страсть. Совершённый, он превращается в легион гонителей. Ибо он разлит по всему человеческому самоощущению и самосознанию. А разливает его совесть. И куда бы ни поглядел человек, он видит в себе только грех. И когда он спрашивает его, каково его имя, он отвечает ему, подобно евангельскому бесноватому: легион – мне имя, так как нас много (*Мк. 5:9*).

Грех никогда не одинок, но всегда во множестве. Всякий грех – это легион, ибо из одного греха происходят многие грехи. И каждый по-своему сводит что-либо в человеке с ума, до тех пор, пока многие грехи совершенно не сведут его с ума, и он не потеряет покоя в себе и в мире вокруг себя. Вспомните Раскольникова. После того, как он совершил убийство, которое прежде совершения считал естественным, логичным и разумным выражением своей человеческой самостоятельности и смелости, нормальным и рациональным человеческим поступком, он с изумлением почувствовал и увидел, что убийство – это страх и ужас для человеческого существа, да и целый ад, а главное – мучитель и гонитель. Везде, в себе и вокруг себя, Раскольников видит только свое преступление, только свой грех. Он никак не может выйти из него и вне его. Настолько не может, что он в конце концов выходит на площадь и покаянно кланяется на все четыре стороны света, всем объявляя свой грех.

Вспомните Макбета. Шекспир гениально показал, что преступление, что грех никогда не может быть чем-то естественным и логичным в человеческом существе, хотя бы человек и старался всеми силами, логикой и разумом оправдать грех как средство человеческой жизни, как естественное выражение человеческого существа. Грех гонит человека из беспокойства в беснование, из беснования в сумасшествие. Макбет показывает это наилучшим образом. Заметили ли вы, что у Шекспира всех преступников преследует дух совершенного злодейства, греха. Всех их мучает этот невидимый и неумолимый мучитель – грех. Каждый из них бросается и задыхается в страшном аду своего собственного греха.

Только Фауст – исключение. И это неестественное исключение. Он нейтрализует грех. Всей своей ученостью он старается грех превратить в негрех, чуть ли не в добродетели. Но именно здесь Гете весьма поверхностно знаком с человеком. Он, в отличие от Шекспира и Достоевского, не погрузился в бездонные глубины человеческого существа, туда, где неустанно пылают вулканы совести. Даже языческая антропология гораздо глубже, естественнее и правдивее. Вспомните Эдипа, Антигону, Медею.

Своей человеческой правдивостью библейская истина о грехе самая бессмертная. После убийства своего брата Каин нигде не может укрыться, земля его не держит и не терпит, и он несется, убегая от себя, но никак не может скрыться. Он символически несет на своем челе печать своего греха. Так и всякий грешник носит в своей совести печать своего греха. Действительно, грех это прежде всего своего рода самоубийство, ибо потихоньку убивает в человеке и душу, и совесть. А затем эта самоубийственная сила превращается уже в убийственную и тогда убивает все, что вокруг человека. Все это свидетельствует, что грех — это нечто неестественное и противоестественное и в человеке, и в мире.

Грех не стареет, но чем дольше живет, тем дольше молодеет, если человек не обуздывает его в себе совестью. А совесть делает это, если имеет в себе Бога. Каждый может испытать на себе, как грех растет в душе от атомарного до космического размера. Самые очевидные примеры тому — Каин и Раскольников. Для каждого из нас этот рост столь же очевиден на собственном примере. Это не чувствуют только те люди, совесть которых замерла в грехолюбии, богоборчестве и сладострастии.

Все, что во мне и около меня: большое и малое, конечное и бесконечное, простое и загадочное, мрачное и светлое, видимое и невидимое, смертное и бессмертное, злое и доброе — все и вся во всех мирах, которые я знаю, ощущаю и предугадываю, подталкивает меня к надрывной молитве: «Господи, о Господи! Есть ли в Твоих мирах ответы на мои вопросы? Или я один не в состоянии их услышать из того мира, который все дальше и дальше отодвигается от меня? Если я ночь делаю своим языком, Ты меня не слышишь, если день становится моим умом, я Тебя не слышу. О, как же услышать мне Тебя? О, как же мне Тебя дозваться? Вездесущий, из-за моих грехов Ты не присутствуешь во мне. Оттого я Тебя и не слышу, и не вижу, и не понимаю. О Всемилостивый, сойди, спустись в мое сердце, в мою душу, в мое тело — это змеиное логово, скопище помоев, ад. Но Ты и в ад сошел и все же остался Богом. Сойди и в мой ад, ибо и его Ты Собою претворяешь в рай. Ибо, где Ты, там и рай, а человек с Тобою – ангел. О, яви мне Себя, Господи, несказанный, неизъяснимый!.. Вся растосковавшаяся природа вознеслась к Тебе через судорожный крик: «Господи, помилуй!» ... Боли наши сливают все человеческие слова в единый молитвенный вопль: «Господи, помилуй!» Обратившись к себе, мы во всем своем существе видим, как разлито только это воздыхание: «Господи, помилуй!» Хотелось бы нам сказать Тебе о себе, но слезы льются и являют всю нашу душу перед Тобою всего лишь в двух словах: «Господи, помилуй!» Всякая тварь имеет сердце, а сердце потому и сердце, что грустит по Тебе и воздыхает: «Господи, помилуй!» В этом грустном мире ничто так не потребно человеку, как милость к нему и прежде всего Твоя, Господи: «Помилуй!» А с Тобою и за Тобою и все существа и вся тварь смилуется над человеком: «Господи, помилуй! Матушка, помилуй! Друг мой, помилуй! Травушка, помилуй! Пташка, помилуй! Все существа во всех мирах, помилуйте! Помилуйте! Помилуйте!»»

ВНИЗ ПО ШУМНОМУ ВОДОПАДУ ВРЕМЕНИ

Если вселенная имеет мечту, не наша ли это планета? Если имеет сердце, не человек ли это? Если имеет зрение, не есть ли это око человеческое? Но так может показаться с точки зрения человека. Когда же мы посмотрим на нашу планету с зенита космической перспективы, то увидим, что она по отношению к универсуму как целому есть миллионная частица песчинки, а человек на ней – некая квадриллионная составляющая этой миллионной частицы… Утешительные соразмерности, не так ли? По количеству материи, присутствующей на его теле, человек – самый невидимый из невидимого, неосязаемый из неосязаемого, неприметный из неприметного. А человеческие чувства? А мысли? А желания? Не являются ли люди по своей физической малости скорее невидимыми грибками на огромном телесном пространстве универсума и даже еще чем-то более мелким и незначительным? Если бы не присутствие духа в человеке и Логоса в духе, мы, люди, были бы трагичной бессмыслицей Божией.

Почему наше человеческое зрение совершенно не соразмерно нашему человеческому духу? И наш слух, и все наши чувства вообще? Дальность полета наших чувств до отчаяния несоразмерна с дальностью полета наших мыслей, наших ощущений, наших стремлений. Какое чувство может проследить нашу мысль на всех ее взлетах в бесконечное и вечное? Все чувственное захлебывается в своем мелководье и задыхается в своей собственной тесноте. От страшной несоразмерности человеческой чувствительности и человеческого духа человеческая мысль покрывается мурашками. И вообще, разве возможно здесь хоть какое-то равновесие? Особенно в таком фантастическом мире, как тот, что мы видим и в котором живем. Если бы человек хоть на мгновение имел возможность все обозреть зрением и все прослушать слухом, он бы пронаблюдал в структуре всех существ и вещей и в их отношениях между собою такие фантастичности и услышал бы такие необычности, что для того, чтобы вдоволь наудивляться, ему необходимо было бы иметь тысячу душ, безмерно больших, чем та, которою он располагает... Да, да, только если бы человек облачился «силою свыше» (*Лк 24, 49*), если бы он расширил свое существо, увеличил его и преобразил Духом Божиим, только тогда ему можно было бы обрести равновесие и между своим телом и своим духом, и между собой и миром около себя.

Иногда наш земной мир похож на темницу, выстроенную из снов. И фундамент, и кров, и стены, и двери, и окна – все выстроено из снов. И все же через эти двери из сна, через эти окна из сна, через эти стены из сна никак не пробиться. Все тонко-тонко, все прозрачно-прозрачно, но все же непробиваемо. Но, возможно, главное утешение состоит в том, что человек сам создан из материи, которая нематериальна, тонка и прозрачна, как сон. Что есть тоньше совести, что прозрачнее души, что нежнее мысли? Да и тело, составленное и сложенное из неощутимых и невидимых электронов и праэлектронов, не из той же ли нематериальной материи, что и сон? Сон среди бесчисленных снов – вот что такое человек в этом мире, в этой темнице снов.

Хотя и будучи сном среди снов, человек отличается от остальных снов тем, что он сон, который мыслит, который ощущает, который грустит, который болеет, который умирает… О, поэтому этот сон и превращается в кошмар, и становится собственным мучителем. А быть таким сном – это великая мука, великое отчаяние, иногда даже и ад. Тогда мысль – это мучитель человека, а ощущение – его палач. Может ли человек освободиться от них? Легко принять решение: я не хочу мысли, я хочу ее уничтожить, так как они мой жестокий мучитель. Но тяжело провести это решение в жизнь. А еще тяжелее реализовать решение: я не хочу ощущения, я хочу перестать ощущать, я хочу уничтожить ощущение… Обратитесь к своему собственному опыту. Невозможно быть человеком и не ощущать, невозможно умертвить в себе ощущение самоощущения и оставаться человеком. Ибо ощущение в человеке – это нечто более исконное, чем что-либо человеческое, а тем самым и более божественное, всем своим существом уходящее в бессмертное и вечное. Потому и чудесный Иисус все человеческие миры основал на ощущении, на богоощущении. По Христу, любовь – это нерушимое ощущение, богоощущение; и милосердие – это бессмертное ощущение, богоощущение; и молитва – это бескрайнее ощущение, богоощущение; и кротость, и смирение, и благость, и доброта, и жалость – все это бессмертные ощущения, богоощущения…

Сколько лет необходимо человеку вносить в тесто своего естества благоухание неба, чтобы перестать отдавать илом, сколько лет требуется, чтобы переродить себя евангельскими добродетелями? Из мрачной пещеры своего тела я смотрю на Тебя, Господи, вглядываюсь и никак не могу разглядеть. Я знаю, я предчувствую и знаю, что Ты единственный Архитектор, Господи, Который может выстраивать вечный дом души моей. А каменщики суть молитва, пост, любовь, смирение, кротость, терпение, надежда, жалость... Тогда все человеческое приходит в движение, в возбуждение, в приятный трепет, в созидательный страх. Как на солнце и в солнце, все – во взвившемся хаосе и буре: непрерывное извержение, огненные фонтаны, обжигающая пламенем вьюга, километровые протуберанцы. И такое взбудораженное солнце льет на наш земной мир тихий, мирный и животворный свет, который как будто не знает никаких гроз и бурь. Так и Христовы люди, особенно святители. Они в пламенном молитвенном восхищении любви и веры переплавляют себя и из бурных своих переживаний, которыми связывают землю с небом, испускают тихие и спокойные лучи, чей благой свет и нежная теплота смиряет бурные сердца человеческие и укрощает дикость человеческой души... Человек, небо – это кров земли. Смотри, как много тебе дано расти в высоту! Но ровно столько же и спускаться в глубину! Чтобы высота твоя не была несоразмерна глубине твоего корня. Ибо в таком случае человек валится, рушится, падает и пропадает.

Время – это самый жестокий тиран, когда оно борется с вечностью. А борется оно через человека. Если меж нами наступает мир или перемирие, человеку становится легче. Сколь бы не был влюблен человек в шторма и бури, он хотя бы на краткое время желает укрыться в каком-нибудь тихом пристанище, там, где бы время не боролось с вечностью. Тогда мысли своим молитвенным шествием стремительно погружаются в бескрайние синие глубины. И всю твою душу охватывает желание, чтобы все твои мысли навсегда претворились в вековечные молитвы. Ибо мысли, которые не переходят в молитву, сеют бури, вызывают шторма, подымают мятеж. Так же и ощущения, если они не переходят в молитву.

Проклятие для человека – мысль, которая не желает преобразиться в молитву, закончиться молитвою. Разыгравшись, она не может успокоиться, найти краеугольный камень, обессмертить себя божественною вечностью. Невыразимо кошмарно иметь мысли, которые не претворяются в молитвенное возбуждение и восхищение перед таинственностью миров. Нет ничего чудеснее мыслей, которые, лицезря Божий мир, незаметно сводятся к молитве. При таких мыслях в человеке замирает чувство времени. Ибо нет более тяжкого бремени, чем время. Тот, кто, благодаря бессмертному и вечному, овладел временем, не скинул ли с души своей самое тяжелое бремя? Удивительно занимательная игра разыгрывается в этом мире: вниз по шумному водопаду времени Бог спускает бесчисленные созвездия и миры, бесчисленные тела и души, бесчисленные существа и вещи, и все это разламывается, бурлит и несется куда-то вниз, к какому-то дну, которое неизвестно существует ли?.. А время где-то там вливается в безбрежный океан вечности.

Во всем земном есть нечто небесное, во всем естественном есть нечто сверхъестественное. В пшеничном зерне есть частица неба, ибо, вырастая, оно приняло в себя много небесного света, теплоты и синевы. Что-то от звезд есть в каждом растении, во всем животном и минеральном мире, а тем более во всем человеческом. Все в этом земном мире судьбоносно связано с тем, небесным, миром. Неоспорима истина: земля держится небом и существует небом, земля и все, что на ней. Одна и та же сила поддерживает существование и небесного и земного мира, и естественного и сверхъестественного, и видимого и невидимого. Переход естественного в сверхъестественное и сверхъестественного в естественное весьма таинственен и загадочен и не подлежит контролю человеческого исследовательского духа. Через невидимые праэлектроны и фотоны совершается это загадочное переливание светозарных логосных сил Бога Слова в существо человеческое. Так на самом деле нет четких границ между сверхъестественным и естественным, между видимым и невидимым. Во всем земном есть много небесного.

Это становится наиболее очевидным в личности Богочеловека Христа. В Нем явлен полнейший и совершеннейший синтез сверхъестественного и естественного, небесного и земного, Божиего и человеческого. В Нем показан совершенный образец и явлена безмерная сила воплощения Божиего в человеческом, сверхъестественного в естественном, небесного в земном. В самом деле, в Нем олицетворен принцип и явлена сила для осуществления этого принципа – принцип и сила воплощения себя в другом, Богочеловеческий принцип и богочеловеческая сила. Только эта сила и только этот принцип выводят человека в божественные бескрайности и божественные совершенства. Без Богочеловека человек – существо, закрытое по отношению к тому миру, он никак не может выйти из своей гуманистической самоизоляции и никак не преодолеет границы солипсизма, постоянно томится в неотворяемой темнице «непогрешимого» гуманизма. Внутри же у него – одни только тени, одни только призраки, а в центре всех центров – «мир как представление», что означает мир как тень, как призрак.

Человеку дан только один выход из солипсической самоизоляции – Богочеловек Христос. Это осуществляется силою богочеловеческой любви. Любовью человек преодолевает границы своего эгоизма и переносит себя в возлюбленного, воплощает себя в другом. Так совершается истинное соединение человека с человеком, человека с людьми, человека со всеми существами и созданиями. Через молитву любовь переносит душу человека в Бога, через милосердие – в ближнего, через братолюбие – в брата, через человеколюбие – в человека, через жалость – во все существа и во все созданное. Сила Христова боговоплощения – это неисчерпаемый источник человеческого обогочеловечения: человек любовью переносит себя в других людей, воплощается в них. И таким образом приобретает истинное познание и Бога, и людей, и твари. Субъект познания любовью вживляется в объект познания, воплощается в него, соединяется с ним. Это богочеловеческий реализм. Ему противоположны все остальные гносеологические правила гуманистического духа. Они удерживают человека в солипсическом пекле «чистого» гуманизма. Здесь человек иссушает себя на собственной жаровне и душит себя собственными руками.

Богочеловеческий принцип воплощения себя в другом основан на принципе самопожертвования. В самом деле, это основной принцип всякой жизни и всякого существования. На этом стоит вселенная: свет жертвует собою ради всех существ, служа им, воплощаясь в них. Так же поступают и тепло, и воздух, и растения, и минералы, и мать ради ребенка, и небо ради земли, и земля ради всех земных существ. Так поступают все существа, все вещи, все силы, ибо так поступает Сам Бог. В этом вся мистерия жизни и существования, мистерия вселенной и всех вселенных, сколько их ни есть. Принцип самопожертвования в природе осуществляется самыми разнообразными путями: путем воплощения одного в другое, меньшего в большее и большего в меньшее, естественного в сверхъестественное и сверхъестественного в естественное, земного в небесное и небесного в земное, человеческого в Божие и Божиего в человеческое. И все это достигает своего абсолютного и святого совершенства в мистическом теле Богочеловека Христа, в Церкви. В ней все путем самопожертвования воплощаются в Христа, и Христос во всех. При этом даже в самом тесном соединении с Богочеловеком личность не утрачивает свою индивидуальность и неприкосновенность, но «со всеми святыми» (*Еф. 3, 18*) развивается и «растит возращение Божие» (*Кол. 2, 19*) «в мужа совершенна, в меру возраста исполнения Христова» (*Еф. 4, 13*).

Только с помощью богочеловеческого реализма достигается совершенное равновесие между естественным и сверхъестественным, земным и небесным, человеческим и Божиим, между этим миром и иным. Точно так же только с помощью богочеловеческой силы Христовой дух в человеке становится соразмерным телу, мысль – чувству, ощущения – желаниям. Без этой богочеловеческой соразмерности во вселенной и в человеке все погружается в дикий и проклятый хаос.

Невозможно охватить всю истину о мире, о жизни, о тебе, обо мне, о Боге ни человеческим зрением, ни человеческим слухом, ни человеческой мыслью, ни человеческим ощущением, ни человеческим словом. Всем этим можно охватить едва лишь и некую миллионную часть истины, а большая ее часть остается чем-то превышающим зрение, слух, мышление, ощущение, выражение, чем-то недосягаемым и неуловимым. Но человек может ощутить, познать, охватить всю истину о мире и жизни, только если всего себя совоплотит Богочеловеку, воплотится в Богочеловека, преобразится Богочеловеком. Это единственный путь, и другого в мире земных реальностей и человеческих возможностей нет.

Скорбна мысль человеческая, скорбно и ощущение. Ибо им со всех сторон досаждают боль, и горе, и тайна, и бесконечность, и смерть. Только в Богочеловеке человеческая мысль причащается непреходящей радости. Ибо в Нем нет смерти, нет греха, нет зла. До Богочеловека мысль человеческая была мучительна для человеческого духа. Она и до сих пор такова для него. Только с Ним и в Нем мысль человеческая становится благовестием, радостною вестью. Не только мысль, но и ощущения, и работа, и жизнь становятся радостью, а сам человек становится радостником. Расстояние от печали до радости, от смерти до бессмертия обусловлено расстоянием от человека до Богочеловека. Без Богочеловека ни человеческая мысль, ни человеческое ощущение, ни человеческая жизнь, ни сам человек не могут претвориться в прочную, непреходящую, бессмертную радость, которую не в состоянии расстроить и уничтожить никакое горе, никакая боль, никакая смерть.

Так происходит потому, что в Слове – вся логика и весь смысл мысли, вся логика и весь смысл ощущений, вся логика и весь смысл разума, вся логика и весь смысл человека и всего человеческого. Без Слова и человек и мир, и небо и земля, и время и пространство, и мысль и чувства, и ум и разум – алогосные, бессмысленные, глупые и свирепые чудовища. Со Словом же и в Слове все претворяется в благовестие, в Евангелие. Поэтому Богочеловек Себя и все Свое назвал Евангелием, благовестием. Воспользовавшись антитезой, можно назвать все, что без Него, горьковестием, глупой вестью, жестокой вестью некоего всесильного, безумного и кровожадного творца-тирана.

Меня изумляет, как некоторые мыслящие люди не замечают Иисуса, не останавливаются на Нем. А если они не замечают Бога, то разве это мыслители? Не замечать Иисуса в мире нашей человеческой действительности и событий есть то же самое, что не замечать солнце, а видеть, выставлять и хвалить свечи и светильники как источник света и тепла. Хорошо все, что глаза человеческие более всего алчут в этом мире. А с ними – и человеческие ощущения, и человеческая мысль. Поэтому око и не может насытиться видением до тех пор, пока не узрит Его, в видимом – Невидимого, в конечном – Бесконечного, в несовершенном – Совершенного. Ибо и сама истина будет досадною и непотребною, если она не есть Христос. Мы в человеческом мире не знаем ничего, что было бы более истинным, добрым, красивым, благородным, возвышенным и совершенным, чем Иисус. Он делает истину Истиной, доброту – Добротою, красоту – Красотою и совершенство – Совершенством. Поэтому мыслящий человек радостно соглашается с Достоевским и искренно вместе с ним заявляет: «Если б кто мне доказал, что Христос вне истины и действительно было бы, что истина вне Христа, то мне лучше бы хотелось остаться с Христом, чем с Истиной».

…Сладчайший Иисусе, разлей и разливай меня по всем Твоим мирам, по всем Твоим небесам и Твоим чудесам, о Боже всех чудес! Я знаю и признаюсь: лампада моя неугасимо горит пред Твоим чудесным Ликом, если только непрестанно доливаю в нее каплю по капле кровь, кровь из моего сердца, взволнованного тайною твоих миров. Единственный, все во мне замени Собою, Незаменимый! Ибо только Тобою и в тебе я чувствую и себя, и миры вокруг меня как благую и радостную Божию весть… Пусть все мои мысли, все мои чувства, все мои стремления сольются вниз по шумному водопаду времени в дивную и волшебную Твою вечность, о Творче времени и Боже вечности!

ОНА – НЕОДОЛИМАЯ ОБОЛЬСТИТЕЛЬНИЦА

Человеческая мысль, если не приходит к Богу, остается ущербной, несовершенной. Поэтому постепенно сохнет, вянет, до тех пор, пока, наконец, совсем не увянет. Что относится к человеческой мысли, то относится и к человеческому ощущению. Если оно не прикасается к Богу, то довольно быстро утрачивается, замирает, пока совсем не умрет. Этот же закон имеет силу и для человека как целого. Если его бытие не завершается Богом, он остается калекой и недоконченным; в нем постепенно умирает все великое и возвышенное, а остается лишь пустяковое и ничтожное.

Что простерто между человеком и всем, что над ним? А что – между человеком и тем, что под ним? Не стоит ли человек в каком-то средоточии, в каком-то центре, чьи радиусы расходятся во все стороны и во все бескрайности? Если же человеческая мысль – единственный свет и всюду вокруг нее тьма, сплошная тьма, густая, тяжелая, непроглядная, то не есть ли человеческое ощущение – единственная живая бабочка в целом мире, вокруг которой, над которой и под которой – сплошная пустыня, только одна пустыня, серая, сухая, смертная.

Кто может проследить человека во всех его путях? А тем более его мысль? Но человеческую мысль крадет смерть, куда же она ее уносит? Кто может проследить смерть на всех ее путях? А возможно ли проследить ощущение? Ах, человеческое ощущение еще слабее человеческой мысли, ибо оно со всех сторон окружено небытием. Некая жуткая язва теснит человека со всех сторон, и он немеет и безумствует в одиночестве, а вокруг него пустая, серая земля и холодный пепел морского бесконечного пространства. А мысль, этот самый проклинаемый рок человеческий, как голодная и обезумевшая гиена, несется и безумствует по безводной пепельной пустыне нашей сумрачной планеты.

Можно ли причинить боль человеческой мысли? Если да, то я хочу смягчить эту боль вопросом: не является ли мысль самым интересным и самым загадочным даром человеку? Мы ею ориентируемся, но не знаем, что она в сущности такое. Мы ею проверяем все, а чем можем проверить ее, таинственную, беспокойную, неохватную? Разве она не бросала нас бесчисленное количество раз в трагической безвыходности и не заводила нас в непроходимые пустыни – она, неодолимая обольстительница?.. О мысль, ты для нас невыносимое ярмо и тяжелое бремя. Как же нам твое ярмо может стать благим и твое бремя – легким? И снова грустно спросим тебя: как ты можешь стать для человека радостью и благовестием?

Философия – это своеобразное мученичество. Здесь мысль ломается в темных безднах и диких обрывах небытия и всебытия. Поэтому философы одновременно и грустные, и восторженные люди. Какой-то всепобеждающий инстинкт гонит мысль из тайны в тайну. А что не тайна в этом мире и над этим миром?!

Философы – часто трагичные люди. Ибо их мысль долго и упорно бежит вслед за космическими тайнами, до тех пор, пока, как птица, не упадет перед их последними оплотами.

Философы иногда – это отчаянные люди. Ибо мысль заводит их в такие лабиринты, из которых нет ни хода назад, ни движения вперед.

Философы, так или иначе, – это мятежные люди. Ибо для них мысль свирепее самых страшных загадок этого мира.

Философы иногда – люди саркастические. Ибо мысль не в состоянии найти для них хоть одну каплю меда, что скрывается в криницах многих существ и вещей. И они питают себя горькими листьями жестоких тайн, что так обильно и буйно растут на лугу наших печальных земных реальностей. А тот, кто питает себя горечью, разве не имеете права на сарказм, на сарказм как на временный modus vivendi et cognoscendi[71].

Я и сам нахожусь с философами в плутающем по бескрайним пустыням караване. И нам не хватает воды, чтобы освежить душу, ибо наша мысль устала, изголодалась и жаждет. А мы ее питаем и поим песком. О, песком соленых, горьких, страшных тайн… Тяжело быть философом. Ибо ты находишься в караване, который никак не может выбраться из пустыни. Здесь человеческая мысль в конце концов издыхает в страшных муках от голода и жажды. А человек? Отчаянный печальник подле серого, песчаного кургана своего вождя и путеводителя…

Но и для человеческой мысли, измученной в пустыне этого мира, существует один выход. Да, только один выход! Это Он, Тот, Кто человеческую мысль завершил Богом, Творцом мысли; Тот, Кто человека – это самое трагичное существо – усовершил, завершил и довершил Богом. Это чудесный и чудотворный Богочеловек – Бог человеческой мысли, Логос человеческой мысли, Смысл человеческой мысли.

Разве человеческая мысль не есть самое кровожадное чудовище, если не заканчивается, не завершается Логосом мысли, Логикой мысли? Мысли без Логоса, мысли без Смысла, такие человеческие мысли – это великое бессмыслие. Разве вы это не почувствовали? Вы должны были это почувствовать, если серьезно думали о том, что такое мысль. Знаете, тогда от ужаса леденеют кости, а мысль, размышляя о природе мысли, впадает в горячку и бред. Истина, человечески реальная истина в том, что только с Богочеловеком и в Богочеловеке человеческая мысль становится для человека благим ярмом и легким бременем. Богочеловек – единственный, Кто открыл настоящую стезю для человеческой мысли. Стезю, ведущую к бессмертному совершенству и жизни вечной. Так случается, если человеческая мысль с помощью богочеловеческих средств развивается в богомыслие, а человеческое ощущение – в богоощущение.

А там, на таинственных границах, где совершается переход ощущений в мысли и мыслей в ощущения, там сгущаются тайны. Там разбиваются сердца. Так погибли Ницше и Метерлинк. Миры затуманились над человеком. По ним непрерывно роятся какие-то тайны, какие-то бескрайности. Сориентироваться среди них – это искусство из искусств. Этому искусству обучает только Он, таинственный и непобедимый Иисус.

Наши люди, если и занимаются философскими размышлениями, обычно боятся того, что их мысль встретится с Богом. А это происходит от того, что они любят мыслить короткими мыслями и чувствовать узкими ощущениями. Ведь если бы их мысль встретилась с Богом, то должна была бы рухнуть в божественные бескрайности и утонуть в нежданных мирах. Наш же «мыслящий» человек в большинстве случаев похож на шелкопряда, который ревниво скукоживается в свой маленький кокон, чтобы никогда из него не выпорхнуть, в отличие от бабочки, желающей видеть широкие горизонты и бескрайние пространства.

Человек коротких, вялых мыслей весь зарылся в кору этой планеты, как клещ в овечью шерсть. И ничего не видит, кроме этой коры. А над ним пылают бесчисленные светила, около ста миллиардов только в Млечном пути, и светила иных бесчисленных миров…. Человеческая мысль? О, тонкая белая нить в бескрайности вселенной, слабая молния в непроглядной тьме бесчисленного, таинственного, неопознанного…

Чем лечится мысль от мелочности, от мелкости, от смертности? Богом, Его бескрайностью, Его бездонностью, Его безмерностью. В соприкосновении с Ним мысль обесконечивается, обездонивается, обессмерчивается. И тогда нет смерти для нее ни в одном из существующих миров. Вся бессмертная, вся бескрайняя, вся вечная. Тайны миров больше не пугают. Напротив, они становятся для нее неиссякаемым источником вечных радостей и трогательного возбуждения: лазоревые – лазурных, золотые – золотистых. Неисчислимо много тайн, сладких и волшебных, поднимаются из бесчисленных Божиих миров и восхищенно обнимают ее – неодолимую обольстительницу.

СЕРНА В ПОТЕРЯННОМ РАЕ. ИСПОВЕДЬ

Я серна. Во вселенной я – чувство грусти. Давным-давно кто-то изгнал на землю все грустное во всех мирах и из этого отлил мое сердце. И с тех пор я – чувство грусти. Я живу тем, что из всякого существа и твари высасываю печаль. Черной каплей печали капает мне в сердце всякое существо, лишь только я к нему приступаю. Черная роса скорби тоненьким потоком струится по моим венам. И там, в моем сердце, черная роса скорби становится бледной и голубоватой.

По моему существу разлита некая магнетическая сила грусти. И все печальное в мире она неуклонно привлекает и складывает в моем сердце. Поэтому я самое грустное существо из всех созданий. У меня есть слезы на всякую боль... Не смейтесь надо мною, о насмешники! У меня даже в голове не укладывается, что в этом горестном мире есть существа, которые смеются. О проклятый, самый проклятый дар – смеяться в мире, в котором кипит скорбь, клокочет боль, в мире, который опустошается смертью! Какой предосудительный дар!.. Я никогда не смеюсь от грусти. Как же мне смеяться, если вы так грубы и суровы, вы – насмешники?! Если вы так злы и безобразны! А безобразны – от зла. Ибо только зло разрушает красоту земных и небесных созданий... Мне вспоминается, как эта земля некогда была раем, а я – райской серной. О, воспоминание, от которого я восхищенно скольжу из радости в радость, из бессмертия в бессмертие, из вечности в вечность!..

А теперь? Мрак опаляет мои очи. На все пути, которыми я хожу, легла густая тьма. Мои мысли капают слезами. А чувства кипят печалями. Все мое существо охватил некий неугасимый пожар грусти. Все во мне горит печалью, но никак не сгорает. И я несчастна уже только потому, что я вечная жертва всесожжения на вселенском жертвеннике скорби. А вселенским жертвенником скорби является земля, серая и хмурая, бледная и сумрачная планета…

Мое сердце – это неприступный остров в бескрайнем океане тоски. Непреступный для радости. Да и что такое всякое сердце, если не неприступный остров? Скажите мне, если у вас есть сердце, знаете ли вы, чем все ваши сердца окружены? Мое – только лишь океанскими глубинами и безднами. Оно постоянно утопает в них, никак не выберется из них, никак не выплывет оттуда. Все, к чему оно ни дотягивается, мягко, как вода. Поэтому мои очи и заплаканы от слез, а сердце растревожено от воздыханий. Больно моим зеницам, ибо многие полночи заночевали в них. Вчера вечером солнце зашло в моих очах, а сегодня утром не взошло. Оно утонуло во мраке моей грусти. Что-то страшное и жуткое пронизывает мое существо. Я пугаюсь всего, что вокруг меня и надо мною. О, если бы убежать от страхов этого мира! Но существует ли мир, в котором бы не было страха? Замурованная мукой, одурманенная полынью, пресыщенная желчью, я встревоженно бужу свое сердце от опьянения скорбью, а оно от этого пьянеет еще более. Душе своей, перепуганной и загнанной ужасами этого мира, я кричу, чтобы она возвратилась ко мне, а она без оглядки бежит от меня, тоскливой и печальной…

Я – серна. Но почему? Не знаю. Вижу, но как, и этого не понимаю. Живу, но что такое жизнь, не понимаю. Люблю, но что такое любовь, не понимаю. Страдаю, но как возникают, растут и созревают страдания во мне, никак не пойму. И вообще, я достаточно мало разбираюсь в том, что во мне и вокруг меня. И жизнь, и любовь, и страдания – все это шире, и глубже, и бескрайнее моего знания, разумения и понимания. Кто-то выпустил меня на этот свет и дал немного разума моему существу, поэтому я и понимаю лишь немногое в мире, вокруг меня и мира и во мне. Из всякой вещи на меня смотрит нечто непонятное и необычное, потому я и боюсь. А мои большие глаза не потому ли так велики, чтобы они могли вместить в себя как можно больше непонятного, охватить как можно больше неохватного и пронаблюдать как можно больше ненаблюдаемого?

Наряду с печалью, Некто разлил во мне, обессмертил и увековечил нечто такое, что превыше чувств и сильнее мысли, нечто такое, что длительно, как бессмертие, и огромно, как вечность. Это инстинкт любви. В нем есть что-то всесильное и неодолимое. Он разлит по всем моим чувствам, по всем моим мыслям и владеет всем моим существом. Мое существо словно маленький, крошечный островок, вокруг же него бесконечно тянется, разливается и накатывается волнами эта загадка моей души – любовь. И куда бы моя душа ни двинулась, везде любовь. Это нечто всегда присутствующее во мне и в то же время самое близкое. «Я существую» для меня значит «я люблю». Любовью я есть то, что я есть. Быть, существовать для меня то же самое, что и любить. И разве может быть какое-либо существо без любви? О таком существе не знает мое сердце серны.

Не оскорбляйте во мне любовь. Ибо этим вы оскорбите мое единственное бессмертие и мою единственную вечность. А тем самым мою единственную бессмертную и вечную ценность. Ибо что более ценно, как не бессмертное и вечное? А я именно любовью бессмертна и вечна. Она для меня все. Я ею чувствую, думаю, смотрю, слышу, вижу, знаю, живу и ею причастна бессмертию. Когда я говорю «люблю», я этим обнимаю все свои бессмертные мысли, все свои бессмертные ощущения, все свои бессмертные стремления, все свои бессмертные жизни. Только с этим я оказываюсь превыше всех смертей и превыше всякого небытия. Я серебристая серна, нежная серна, серна пугливая...

Через все жуткие бездны и устрашающие пропасти любовь моя пробирается к тебе, синее небо, к тебе, добрый человек, к тебе, цветущая дубрава, к тебе, благоухающая трава, к Тебе, Вседобрый и Всенежный! Через все бесчисленные смерти любовь моя пробивается к Тебе, о мое сладкое Бессмертие! Поэтому грусть – мой постоянный спутник. Всякая грубость для меня означает смерть. Больше всего грубости в этом мире я перенесла от одного существа, от того, что зовется человеком. О, иногда он смерть всей моей радости. Очи мои, посмотрите поверх него и увидите за ним Вседоброго и Всенежного! Доброта и нежность – это жизнь для меня, это бессмертие, это вечность. Без доброты и нежности жизнь – это ад. Лишь чувствуя доброту Вседоброго и нежность Всенежного, я вся в раю. Если навалится на меня грубость человеческая, о! Это навалится ад со всеми своими ужасами. Поэтому я боюсь человека, всякого человека, кроме доброго и нежного.

Я на краю ручья, чьи берега цветут лазурью цветов. А ручей этот – из моих слез. Люди ранили меня в сердце, и вместо крови потекли слезы. Нежные небеса, я раскрою вам свою тайну: вместо крови в моем сердце слезы. В этом моя жизнь, в этом моя тайна. Потому я и плачу о всех печальных, о всех немощных, о всех униженных, о всех оскорбленных, о всех алчущих, о всех беспризорных, о всех огорченных, о всех измученных, о всех опечаленных. Мои мысли быстро захлебываются от грусти и превращаются в ощущения, а ощущения изливаются в слезы. Раз мои ощущения бескрайни, то слезы бесчисленны. Почто всякое мое ощущение грустит и плачет, ибо лишь только исходит от меня в окружающий меня мир, оно натыкается на какую-нибудь человеческую грубость. О, есть ли существо, грубее и суровее человека?..

Зачем я заброшена в этот мир, зачем я оказалась среди людей? О, некогда, давным-давно, когда в своих густых и бескрайних лесах я не знала человека, мир был для меня раем и радостью. И я лишь радостно вплетала свое райское настроение и восхищение меж благоухающих цветов и ветвей берез, меж пышных дубрав и синих небес. Но в мой рай шагнул он – грубый, суровый и дерзкий человек. Вытоптал мои цветы, срубил деревья, омрачил небо. И так мой рай превратился в ад… О, я не ненавижу его из-за этого, но жалею. Жалею его, потому что он не имеет ощущения рая. А нет большего ужаса для каких бы то ни было созданий, чем отсутствие ощущения рая. Знайте, серна не может ненавидеть, она может только жалеть и сочувствовать. Все обиды, все грубости она отражает печалью и сожалением. Печаль – это ее отмщение. Печаль, следующая за сочувствием… О люди, как вы суровы и грубы! Словно настоящие демоны. Разве есть что-либо хуже человека? Только об одном молю, только одного желаю – не быть душою в человеке, ощущением в человеке, мыслью в человеке…

Всякую человеческую грубость я переживаю, как тяжелейший удар в сердце. От этого на сердце явилась опухоль. О, сколько кровоподтеков у меня на сердце?! От скольких ударов?! Ах, да! Ведь я в потерянном рае, серна в утраченном рае! О, смилуйся надо мною, Вседобрый и Всенежный! Сколько синяков, один за другим, один на другом, и так возникает на сердце опухоль! О, спаси меня от людей, от грубых и злых людей! Этим Ты претворишь мой мир в рай и мою печаль в радость...

Более всего из того, что можно любить, я люблю свободу, которая заключается в доброте, нежности и любви. А зло, грубость, ненависть – это рабство, самое горькое. Рабствующий им – рабствует смерти. А есть ли рабство страшнее самой смерти? В такое рабство попадают люди, измышляющие и творящие зло, грубость и ненависть. Меня же послали в мир, сказав и предсказав, определив и предопределив: будь грустью и любовью. И я всем своим существом исполняю свой назначение, печалюсь и люблю. Грущу через любовь, люблю через грусть. Разве мне иначе возможно жить в мире, населенном людьми? Моя жизнь в этих пределах, в этих рамках. Я вся сердце, вся – очи, вся – грусть, вся – любовь, потому меня и потрясает страх, тот милый страх, который знаком только грустной серне...

В своей надменности люди и не догадываются, какие роскошные и чудесные ощущения заключает в себе серна. Меж нами и вами, людьми, зияет пропасть: ни мы не можем перейти к вам, ни вы – к нам. Вы не имеете органов чувств, чтобы ощущать наш мир. Если бы мы, серны, своим сердцем перешли в вас, то попали бы в ад. Некогда мы жили в раю. Вы, люди, превратили его нам в ад. Что для вас бесы, то же самое вы для нас. Рассказывали нам березы, что видели сатану, когда он упал с неба на землю (*Лк. 10, 18*): он упал среди людей и там остался. И, отпав от неба, он заявил, что ему гораздо приятнее среди людей и что он имеет свой «рай» – это они, люди...

Я знаю и предчувствую, что меня ожидает бессмертие лучшее, чем человеческое. Для вас, людей, там, в ином мире, существует и ад. А для нас, серн, только рай. Ибо вы, люди, сознательно и добровольно додумались до греха, зла и смерти и без нашего согласия вовлекли в них нас своей мерзостью и злобой, потому что имели власть над нами. Поэтому вы будете отвечать и за нас: за все наши муки и неволю, страдания и смерть. Вы будете нести наказание за нас и из-за нас... Я слышала, синее небо шептало черной земле эту вечную истину: люди в день Суда дадут ответ за все муки, за все страдания, за все беды, за все смерти всех земных существ и тварей. Все животные, все птицы, все растения восстанут и обвинят род людской за все боли, за все обиды, за все зло, за все смерти, что они им причинили в своем гордом самолюбии. Ибо с родом человеческим, впереди него и за ним, шествуют грех, смерть и ад.

Если бы я выбирала среди существ, то предпочла бы человеку тигра, ибо тигр менее кровожаден; предпочла бы человеку льва, ибо лев менее жесток; предпочла бы гиену, ибо она менее отвратительна, чем человек; предпочла бы рысь, ибо она менее гневлива, чем человек; предпочла бы змею, ибо она менее лукава, чем человек; предпочла бы любое чудище человеку, ибо и самое страшное чудовище менее страшно, чем человек... О, правду говорю, от всего сердца говорю это, ибо человек выдумал и сотворил грех, смерть и ад. А это хуже самого горького, чудовищнее самого чудовищного, страшнее самого страшного во всех моих мирах.

Я прислушалась: журчит ручей из слез, люди хвалятся какой-то разумностью. А я сужу о них по их основным делам: греху, злу и смерти. И прихожу к заключению, что, если их разум состоит в том, чтобы придумывать и созидать грех, зло и смерть, тогда это не дар, но проклятие. Разумность, которая живет и выражает себя грехом, злом и смертью, – это наказание Божие. Великий разум – великая кара. Я бы обиделась, если бы мне сказали, что я разумна, по-человечески разумна. Если такой разум – единственное отличие людей, тогда я не только отрекаюсь от него, но и проклинаю. Если бы даже от него зависели мой рай и мое бессмертие, я бы навек отреклась и от такого рая, и от такого бессмертия. Разум без доброты – это кара Божия. А великий разум без великой доброты – это невыносимое проклятие.

С разумом без доброты и нежности человек – это законченный диавол. Я слышала от небесных ангелов, когда их крылья омывались в моих слезах, что диавол – это большая интеллектуальная способность без малейшей доброты и любви. Ведь человек – то же самое, если не имеет доброты и любви. Человек интеллектуален, но без доброты и милости – это ад для моей нежной души, ад для моего печального сердца, ад для моих беззлобных очей, ад для моего кроткого существа. Единственным желанием души становится желание не жить ни в этом, ни в ином мире рядом с человеком, который интеллектуален, но не имеет ни доброты, ни милостивой нежности. Только тогда я соглашусь на бессмертие и вечность. Если же нет, уничтожь меня, Боже, и претвори в небытие!

В давние времена – рассказывали мне белые серны – по земле прошел Он, Всеблагий и Всемилостивый, и претворил землю в рай. Там, где Он стоял, там и начинался рай. На все существа и на всю тварь из Него истекала бесконечная доброта и любовь, нежность и милость, благость и мудрость. Он ходил по земле и сводил небо на землю. Звали же Его Иисус. О, в Нем мы увидели, что человек может быть дивным и прекрасным, только если безгрешен. Он грустил нашей грустью и с нами плакал из-за зла, что нам причиняют люди. Он был с нами, противостоя человеческому созиданию греха, зла и смерти. Нежно и милостиво любя все создания, Он ласкал их какой-то божественной печалью и защищал от грехов человеческих, от человеческого зла и человеческой смерти. Он был и навсегда остался Богом нашим, Богом грустных и тоскующих созданий, от самых малых до самых больших.

Только похожие на Него люди милы нам. Они нашего рода. Они наше бессмертие и наша любовь. Душа этих людей соткана из Его доброты и милости, любви и нежности, благости, праведности и мудрости. Их разум божественно мудр, божественно добр, божественно кроток, божественно милостив. И они похожи на светлых и святых ангелов. Ибо великий разум и великая любовь, спаянные воедино, – это и есть ангельское существо.

Поэтому наша любовь вся спешит к Иисусу всеблагому, вседоброму, всемилостивому, всенежному. Он – Бог наш, и Бессмертие наше, и наша Вечность. Его Евангелие более наше, чем человеческое, ибо в нас больше Его доброты, Его любви, Его нежности... О, Благословен Он во всех сердцах и во всех наших мирах! Он – Господь и Бог наш! Он – наше сладкое утешение в этом горьком преходящем мире и наша вечная радость в том бессмертном мире, что настает...

«Я близок к падению, и скорбь моя всегда предо мною». (*Пс. 37:18*).

«И спросил его: как тебе имя? И он сказал в ответ: легион имя мне, потому что нас много». (*Мк. 5:9*).

«И Я пошлю обетование Отца Моего на вас; вы же оставайтесь в городе Иерусалиме, доколе не облечетесь силою свыше». (*Лк. 24:49*).

«чтобы вы, укорененные и утвержденные в любви, могли постигнуть со всеми святыми, что широта и долгота, и глубина и высота» (*Еф. 3:18*).

«и не держась главы, от которой все тело, составами и связями будучи соединяемо и скрепляемо, растет возрастом Божиим». (*Кол. 2:19*).

«доколе все придем в единство веры и познания Сына Божия, в мужа совершенного, в меру полного возраста Христова» (*Еф. 4:13*).

ПРИМЕЧАНИЯ

1 – Легендарный город из сербского фольклора, в котором построенное за день, ночью снова разрушалось...

2 – «Гробу скажу: ты отец мой, червю: ты мать моя и сестра моя».

3 – Status quo ante – прежнее состояние (лат).

4 – Св. Иоанн Златоуст. «Толкование на святого Матфея Евангелиста»

5 – Homo homini lupus est – человек человеку волк (лат).

6 – «Станем есть и пить, ибо завтра умрем!»

7 – «О горнем помышляйте, а не о земном. Ибо вы умерли, и жизнь ваша сокрыта со Христом в Боге».

8 – «Мы знаем, что мы перешли из смерти в жизнь, потому что любим братьев; не любящий брата пребывает в смерти».

9 – «Я есмь путь и истина и жизнь».

10 – «Я есмь воскресение и жизнь; верующий в Меня, если и умрет, оживет. И всякий, живущий и верующий в Меня, не умрет вовек».

11 – Св. Савва I Сербский, архиеп. (1175–1235) первый просветитель сербского народа, основатель автокефальной Сербской Православной Церкви, и первый ее архиепископ

12 – Гоминизм – от лат. homo – человек. Мировоззрение, имеющее своим центром человека (термин автора).

13 – «И Слово стало плотию».

14 – «Он не сделал никакого греха, и не было лести в устах Его».

15 – «Все чрез Него начало быть, и без Него ничто не начало быть, что начало быть».

16 – «Истина произошла чрез Иисуса Христа».

17 – «Иисус Христос вчера и сегодня и во веки Тот же».

18 – «Викарий Христа» или «наместник», как католики зовут Папу. – Ред.

19 – Название произведения Ф. Ницше.

20 – «Пришел к своим».

21 – «Мы Его и род».

22 – «Свет истинный, Который просвещает всякого человека, приходящего в мир».

23 – «Смотрите, братия, чтобы кто не увлек вас философиею и пустым обольщением, по преданию человеческому, по стихиям мира, а не по Христу».

24 – «Ибо в Нем обитает вся полнота Божества телесно, и вы имеете полноту в Нем, Который есть глава всякого начальства и власти».

25 – И. Златоуст. Беседы на книгу Бытия. Беседа 5, ч. 4

26 – мы смотрим не на видимое, но на невидимое: ибо видимое временно, а невидимое вечно

27 – «Всякое дерево доброе приносит и плоды добрые».

28 – Апостол Павел назван в Писании «апостолом язычников» (языков).

29 – «Все, что не по вере, грех».

30 – «Все подвижники воздерживаются от всего».

31 – «Итак, кто во Христе, тот новая тварь; древнее прошло, теперь все новое».

32 – «Облекитесь во всеоружие Божие».

33 – Ибо все вы – сыны света и сыны дня: мы – не сыны ночи, ни тьмы

34 – «Итак покоритесь Богу; противостаньте диаволу, и убежит от вас».

35 – «Вы от Бога, и победили их; ибо Тот, Кто в вас, больше того, кто в мире».

36 – «Тени смертной».

37 – «И после сего куска вошел в него сатана».

38 – никто не хвались человеками

39 – «Разрушающий храм и в три дня Созидающий! спаси Себя Самого; если Ты Сын Божий, сойди с креста».

40 – «Отче! прости им, ибо не знают, что делают».

41 – «Душа Моя скорбит смертельно».

42 – «Боже Мой, Боже Мой! для чего Ты Меня оставил?»

43 – «Помяни меня, Господи, когда приидешь в Царствие Твое!»

44 – «Отче! прости им, ибо не знают, что делают».

45 – «Ибо если бы познали, то не распяли бы Господа славы».

46 – «Савл, Савл! что ты гонишь Меня?»

47 – «Слово стало плотью».

48 – «Кто потеряет душу свою ради Меня, тот обретет ее».

49 – «Тело же не для блуда, но для Господа».

50 – «И уже не я живу, но живет во мне Христос».

51 – Горнее – высшее.

52 – «Совлекшись ветхого человека с делами его».

53 – «Ибо и освящающий и освящаемые, все – от Единого».

54 – «Я есмь путь и истина и жизнь».

55 – «Ибо все вы – сыны света и сыны дня: мы – не сыны ночи, ни тьмы».

56 – «Бог есть свет, и нет в Нем никакой тьмы».

57 – «Если же ходим во свете, подобно как Он во свете».

58 – Сербы – прим. ред.

59 – здесь и далее стихи из акафиста Иисусу Сладчайшему

60 – Воскресная утреня, первый антифон, второй глас

61 – Морис Метерлинк (1862–1949) – французский писатель, лауреат Нобелевской премии (1911). – Прим. ред.

62 – Шекспир У. «Макбет» (в переводе Ю. Корнеева): «Жизнь – это только тень, комедиант, Паясничавший полчаса на сцене И тут же позабытый; это повесть, Которую пересказал дурак: В ней много слов и страсти, нет лишь смысла».

63 – «Слово стало плотию».

64 – Обыгрывается созвучие немецких слов, где первое выражение – название произведения Ф. Ницше.

65 – Satisfactio (лат.) – удовлетворение. – Ред.

66 – Евфросиния – мать легендарного сербского богатыря Марко Королевича. – Прим. ред.

67 – Ad majorem Dei gloriam – К вящей славе Божией (лат.) – девиз ордена иезуитов. – Прим. ред.

68 – modus vivendi et cognoscendi – образ жизни и сознания (лат.)

ПРЕПОДОБНЫЙ ИУСТИН ЧЕЛИЙСКИЙ (ПОПОВИЧ)

Преподобный Иустин Челийский (Попович), в миру Блажой Попович, был выдающимся сербским православным богословом, философом и писателем XX века. Он родился 25 марта (7 апреля) 1894 года в небольшой деревне Вране на юге Сербии в семье священника. С ранних лет Блажой воспитывался в духе православной веры и традиций, что впоследствии глубоко повлияло на его духовное и интеллектуальное развитие.

Еще в юности будущий преподобный Иустин проявил незаурядные интеллектуальные способности и глубокую духовную устремленность. Окончив начальную школу, он поступил в духовное училище в Белграде, где изучал богословие и философию. После окончания учебы в 1914 году Иустин отправился продолжать образование в Российскую Империю, но начавшаяся Первая мировая война изменила его планы, и он вернулся на родину, где принял монашеский постриг с именем Иустин в честь святителя Иустина Философа.

После войны преподобный Иустин продолжил свое образование за границей. В 1919 году он отправился в Великобританию, где обучался в Оксфордском университете, изучая труды святых отцов и западных богословов. Однако он не нашел в западной академической системе полного духовного удовлетворения и в 1922 году вернулся в Сербию, где принял священнический сан.

Его богословская и философская деятельность началась с опубликования научных трудов, среди которых выделяется докторская диссертация на тему «Проблема личности и сознания по святому Макарию Египетскому» (1926). В своих трудах он критиковал западную философию, противопоставляя ей православное учение о человеке и Богочеловеке. Иустин был убежден, что только в Христе раскрывается истинное предназначение человека, и эта мысль станет центральной темой всей его последующей работы.

Преподобный Иустин был не только ученым и преподавателем, но и духовным наставником. Он много лет преподавал в духовных семинариях Югославии и на богословском факультете Белградского университета, где заслужил уважение и любовь студентов благодаря своей мудрости, глубине знаний и искренней вере. Его лекции по догматическому богословию, патрологии и духовной жизни стали настоящим духовным откровением для многих поколений будущих священнослужителей и мирян.

В 1948 году, после окончания Второй мировой войны, ситуация в Югославии изменилась: установление коммунистического режима привело к гонениям на Церковь. В это время преподобный Иустин был вынужден покинуть преподавательскую деятельность и уединиться в монастыре Челие, расположенном в западной Сербии. Здесь, вдали от суетного мира, он провел оставшуюся часть своей жизни, сосредоточившись на молитве, переводческой и писательской работе.

Монастырь Челие стал центром духовной жизни Сербии благодаря трудам Иустина Челийского. Здесь он написал свои наиболее важные работы, включая трехтомную «Догматику Православной Церкви» – фундаментальный труд, в котором изложено православное учение о Боге, мире и человеке. В этот же период Иустин написал свои известные труды по философии и агиографии, среди которых выделяются «Философские пропасти», «Святосаввие как философия жизни» и «Жития святых» в 12 томах.

Преподобный Иустин был также активным участником богословских дебатов того времени, выступая против экуменизма и модернизма, которые он считал угрозой для чистоты православной веры. Его книга «Православная Церковь и экуменизм» стала важным манифестом традиционного православного учения и была воспринята как вызов западным церковным движениям. Несмотря на это, Иустин всегда выступал за диалог, подчеркивая важность сохранения истины и верности учению Церкви.

Иустин Челийский был известен своей аскетической жизнью, глубокой молитвенной практикой и непрестанным поиском духовного совершенства. Многочисленные ученики и последователи приезжали к нему в монастырь за наставлениями, и его духовное руководство помогло многим верующим найти свой путь к Богу. Он сочетал в себе качества глубокого мыслителя и человека с простым, но мощным духовным свидетельством, что сделало его фигуру особенно значимой в православном мире.

Преподобный Иустин отошел ко Господу 25 марта 1979 года, в день Благовещения Пресвятой Богородицы – в тот же день, в который он родился. Это событие было воспринято многими его учениками и последователями как символ духовной завершенности его пути. В 1993 году Иустин Челийский был канонизирован Сербской Православной Церковью, и его имя стало широко почитаемым не только в Сербии, но и во всем православном мире.

Наследие преподобного Иустина включает не только его философские и богословские труды, но и его живое духовное свидетельство, оставившее глубокий след в сердцах верующих. Его труды продолжают переиздаваться и переводиться на различные языки, и они актуальны и востребованы по сей день, вдохновляя как духовенство, так и мирян на путь веры и самоотверженного служения Богу.

Православная библиотека – Orthodox Logos
- *Песня церкви - Праведники наших дней* – Артём Перлик
- *Сказки* – Артём перлик
- *Патристика* – Артём Перлик
- *Следом за овцами - Отблески внутреннего царства* – Монахиня Патрикия
- *Откровенные рассказы странника духовному своему отцу*
- *Семь слов о жизни во Христе* – праведный Николай (Кавасила)
- *О молитве* – святитель Игнатий (Брянчанинов)
- *Об умной или внутренней молитве* – преподобный Паисий (Величковский)
- *В помощь кающимся* – святитель Игнатий (Брянчанинов)
- *Христианство по учению преподобного Макария Египетского* – преподобный Иустин (Попович), Челийский
- *Философские пропасти* – преподобный Иустин Челийский (Попович)
- *Священное Предание: Источник Православной веры* – митрополит Каллист (Уэр)
- *Толкование на Евангелие от Матфея* – святой Феофилакт Болгарский, архиепископ Охридский
- *Толкование на Евангелие от Марка* – святой Феофилакт Болгарский, архиепископ Охридский
- *Толкование на Евангелие от Луки* – святой Феофилакт Болгарский, архиепископ Охридский
- *Толкование на Евангелие от Иоанна* – святой Феофилакт Болгарский, архиепископ Охридский
- *Таинство любви* – Павел Евдокимов
- *Мысли о добре и зле* – святитель Николай Сербский (Велимирович)
- *Миссионерские письма* – святитель Николай Сербский (Велимирович)

www.orthodoxlogos.com

www.ingramcontent.com/pod-product-compliance
Lightning Source LLC
Chambersburg PA
CBHW060549080526
44585CB00013B/505